경찰조직론

경찰조직론

김택 · 유종해 · 정인환 공저

이담
Books

발간에 즈음하여

　　대한민국 경찰의 역사는 부침과 치욕의 연속이었다. 경찰은 조선시대 포도청을 거쳐 일제강점기에 통감부가 경찰역할을 하였다. 1910년 테라우치 통감과 박제순 총리대신이 경찰권을 일본이 위탁한다는 각서에 서명함으로써 대한제국경찰권은 일제에 넘어갔다. 경찰의 역사를 1894년 갑오개혁이라고 보는 시각은 이때부터 경찰기능이 분화되기 시작했고 경찰의 조직법과 작용법적근거를 마련하여 근대적 경찰이 탄생했다는데 있다고 한다. 그러나 1945년 최초의 영미법계 경찰 개념이 도입되어 이때를 창설기념일로 삼았다.(미 군정청 경무국설치) 그런데 1948년 광복과 함께 최초로 경찰의 자주적 경찰운용이 시작되었고 내무부산하에 치안국이 설치되었다. 오늘날 경찰청시대는 1991년 경찰법제정으로 시작되었다. 현재 경찰은 올해를 경찰 창설 100주년으로 하고 있다. 이것은 1919년 임시정부 수립부터라고 설명하고 있다. 그런데 경찰역사가 100년이 되니 한국경찰이 뭔가 달라져야 할 것은 두말할 필요가 없을 것이다. 역사가 말해주듯 우리나라 경찰이 과학수사, 인권경찰, 민생경찰, 민주경찰로서 한 차원 달라진 모습을 보고 싶다.

　　본서는 경찰조직에 관련된 이론과 논리를 담았다. 행정조직이론 중 경찰학관련 내용을 고찰하였다. 경찰조직이론 중 필히 알아야 할 내용을 이책에 담았다. 다음 출간시에는 현대 조직이론을 좀 더 보완할 것을 다짐한다.

　　끝으로 본서를 출간하는데 흔쾌히 도와주신 한국학술정보 채종준 사장님과 출판사 직원 여러분께 진심으로 감사드린다.

2021년 2월
군자산을 바라보며
저자 김택

목 차

1
경찰행정조직과 법

제 1 절 조직의 개념

Ⅰ. 조직이란 무엇인가

현대를 조직의 시대라고 한다. 현대의 인간은 태어나면서부터 조직의 구성원이 되며, 하루도 조직으로부터 벗어나서는 생활하지 못한다. 이러한 현대의 조직사회[1]는 인간에게 독특한 퍼스낼리티를 요구하고 있고 조직과 인간의 협조적인 관계를 요구한다.

조직이라는 단어의 개념을 조금 더 명확하게 정의하여 보면, 이는 과정과 구조라는 양 개념을 동시에 포함하고 있다. 과정이라는 견지에서 보면, '조직한다'는 것은 혼돈된 상황에 질서를 부여함을 의미한다. 조직 내에 있는 구성원들의 행위를 예측할 수 있으면 질서가 있는 것이고, 예측할 수 없으면 혼돈이 있는 것이다. 즉 '조직한다'는 것은 구성원의 행위를 예측할 수 있도록 만드는 과정이고, 이러한 과정의 결과는 구조적인 측면에서의 '조직'을 의미한다.

조직은 의식적인 집단목적을 달성하기 위하여 이루어진 구조적 배열(structural arrangement)이며 관리(management)의 도구이다. 따라서 조직은 각 시대의 모든 사회적 목절을 달성하기 위한 수단이었으며, 이는 이러한 사회적 목적의 변동에 따라 변모하여 왔다.

이와 같이 조직에 관한 개념은 이 말이 사용되는 상황에 따라 다양하게 정의되고 있으며, 이에 관한 여러 학자들의 견해를 살펴보면 다음과 같다.

피프너(J. Pfiffner)와 셔우드(F. Sherwood)는 조직이란 많은 사람으로 이루어지는 것으로서 대면적 접촉(face-to-face contact)이 곤란하고, 많은 의무를 수행하며, 모든

---

1) Robert Presthus, *The Organizational Society*(New York: Knopf, 1962).

구성원이 업무를 통해 상호연관되어 있으며, 서로의 합의된 목적을 달성하기 위하여 노력하는 존재라고 말하고 있다.[2]

블라우(P. Blau)와 스코트(Scott)는 조직이란 특정한 목표를 추구하며, 이를 위해 치밀한 구조를 갖춘 사회적 단위(social unit)라고 정의한다.

한편 사회학자인 에치오니(A. Etzioni)도 이와 유사하게 조직이란 일정한 환경하에서 특정한 목표를 추구하며, 이를 위하여 구성된 일정한 구조를 가진 사회적 단위(social unit)라고 규정하고 있다. 따라서 가족·종족·윤리적 집단 등은 엄밀한 의미에서 조직의 개념에서 제외된다.

이러한 뜻을 가진 조직의 특색으로는, 첫째로, 조직에는 분업(division of labor)·권력·의사소통·책임성 등의 개념이 존재한다. 둘째로, 조직에는 한 개 이상의 권력의 중심부(power center)가 있어 구성원의 행위를 통제한다. 셋째로, 직업의 대체가 가능하다는 점을 들 수 있다.

Ⅱ. 유사개념

조직의 개념을 보다 분명히 하기 위해서는 조직과 유사하게 사용되면서 논자마다 뜻을 달리하는 몇 가지 유사개념에 주의를 기울여야 한다.

1. 관료제(bureaucracy)

관료제라는 용어는 조직과 동의어로 사용되는 경우가 흔히 있으나, 다음과 같은 점에서 구별된다. 즉 관료제에는 부정적인 의미가 내포되어 있다는 것이다. 이른바 관료제의 병리(bureaupathology)나 관료주의를 지칭하기 위해서 관료제라는 용어가 사용되는 경우가 많다는 것이다. 뿐만 아니라 관료제는 베버(M. Weber)가 지적한 원리에 의거한 사회단위를 의미한다고 보는 점에서 조직과 차이가 있다고 주장하는 사람들도 있다.

2. 공식조직(formal organization)

공식적 조직이란 조직의 한 측면을 말하는 것이지 조직 전체를 지칭하는 개념은 아니다. 공식적 조직이란 체계 내에 있는 구성요소들의 활동과 구성요소들 간의 상호관

---

2) J. Pfiffner and F. Sherwood, *Administrative Organization*(Englewood Cliffs, New Jersey: Prentice-Hall, Inc., 1960), p. 30.

계를 의식적으로 설계하고, 실제로 운영한 결과 활동이 계획에서 벗어나 의외로 변해 갈 때에는 이를 수정하고 통제하는 그런 조직체를 의미한다. 오늘날의 조직이론은 공식적 관계는 물론 비공식적 관계를 이해하지 않고는 설명될 수가 없으며, 양자의 상호관계에도 깊은 관심을 표명한다.

3. 제도(institution) 또는 기관(agency)

제도라는 용어는 교회·학교·법원 등과 같이 특정한 종류의 조직을 지칭한다. 한편 에스만(M. Esman) 같은 사람은 제도라는 말을 공식적 조직과 동의어로 사용하기도 한다. 그러나 조직과 비교하는 의미에서 뜻을 보다 한정한다면, 사익보다는 공익적 성격이 강한 조직을 의미한다고 보겠으며, 이런 의미에서 이를 기관이라고도 부른다.

4. 집 단(group)

집단이란 대면적인 관계를 갖고 상호작용을 하는 인간의 집합체를 의미하며, 전형적인 예로 공식적 조직 내에 흔히 존재하는 소집단(small group)을 들 수 있다.

5. 체 계(system)

체계란 상호의존관계를 가지는 구성요소로 이루어진 집합체를 말하며, 가장 이상적인 체계는 유기체이다. 오늘날 조직을 개방체계로 보는 입장에서 볼 때, 조직과 체계는 거의 같은 개념으로 파악될 수 있다.

6. 기 구(mechanism)

이는 여러 사람이 모여 하나의 조직을 형성하고 이를 통해 사회적 일을 수행할 때, 임무의 종류·성격에 따라 분담·편성한 하나의 단위를 가리키는 것으로 기관(organ)과 동의어로 쓰이는 것이 일반적이다. 대표적인 예로서는 국제연합(U.N.) 산하의 기구(WHO)들을 들 수 있다.

7. 당국 또는 청(authorities)

당국이란 정부의 중요한 자리를 차지하는 기관을 지칭하는 것으로, 이것이 특히 정부조직법상 하나의 외국(外局)을 의미할 경우 이를 청이라 한다.

8. 공사(公社 또는 公司)(government corporation)

한국도로공사와 같은 공사도 조직의 유사개념으로 볼 수 있다.

Ⅲ. 조직이론의 유형

조직이론의 유형은 다음과 같이 분류한다.

1. A. Ezioni – 강제적 조직, 규범적 조직, 공리적 조직을 주장했다.
2. Rensis Likert – 약탈적 조직, 자비적 조직, 자문적 조직, 참여적 조직을 강조했다.
3. D. Katz&R. L. Kahn – 사회화 조직, 적응 조직, 정치적 조직으로 분류했다.

Ⅳ. 조직이론의 발전과정

1. 과학적 관리론(고전이론)

(1) 발생배경 :

　　가. 산업의 발달로 효율적인 생산관리 및 인력관리의 필요

　　나. 경제공황 등에 따른 노사간 조정의 필요

　　다. 1930년대에 테일러(F.W. Taylor)의 영향을 받아 발전

(2) 특징 :

　　가. 인간을 경제적 이윤을 추구하는 합리적 존재로 파악

　　나. 능률과 절약을 강조

　　다. 원리의 발견을 중시

　　라 작업, 사람, 작어장소의 합리적 배분

　　마. 정치/행정 이원론과 공/사행정 일원론

　　바. 합리성의 추구

2. 인간 관계론

(1) 발생 배경 :

　　가. 과학적 관리론의 폐단 시정

　　나. 자본주의 경제체제의 위기에 따른 새로운 관리기법의 모색

　　다. 인간의 기계화 및 부품화에 대한 비판

　　라. E. Mayo의 호손(Hawthorne)실험 결과-독자적인 학파로 인정

(2) 특징 :

　　가. 인간중심의 조직관

　　나. 논리실증주의

　　다. 사기에 대한 연구의 강조

　　라. 사회적 인간관

　　마. 가치와 사실의 분리

　　바. 행복의 추구

　　사. 정치/행정 일원론

3. 구조론

(1) 발생 배경 :

　　가. 고전이론<경제적 동물>과 인간관계론<사회적 존재>의 융합

　　나. 인간을 사회경제적 존재로 파악

　　다. 조직의 목적과 개인의 목적 간에 본질적인 갈등이 존재

　　라. 조직의 구조성을 다시 강조

(2) 특징 :

　　① 조직은 개방체계 즉, 외부와의 상호작용을 통해 능동적으로 적용

　　② 개방체계는 환경, 투입, 전환, 산출, 환류로 구성

　　③ 조직의 예견 가능성을 증대, 즉 불확실성을 감소

　　④ 사이먼(Herbert Simon)의 의사결정론

　　⑤ 의사결정의 이론적 접근 모형에는

　　　　가. 합리적/경제적 모형

　　　　나. 만족 모형

　　　　다. 점증 모형

　　　　라. 혼합 모형

　　　　마. 최적 모형 등

　　⑥ 상황적응 접근법

제 2 절 국가경찰과 자치경찰

Ⅰ. 법률 내용

제1장 목적

목적이 법은 경찰의 민주적인 관리·운영과 효율적인 임무수행을 위하여 경찰의 기본조직 및 직무 범위와 그 밖에 필요한 사항을 규정함을 목적으로 한다.

또한 국가와 지방자치단체는 국민의 생명·신체 및 재산을 보호하고 공공의 안녕과 질서유지에 필요한 시책을 수립·시행하여야 한다.

제2장 임무과 사무

경찰의 임무는 다음 각 호와 같다.

1. 국민의 생명·신체 및 재산의 보호
2. 범죄의 예방·진압 및 수사
3. 범죄피해자 보호
4. 경비·요인경호 및 대간첩·대테러 작전 수행
5. 공공안녕에 대한 위험의 예방과 대응을 위한 정보의 수집·작성 및 배포
6. 교통의 단속과 위해의 방지
7. 외국 정부기관 및 국제기구와의 국제협력
8. 그 밖에 공공의 안녕과 질서유지

경찰의 사무는 다음 각 호와 같이 구분한다.

1. 국가경찰사무: 제3조에서 정한 경찰의 임무를 수행하기 위한 사무. 다만, 제2호의 자치경찰사무는 제외한다.
2. 자치경찰사무: 제3조에서 정한 경찰의 임무 범위에서 관할 지역의 생활안전·교통·경비·수사 등에 관한 다음 각 목의 사무

    가. 지역 내 주민의 생활안전 활동에 관한 사무

    1) 생활안전을 위한 순찰 및 시설의 운영
    2) 주민참여 방범활동의 지원 및 지도
    3) 안전사고 및 재해·재난 시 긴급구조지원
    4) 아동·청소년·노인·여성·장애인 등 사회적 보호가 필요한 사람에 대

한 보호 업무 및 가정폭력·학교폭력·성폭력 등의 예방

5) 주민의 일상생활과 관련된 사회질서의 유지 및 그 위반행위의 지도·단속. 다만, 지방자치단체 등 다른 행정청의 사무는 제외한다.

6) 그 밖에 지역주민의 생활안전에 관한 사무

나. 지역 내 교통활동에 관한 사무

1) 교통법규 위반에 대한 지도·단속

2) 교통안전시설 및 무인 교통단속용 장비의 심의·설치·관리

3) 교통안전에 대한 교육 및 홍보

4) 주민참여 지역 교통활동의 지원 및 지도

5) 통행 허가, 어린이 통학버스의 신고, 긴급자동차의 지정 신청 등 각종 허가 및 신고에 관한 사무

6) 그 밖에 지역 내의 교통안전 및 소통에 관한 사무

다. 지역 내 다중운집 행사 관련 혼잡 교통 및 안전 관리

라. 다음의 어느 하나에 해당하는 수사사무

1) 학교폭력 등 소년범죄

2) 가정폭력, 아동학대 범죄

3) 교통사고 및 교통 관련 범죄

4) 「형법」 제245조에 따른 공연음란 및 「성폭력범죄의 처벌 등에 관한 특례법」 제12조에 따른 성적 목적을 위한 다중이용장소 침입행위에 관한 범죄

5) 경범죄 및 기초질서 관련 범죄

6) 가출인 및 「실종아동등의 보호 및 지원에 관한 법률」 제2조 제2호에 따른 실종아동등 관련 수색 및 범죄

② 제1항제2호가목부터 다목까지의 자치경찰사무에 관한 구체적인 사항 및 범위 등은 대통령령으로 정하는 기준에 따라 시·도조례로 정한다.

③ 제1항제2호라목의 자치경찰사무에 관한 구체적인 사항 및 범위 등은 대통령령으로 정한다.

제3장 권한남용의 금지

경찰은 그 직무를 수행할 때 헌법과 법률에 따라 국민의 자유와 권리 및 모든 개인이 가지는 불가침의 기본적 인권을 보호하고, 국민 전체에 대한 봉사자로서 공정·중립을 지켜야 하며, 부여된 권한을 남용하여서는 아니 된다.제6조(직무수행)① 경찰공무원은 상관의 지휘·감독을 받아 직무를 수행하고, 그 직무수행에 관하여 서로 협력하여야 한다.

② 경찰공무원은 구체적 사건수사와 관련된 제1항의 지휘·감독의 적법성 또는 정당성에 대하여 이견이 있을 때에는 이의를 제기할 수 있다.

③ 경찰공무원의 직무수행에 필요한 사항은 따로 법률로 정한다.

Ⅱ. 국가경찰위원회

1장 구성

국가경찰행정에 관하여 제10조 제1항각 호의 사항을 심의·의결하기 위하여 행정안전부에 국가경찰위원회를 둔다.

국가경찰위원회는 위원장 1명을 포함한 7명의 위원으로 구성하되, 위원장 및 5명의 위원은 비상임(非常任)으로 하고, 1명의 위원은 상임(常任)으로 한다.

위원 중 상임위원은 정무직으로 한다. 위원은 행정안전부장관의 제청으로 국무총리를 거쳐 대통령이 임명한다. 행정안전부장관은 위원 임명을 제청할 때 경찰의 정치적 중립이 보장되도록 하여야 한다. 위원 중 2명은 법관의 자격이 있는 사람이어야 한다. 위원은 특정 성(性)이 10분의 6을 초과하지 아니하도록 노력하여야 한다.

다음 각 호의 어느 하나에 해당하는 사람은 위원이 될 수 없으며, 위원이 다음 각 호의 어느 하나에 해당하는 경우에는 당연퇴직한다.

1. 정당의 당원이거나 당적을 이탈한 날부터 3년이 지나지 아니한 사람

2. 선거에 의하여 취임하는 공직에 있거나 그 공직에서 퇴직한 날부터 3년이 지나지 아니한 사람

3. 경찰, 검찰, 국가정보원 직원 또는 군인의 직에 있거나 그 직에서 퇴직한 날부터 3년이 지나지 아니한 사람

4. 「국가공무원법」 제33조각 호의 어느 하나에 해당하는 사람. 다만, 「국가공무원법」 제33조 제2호 제5호에 해당하는 경우에는 같은 법 제69조 제1호단서에 따른다.

⑥ 위원에 대해서는 「국가공무원법」 제60조 제65조를 준용한다.

2장 임기 및 신분보장

위원의 임기는 3년으로 하며, 연임(連任)할 수 없다. 이 경우 보궐위원의 임기는 전임자 임기의 남은 기간으로 한다.

위원은 중대한 신체상 또는 정신상의 장애로 직무를 수행할 수 없게 된 경우를 제외하고는 그 의사에 반하여 면직되지 아니한다.

3장 심의 의결

다음 각 호의 사항은 국가경찰위원회의 심의·의결을 거쳐야 한다.

1. 국가경찰사무에 관한 인사, 예산, 장비, 통신 등에 관한 주요정책 및 경찰 업무 발전에 관한 사항
2. 국가경찰사무에 관한 인권보호와 관련되는 경찰의 운영·개선에 관한 사항
3. 국가경찰사무 담당 공무원의 부패 방지와 청렴도 향상에 관한 주요 정책사항
4. 국가경찰사무 외에 다른 국가기관으로부터의 업무협조 요청에 관한 사항
5. 제주특별자치도의 자치경찰에 대한 경찰의 지원·협조 및 협약체결의 조정 등에 관한 주요 정책사항
6. 제18조에 따른 시·도자치경찰위원회 위원 추천, 자치경찰사무에 대한 주요 법령·정책 등에 관한 사항, 제25조 제4항에 따른 시·도자치경찰위원회 의결에 대한 재의 요구에 관한 사항
7. 제2조에 따른 시책 수립에 관한 사항
8. 제32조에 따른 비상사태 등 전국적 치안유지를 위한 경찰청장의 지휘·명령에 관한 사항
9. 그 밖에 행정안전부장관 및 경찰청장이 중요하다고 인정하여 국가경찰위원회의 회의에 부친 사항, 행정안전부장관은 제1항에 따라 심의·의결된 내용이 적정하지 아니하다고 판단할 때에는 재의(再議)를 요구할 수 있다.

국가경찰위원회의 사무는 경찰청에서 수행한다. 국가경찰위원회의 회의는 재적위원 과반수의 출석과 출석위원 과반수의 찬성으로 의결한다. 이 법에 규정된 것 외에 국가경찰위원회의 운영 및 제10조 제1항각 호에 따른 심의·의결 사항의 구체적 범위, 재의 요구 등에 필요한 사항은 대통령령으로 정한다.

4장 경찰청

치안에 관한 사무를 관장하게 하기 위하여 행정안전부장관 소속으로 경찰청을 둔다.

사무를 지역적으로 분담하여 수행하게 하기 위하여 특별시·광역시·특별자치시·도·특별자치도(이하 "시·도"라 한다)에 시·도경찰청을 두고, 시·도경찰청장 소속으로 경찰서를 둔다. 이 경우 인구, 행정구역, 면적, 지리적 특성, 교통 및 그 밖의 조건을 고려하여 시·도에 2개의 시·도경찰청을 둘 수 있다.

경찰청에 경찰청장을 두며, 경찰청장은 치안총감(治安總監)으로 보한다. 경찰청장은 국가경찰위원회의 동의를 받아 행정안전부장관의 제청으로 국무총리를 거쳐 대통령이 임명한다. 이 경우 국회의 인사청문을 거쳐야 한다. 경찰청장은 국가경찰사무를 총괄하고 경찰청 업무를 관장하며 소속 공무원 및 각급 경찰기관의 장을 지휘·감독한다.

경찰청장의 임기는 2년으로 하고, 중임(重任)할 수 없다. 경찰청장이 직무를 집행하면서 헌법이나 법률을 위배하였을 때에는 국회는 탄핵 소추를 의결할 수 있다. 경찰청장은 경찰의 수사에 관한 사무의 경우에는 개별 사건의 수사에 대하여 구체적으로 지휘·감독할 수 없다. 다만, 국민의 생명·신체·재산 또는 공공의 안전 등에 중대한 위험을 초래하는 긴급하고 중요한 사건의 수사에 있어서 경찰의 자원을 대규모로 동원하는 등 통합적으로 현장 대응할 필요가 있다고 판단할 만한 상당한 이유가 있는 때에는 제16조에 따른 국가수사본부장을 통하여 개별 사건의 수사에 대하여 구체적으로 지휘·감독할 수 있다. 경찰청장은 제6항 단서에 따라 개별 사건의 수사에 대한 구체적 지휘·감독을 개시한 때에는 이를 국가경찰위원회에 보고하여야 한다. 경찰청장은 제6항 단서의 사유가 해소된 경우에는 개별 사건의 수사에 대한 구체적 지휘·감독을 중단하여야 한다. 경찰청장은 제16조에 따른 국가수사본부장이 제6항 단서의 사유가 해소되었다고 판단하여 개별 사건의 수사에 대한 구체적 지휘·감독의 중단을 건의하는 경우 특별한 이유가 없으면 이를 승인하여야 한다. 제6항 단서에서 규정하는 긴급하고 중요한 사건의 범위 등 필요한 사항은 대통령령으로 정한다. 경찰청에 차장을 두며, 차장은 치안정감(治安正監)으로 보한다. 차장은 경찰청장을 보좌하며, 경찰청장이 부득이한 사유로 직무를 수행할 수 없을 때에는 그 직무를 대행한다.

Ⅲ. 국가수사본부

1장 구성

찰청에 국가수사본부를 두며, 국가수사본부장은 치안정감으로 보한다. 국가수사본부장은 「형사소송법」에 따른 경찰의 수사에 관하여 각 시·도경찰청장과 경찰서장 및 수사부서 소속 공무원을 지휘·감독한다. 국가수사본부장의 임기는 2년으로 하며, 중임할 수 없다.

국가수사본부장은 임기가 끝나면 당연히 퇴직한다. 국가수사본부장이 직무를 집행하면서 헌법이나 법률을 위배하였을 때에는 국회는 탄핵 소추를 의결할 수 있다. 국가수사본부장을 경찰청 외부를 대상으로 모집하여 임용할 필요가 있는 때에는 다음 각 호의 자격을 갖춘 사람 중에서 임용한다.

1. 10년 이상 수사업무에 종사한 사람 중에서 「국가공무원법」 제2조의2에 따른 고위공무원단에 속하는 공무원, 3급 이상 공무원 또는 총경 이상 경찰공무원으로 재직한 경력이 있는 사람

2. 판사·검사 또는 변호사의 직에 10년 이상 있었던 사람

3. 변호사 자격이 있는 사람으로서 국가기관, 지방자치단체, 「공공기관의 운영에 관한 법률」 제4조에 따른 공공기관(이하 "국가기관등"이라 한다)에서 법률에 관한 사무에 10년 이상 종사한 경력이 있는 사람

4. 대학이나 공인된 연구기관에서 법률학·경찰학 분야에서 조교수 이상의 직이나 이에 상당하는 직에 10년 이상 있었던 사람

5. 제1호부터 제4호까지의 경력 기간의 합산이 15년 이상인 사람

국가수사본부장을 경찰청 외부를 대상으로 모집하여 임용하는 경우 다음 각 호의 어느 하나에 해당하는 사람은 국가수사본부장이 될 수 없다.

1. 「경찰공무원법」 제8조 제2항각 호의 결격사유에 해당하는 사람

2. 정당의 당원이거나 당적을 이탈한 날부터 3년이 지나지 아니한 사람

3. 선거에 의하여 취임하는 공직에 있거나 그 공직에서 퇴직한 날부터 3년이 지나지 아니한 사람

4. 제6항제1호에 해당하는 공무원 또는 제6항제2호의 판사·검사의 직에서 퇴직한 날로부터 1년이 지나지 아니한 사람

5. 제6항제3호에 해당하는 사람으로서 국가기관등에서 퇴직한 날로부터 1년이 지나지 아니한 사람

Ⅳ. 하부조직

경찰청의 하부조직은 본부·국·부 또는 과로 한다.

경찰청장·차장·국가수사본부장·국장 또는 부장 밑에 정책의 기획이나 계획의 입안 및 연구·조사를 통하여 그를 직접 보좌하는 담당관을 둘 수 있다.

경찰청의 하부조직의 명칭 및 분장 사무와 공무원의 정원은 「정부조직법」 제2조 제4항 제5항을 준용하여 대통령령또는 행정안전부령으로 정한다.

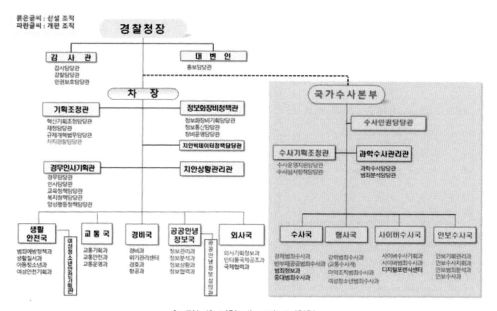

[그림1-1] 경찰 새 조직도/경찰청

Ⅴ. 시·도자치경찰위원회

1장 구성

자치경찰사무를 관장하게 하기 위하여 특별시장·광역시장·특별자치시장·도지사·특별자치도지사(이하 "시·도지사"라 한다) 소속으로 시·도자치경찰위원회를 둔다.

시·도자치경찰위원회는 합의제 행정기관으로서 그 권한에 속하는 업무를 독립적으로 수행한다. 시·도자치경찰위원회는 위원장 1명을 포함한 7명의 위원으로 구성하되, 위원장과 1명의 위원은 상임으로 하고, 5명의 위원은 비상임으로 한다. 위원은 특정 성(性)이 10분의 6을 초과하지 아니하도록 노력하여야 한다. 위원 중 1명은 인권문제 에 관하여 전문적인 지식과 경험이 있는 사람이 임명될 수 있도록 노력하여야 한다.

2장 임명 및 결격사유

시·도자치경찰위원회 위원은 다음 각 호의 사람을 시·도지사가 임명한다.

1. 시·도의회가 추천하는 2명
2. 국가경찰위원회가 추천하는 1명
3. 해당 시·도 교육감이 추천하는 1명
4. 시·도자치경찰위원회 위원추천위원회가 추천하는 2명
5. 시·도지사가 지명하는 1명

시·도자치경찰위원회 위원은 다음 각 호의 어느 하나에 해당하는 자격을 갖추어야 한다.

1. 판사·검사·변호사 또는 경찰의 직에 5년 이상 있었던 사람
2. 변호사 자격이 있는 사람으로서 국가기관등에서 법률에 관한 사무에 5년 이상 종사한 경력이 있는 사람
3. 대학이나 공인된 연구기관에서 법률학·행정학 또는 경찰학 분야의 조교수 이상의 직이나 이에 상당하는 직에 5년 이상 있었던 사람
4. 그 밖에 관할 지역주민 중에서 지방자치행정 또는 경찰행정 등의 분야에 경험이 풍부하고 학식과 덕망을 갖춘 사람

시·도자치경찰위원회 위원장은 위원 중에서 시·도지사가 임명하고, 상임위원은 시·도자치경찰위원회의 의결을 거쳐 위원 중에서 위원장의 제청으로 시·도지사가 임명한다. 이 경우 위원장과 상임위원은 지방자치단체의 공무원으로 한다.

위원은 정치적 중립을 지켜야 하며, 권한을 남용하여서는 아니 된다.

공무원이 아닌 위원에 대해서는 「지방공무원법」 제52조 제57조를 준용한다.

공무원이 아닌 위원은 그 소관 사무와 관련하여 형법이나 그 밖의 법률에 따른 벌칙을 적용할 때에는 공무원으로 본다.

다음 각 호의 어느 하나에 해당하는 사람은 위원이 될 수 없다. 위원이 각 호의 어느 하나에 해당한 경우에는 당연퇴직한다.

1. 정당의 당원이거나 당적을 이탈한 날부터 3년이 지나지 아니한 사람
2. 선거에 의하여 취임하는 공직에 있거나 그 공직에서 퇴직한 날부터 3년이 지나지 아니한 사람
3. 경찰, 검찰, 국가정보원 직원 또는 군인의 직에 있거나 그 직에서 퇴직한 날부터 3년이 지나지 아니한 사람

4. 국가 및 지방자치단체의 공무원(국립 또는 공립대학의 조교수 이상의 직에 있는 사람은 제외한다. 이하 이 조에서 같다)이거나 공무원이었던 사람으로서 퇴직한 날부터 3년이 지나지 아니한 사람. 다만, 제20조 제3항후단에 따라 위원장과 상임위원이 지방자치단체의 공무원이 된 경우에는 당연퇴직하지 아니한다.

5. 「지방공무원법」 제31조각 호의 어느 하나에 해당하는 사람. 다만, 「지방공무원법」 제31조 제2호 제5호에 해당하는 경우에는 같은 법 제61조 제1호단서에 따른다.

그 밖에 위원의 임명방법 등에 관하여 필요한 사항은 대통령령으로 정하는 기준에 따라 시·도조례로 정한다.

3장 위원추천

시·도자치경찰위원회 위원 추천을 위하여 시·도지사 소속으로 시·도자치경찰위원회 위원추천위원회를 둔다. 시·도지사는 시·도자치경찰위원회 위원추천위원회에 각계각층의 관할 지역주민의 의견이 수렴될 수 있도록 위원을 구성하여야 한다. 시·도자치경찰위원회 위원추천위원회 위원의 수, 자격, 구성, 위원회 운영 등에 관하여 필요한 사항은 대통령령으로 정한다.

제22조(시·도자치경찰위원회 위원장의 직무)① 시·도자치경찰위원회 위원장은 시·도자치경찰위원회를 대표하고 회의를 주재하며 시·도자치경찰위원회의 의결을 거쳐 업무를 수행한다. 시·도자치경찰위원회 위원장이 부득이한 사유로 직무를 수행할 수 없을 때에는 상임위원, 시·도자치경찰위원회 위원 중 연장자순으로 그 직무를 대행한다.

4장 임기 및 신분보장

시·도자치경찰위원회 위원장과 위원의 임기는 3년으로 하며, 연임할 수 없다.

보궐위원의 임기는 전임자 임기의 남은 기간으로 하되, 전임자의 남은 임기가 1년 미만인 경우 그 보궐위원은 제1항에도 불구하고 한 차례만 연임할 수 있다.

위원은 중대한 신체상 또는 정신상의 장애로 직무를 수행할 수 없게 된 경우를 제외하고는 그 의사에 반하여 면직되지 아니한다.

5장 소관 사무

시·도자치경찰위원회의 소관 사무는 다음 각 호로 한다.

1. 자치경찰사무에 관한 목표의 수립 및 평가

2. 자치경찰사무에 관한 인사, 예산, 장비, 통신 등에 관한 주요정책 및 그 운영지원

3. 자치경찰사무 담당 공무원의 임용, 평가 및 인사위원회 운영

4. 자치경찰사무 담당 공무원의 부패 방지와 청렴도 향상에 관한 주요 정책 및 인 권침해 또는 권한남용 소지가 있는 규칙, 제도, 정책, 관행 등의 개선

5. 제2조에 따른 시책 수립

6. 제28조 제2항에 따른 시·도경찰청장의 임용과 관련한 경찰청장과의 협의, 제30 조 제4항에 따른 평가 및 결과 통보

7. 자치경찰사무 감사 및 감사의뢰

8. 자치경찰사무 담당 공무원의 주요 비위사건에 대한 감찰요구

9. 자치경찰사무 담당 공무원에 대한 징계요구

10. 자치경찰사무 담당 공무원의 고충심사 및 사기진작

11. 자치경찰사무와 관련된 중요사건·사고 및 현안의 점검

12. 자치경찰사무에 관한 규칙의 제정·개정 또는 폐지

13. 지방행정과 치안행정의 업무조정과 그 밖에 필요한 협의·조정

14. 제32조에 따른 비상사태 등 전국적 치안유지를 위한 경찰청장의 지휘·명령에 관한 사무

15. 국가경찰사무·자치경찰사무의 협력·조정과 관련하여 경찰청장과 협의

16. 국가경찰위원회에 대한 심의·조정 요청

17. 그 밖에 시·도지사, 시·도경찰청장이 중요하다고 인정하여 시·도자치경찰위 원회의 회의에 부친 사항에 대한 심의·의결

시·도자치경찰위원회의 업무와 관련하여 시·도지사는 정치적 목적이나 개인적 이 익을 위해 관여하여서는 아니 된다.

6장 심의·의결사항

시·도자치경찰위원회는 제24조의 사무에 대하여 심의·의결한다.

시·도자치경찰위원회의 회의는 재적위원 과반수의 출석과 출석위원 과반수의 찬성 으로 의결한다.

시·도지사는 제1항에 관한 시·도자치경찰위원회의 의결이 적정하지 아니하다고 판단할 때에는 재의를 요구할 수 있다.

위원회의 의결이 법령에 위반되거나 공익을 현저히 해친다고 판단되면 행정안전부

장관은 미리 경찰청장의 의견을 들어 국가경찰위원회를 거쳐 시·도지사에게 제3항의 재의를 요구하게 할 수 있고, 경찰청장은 국가경찰위원회와 행정안전부장관을 거쳐 시·도지사에게 재의를 요구하게 할 수 있다.

시·도자치경찰위원회의 위원장은 재의요구를 받은 날부터 7일 이내에 회의를 소집하여 재의결하여야 한다. 이 경우 재적위원 과반수의 출석과 출석위원 3분의 2 이상의 찬성으로 전과 같은 의결을 하면 그 의결사항은 확정된다.

7장 시·도자치경찰위원회시의 운영

시·도자치경찰위원회의 회의는 정기적으로 개최하여야 한다. 다만 위원장이 필요하다고 인정하는 경우, 위원 2명 이상이 요구하는 경우 및 시·도지사가 필요하다고 인정하는 경우에는 임시회의를 개최할 수 있다.

시·도자치경찰위원회는 회의 안건과 관련된 이해관계인이 있는 경우 그 의견을 듣거나 회의에 참석하게 할 수 있다.

시·도자치경찰위원회의 위원 중 공무원이 아닌 위원에게는 예산의 범위에서 직무활동에 필요한 비용 등을 지급할 수 있다.

그 밖에 시·도자치경찰위원회의 운영 등에 필요한 사항은 대통령령으로 정하는 기준에 따라 시·도조례로 정한다.

시·도자치경찰위원회의 사무를 처리하기 위하여 시·도자치경찰위원회에 필요한 사무기구를 둔다. 사무기구에는 「지방자치단체에 두는 국가공무원의 정원에 관한 법률」에도 불구하고 대통령령으로 정하는 바에 따라 경찰공무원을 두어야 한다.

제주특별자치도에는 「제주특별자치도 설치 및 국제자유도시 조성을 위한 특별법」 제44조 제3항에도 불구하고 같은 법 제6조 제1항단서에 따라 이 법 제27조 제2항을 우선하여 적용한다.

사무기구의 조직·정원·운영 등에 관하여 필요한 사항은 경찰청장의 의견을 들어 대통령령으로 정하는 기준에 따라 시·도조례로 정한다.

제5장 시·도경찰청 및 경찰서 등
8장 시·도경찰청장

시·도경찰청에 시·도경찰청장을 두며, 시·도경찰청장은 치안정감·치안감(治安監) 또는 경무관(警務官)으로 보한다.

「경찰공무원법」 제7조에도 불구하고 시·도경찰청장은 경찰청장이 시·도자치경찰위원회와 협의하여 추천한 사람 중에서 행정안전부장관의 제청으로 국무총리를 거쳐 대통령이 임용한다. 시·도경찰청장은 국가경찰사무에 대해서는 경찰청장의 지휘·감독을, 자치경찰사무에 대해서는 시·도자치경찰위원회의 지휘·감독을 받아 관할구역의 소관 사무를 관장하고 소속 공무원 및 소속 경찰기관의 장을 지휘·감독한다. 다만, 수사에 관한 사무에 대해서는 국가수사본부장의 지휘·감독을 받아 관할구역의 소관 사무를 관장하고 소속 공무원 및 소속 경찰기관의 장을 지휘·감독한다.

제3항 본문의 경우 시·도자치경찰위원회는 자치경찰사무에 대해 심의·의결을 통하여 시·도경찰청장을 지휘·감독한다. 다만, 시·도자치경찰위원회가 심의·의결할 시간적 여유가 없거나 심의·의결이 곤란한 경우 대통령령으로 정하는 바에 따라 시·도자치경찰위원회의 지휘·감독권을 시·도경찰청장에게 위임한 것으로 본다. 시·도경찰청에 차장을 둘 수 있다.

차장은 시·도경찰청장을 보좌하여 소관 사무를 처리하고 시·도경찰청장이 부득이한 사유로 직무를 수행할 수 없을 때에는 그 직무를 대행한다.

경찰서에 경찰서장을 두며, 경찰서장은 경무관, 총경(總警) 또는 경정(警正)으로 보한다. 경찰서장은 시·도경찰청장의 지휘·감독을 받아 관할구역의 소관 사무를 관장하고 소속 공무원을 지휘·감독한다. 경찰서장 소속으로 지구대 또는 파출소를 두고, 그 설치기준은 치안수요·교통·지리 등 관할구역의 특성을 고려하여 행정안전부령으로 정한다. 다만, 필요한 경우에는 출장소를 둘 수 있다. 시·도자치경찰위원회는 정기적으로 경찰서장의 자치경찰사무 수행에 관한 평가결과를 경찰청장에게 통보하여야 하며 경찰청장은 이를 반영하여야 한다. 시·도경찰청 및 경찰서의 명칭, 위치, 관할구역, 하부조직, 공무원의 정원, 그 밖에 필요한 사항은 「정부조직법」 제2조 제4항 제5항을 준용하여 대통령령또는 행정안전부령으로 정한다.

9장 비상사태 등 전국적 치안유지를 위한 경찰청장의 지휘·명령

제32조(비상사태 등 전국적 치안유지를 위한 경찰청장의 지휘·명령)① 경찰청장은 다음 각 호의 경우에는 제2항에 따라 자치경찰사무를 수행하는 경찰공무원(제주특별자치도의 자치경찰공무원을 포함한다)을 직접 지휘·명령할 수 있다.

1. 전시·사변, 천재지변, 그 밖에 이에 준하는 국가 비상사태, 대규모의 테러 또는 소요사태가 발생하였거나 발생할 우려가 있어 전국적인 치안유지를 위하여 긴급

한 조치가 필요하다고 인정할 만한 충분한 사유가 있는 경우
2. 국민안전에 중대한 영향을 미치는 사안에 대하여 다수의 시·도에 동일하게 적용되는 치안정책을 시행할 필요가 있다고 인정할 만한 충분한 사유가 있는 경우
3. 자치경찰사무와 관련하여 해당 시·도의 경찰력으로는 국민의 생명·신체·재산의 보호 및 공공의 안녕과 질서유지가 어려워 경찰청장의 지원·조정이 필요하다고 인정할 만한 충분한 사유가 있는 경우

경찰청장은 제1항에 따른 조치가 필요한 경우에는 시·도자치경찰위원회에 자치경찰사무를 담당하는 경찰공무원을 직접 지휘·명령하려는 사유 및 내용 등을 구체적으로 제시하여 통보하여야 한다.

제2항에 따른 통보를 받은 시·도자치경찰위원회는 정당한 사유가 없으면 즉시 자치경찰사무를 담당하는 경찰공무원에게 경찰청장의 지휘·명령을 받을 것을 명하여야 하며, 제1항에 규정된 사유에 해당하지 아니한다고 인정하면 시·도자치경찰위원회의 의결을 거쳐 경찰청장에게 그 지휘·명령의 중단을 요청할 수 있다.

경찰청장이 제1항에 따라 지휘·명령을 하는 경우에는 국가경찰위원회에 즉시 보고하여야 한다. 다만, 제1항제3호의 경우에는 미리 국가경찰위원회의 의결을 거쳐야 하며 긴급한 경우에는 우선 조치 후 지체 없이 국가경찰위원회의 의결을 거쳐야 한다.

10장 치안분야의 과학기술진흥

경찰청장은 치안에 필요한 연구·실험·조사·기술개발(이하 "연구개발사업"이라 한다) 및 전문인력 양성 등 치안분야의 과학기술진흥을 위한 시책을 마련하여 추진하여야 한다.

경찰청장은 연구개발사업을 효율적으로 추진하기 위하여 다음 각 호의 어느 하나에 해당하는 기관 또는 단체 등과 협약을 맺어 연구개발사업을 실시하게 할 수 있다.
1. 국공립 연구기관
2. 「특정연구기관 육성법」 제2조에 따른 특정연구기관
3. 「과학기술분야 정부출연연구기관 등의 설립·운영 및 육성에 관한 법률」에 따라 설립된 과학기술분야 정부출연연구기관
4. 「고등교육법」에 따른 대학·산업대학·전문대학 및 기술대학
5. 「민법」이나 다른 법률에 따라 설립된 법인으로서 치안분야 연구기관 또는 법인 부설 연구소

6. 「기초연구진흥 및 기술개발지원에 관한 법률」 제14조의2 제1항에 따라 인정받은 기업부설연구소 또는 기업의 연구개발전담부서

7. 그 밖에 대통령령으로 정하는 치안분야 관련 연구·조사·기술개발 등을 수행하는 기관 또는 단체

③ 경찰청장은 제2항 각 호의 기관 또는 단체 등에 대하여 연구개발사업을 실시하는 데 필요한 경비의 전부 또는 일부를 출연하거나 보조할 수 있다.

④ 제2항에 따른 연구개발사업의 실시와 제3항에 따른 출연금의 지급·사용 및 관리 등에 필요한 사항은 대통령령으로 정한다.

11장 자치경찰사무에 대한 재정적 지원

국가는 지방자치단체가 이관받은 사무를 원활히 수행할 수 있도록 인력, 장비 등에 소요되는 비용에 대하여 재정적 지원을 하여야 한다.제35조(예산)① 자치경찰사무의 수행에 필요한 예산은 시·도자치경찰위원회의 심의·의결을 거쳐 시·도지사가 수립한다. 이 경우 시·도자치경찰위원회는 경찰청장의 의견을 들어야 한다.

시·도지사는 자치경찰사무 담당 공무원에게 조례에서 정하는 예산의 범위에서 재정적 지원 등을 할 수 있다.

시·도의회는 관련 예산의 효율적인 관리를 위하여 의결로써 자치경찰사무에 대해 시·도자치경찰위원장의 출석 및 자료 제출을 요구할 수 있다.

제36조(세종특별자치시자치경찰위원회에 대한 특례)① 세종특별자치시자치경찰위원회에 대해서는 제19조 제1항 제20조 제3항에도 불구하고 위원장 및 상임위원을 비상임으로 할 수 있다.

제27조에도 불구하고 세종특별자치시자치경찰위원회에는 사무기구를 두지 아니하며 세종특별자치시자치경찰위원회의 사무는 세종특별자치시경찰청에서 처리한다.

조직의 인간형

인간은 사회적 존재라고 볼 수 있다. 이 말은 인간은 일생동안 사회 속에서 활동하며 행복을 추구해 나간다는 뜻이다. 그런데 이 사회는 그 규모와 성질 여하를 막론하고 많은 조직으로 구성되어 있으며, 인간은 사회 속에서 일정한 형태의 조직체를 통하여 자신의 목적을 달성해 나가게 된다. 따라서 현대에 있어 인간은 태어나면서부터 어느 한 조직의 구성원이 되며, 계속적으로 조직과 관련을 맺고 생활해 나가게 되는 것이다.[1]

조직의 구성원인 각 개인은 조직을 통하여 자기 자신의 목표를 실현하고, 동시에 조직은 개인을 통하여 그 목표를 달성하는 관계에 있다. 즉 조직은 많은 인간의 협동행위 위에 형성되고, 그것을 통하여 목표를 달성해 가는 것이며, 인간 개개인의 생활은 조직을 통한 협동행위 속에서 의미있게 영위되는 것이다.

이와 같이 볼 때 조직과 인간은 상호공존관계에 있으며, 따라서 조직의 연구에 있어서 인간, 특히 인간의 행동에 관한 연구가 가장 중요한 과제로 대두되는 것이다. 그러면 본장에서는 우선 퍼스낼리티의 본질을 살펴보고, 인간형에 대한 여러 학자들의 연구를 통하여 조직인의 인간형을 고찰하기로 한다.

제 1 절 퍼스낼리티(personality)의 본질

현대사회를 살아가는 인간이 조직의 범주에서 벗어날 수 없는 이상 조직 내에서 행동하는 인간이 어떻게 조직에 적응하면서 나름대로의 독특한 인간형을 형성해 가느냐 하는 점에 관심을 갖는 것은 당연하다 하겠다.

다시 말하면 인간이 조직 안에서 어떻게 하여 균형적인 인성체계(personality system)

---

1) 유종해, 「현대행정학」(서울: 박영사, 1985), 356면.

를 형성하고 동시에 조직에 적응하는 존재가 되느냐는 조직 내 행동의 주체로서 인간의 이해를 위해 필수적이라 하겠다.

인간의 행동은 각 개인이 지니고 있는 특질들이 종합적으로 연계되어 환경에 대한 적응현상으로 나타나는 것이다. 그러므로 우리가 퍼스낼리티를 이해한다는 것은 개체가 지니고 있는 특질들이 환경에 적응할 때 전체적으로 나타나는 각양각색의 심리현상을 체계적으로 파악하는 것이며, 이는 개인의 대인행동에 대한 올바른 이해를 보다 가능하게 하는 것이다.[2]

퍼스낼리티는 매우 다의적인 말이어서 학자에 따라 그 정의도 다소 다르다. 퍼스낼리티란 '타인에게 어떤 인상이나 영향을 주는 것, 다시 말하면 타인에게 보여진 그 사람의 전체 통일적 특징'이라고 보는 사람도 있다. 또 '개인의 행동에 반영된 문화'라고 보는 사람도 있다.[3] 그러나 이들은 퍼스낼리티의 어떤 특수한 일면만을 지적하는 것으로서 일반적인 것이 되지 못한다. 퍼스낼리티의 정의로서 가장 많이 원용되는 것은 올포트(G.W. Allport)의 것이다. 그는 환경에 대한 그 사람의 독특한 적응방식을 결정지어 주는 정신심리상(psychological)의 동태적 체계(dynamic system)라 하여 퍼스낼리티란 '상황에 따라서 그 작용도 달라질 수 있는 개인의 독특한 정신과 신체가 일체되어 균형이 잡힌 특성'이라 하였다.[4]

또한 카스트(F.E. Kast)와 로센즈웨이그(J.E. Rosenzweig)는 퍼스낼리티를 '환경에 적응할 수 있는 총체적이고 복합적인 개인적 체계'[5]라고 규정하고 있는데, 이는 개인에 있어서 학습·지각·기억·동기·감정, 기타 여러 요인들이 포함되는 전인격적 개념(the whole person concept)을 나타내는 것으로 이해된다.

이상을 토대로 심리학자들간의 일반적으로 널리 인정되고 있는 퍼스낼리티의 특성을 살펴보면 다음과 같다.[6]

첫째, 퍼스낼리티는 개인의 독특한 개성을 나타내는 조직화된 총합이다.

둘째, 퍼스낼리티는 개인마다 어느 정도 관찰과 측정이 가능한 일정한 유형을 형성하고 있다.

---

2) 김명훈 「심리학」(서울: 박영사, 1981), 323면.
3) 송대현, 「사회심리학」(서울: 박영사, 1981), 20면.
4) G.W. Allport, *Personality: A Psychological Interpretation*(New York: Holt, Reinhart & Winston, 1937), p.48.
5) F.E. Kast & J.E. Rosenzweig, *Organization and Management*(New York: McGraw-Hill, 1970), p.214.
6) J.L. Gibson, J. M. Ivancevich and J. H. Donnelly, Jr., *Organizations*(Plano Texas: Business Publications, Inc., 1976), pp.56-57.

셋째, 퍼스낼리티는 생리적 특성에 기초한 특정사회·문화적 환경의 산물이다.

넷째, 퍼스낼리티는 권위와 같은 개인의 심리에 깊이 내재되어 있는 핵심적 측면과 팀의 리더가 되고자 하는 것과 같은 개인의 일반적인 태도에서 나타나는 표면적인 측면으로 구성되어 있다.

다섯째, 퍼스낼리티는 일정한 사회환경 내에서 보편적으로 공통적인 특성과 개인마다 서로 다른 고유한 특성을 모두 포함하고 있다.

제 2 절 조직의 인간형

I. 퍼스낼리티와 조직의 인간형과의 관계

퍼스낼리티는 문화적·유전적·가족과 사회집단 등 여러 요인에 의해 형성이 되는데, 행동을 일상적으로 유발해 나가는 인간은 항상 상황과의 복잡한 상호작용을 하게 된다. 따라서 퍼스낼리티는 상황에 의해서 크게 영향을 받게 된다. 이를 도식화 하면 [그림2-1]과 같다.

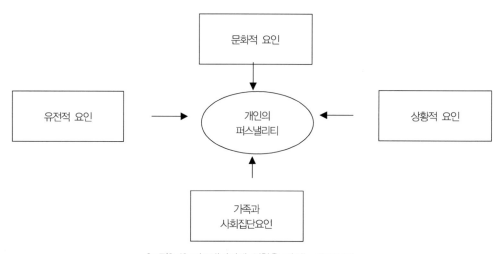

[그림2-1] 퍼스낼리티에 영향을 미치는 주요요인

〈자료〉 J.L. Gibson, J. M. Ivancevich and J. H. Donnelly, Jr., Organizations(Plano Texas: Business Publications, Inc., 1976), p.99를 일부 수정, 「조직행동론」(서울: 법문사, 1986), 28면을 재인용.

그런데 퍼스낼리티에 영향을 주는 상황을 조직의 차원에서 생각할 때, 인간은 조직에 반응하고 이에 적응하기 위해 각자의 독특한 퍼스낼리티의 유형을 형성하게 되는

데 이를 우리는 조직에서의 인간형이라 규정할 수 있다. 조직성원의 행동반응은 인간형의 개념을 고려하지 않고서는 충분히 이해할 수 없기 때문에 인간형은 조직행동(organizational behavior)에 있어 중요한 요소라 하지 않을 수 없다.

II. 인간에 관한 여러 유형

1. 과학적 관리론(scientific management)의 인간형

과학적 관리론에서는 인간은 원래부터 나태한 존재이기 때문에 일을 제대로 수행하도록 하기 위해서는 관리자는 감독과 통제를 엄격히 하여야 하며, 본질적으로 돈을 벌려는 욕망이 있는 합리적인 기계와 같은 존재이기 때문에 작업계획에 따라 일을 시키고 경제적 보상만 제대로 해 주면 능률적으로 관리할 수 있다고 가정하고 있다.[7] 따라서 테일러(F.W. Taylor)에 의해서 주창된 과학적 관리론은 뒤에 설명할 Theory X형의 인간형과 유사한 강압적이면서 경제적 목적인 인간형을 암시하고 있다고 볼 수 있다.

2. 인간관계론(human relations)의 인간형

인간관계론의 창시자로 지칭되는 메이요(Elton Mayo)는 인간의 기초적 특성을 다음과 같이 설명하고 있다. 첫째로, 사회적인 욕구(social needs)는 인간행동의 가장 기본적인 동기요인이며, 대인관계는 자아상에 의미를 부여하는 주요 요인이다. 둘째로, 조직성원은 관리자에 의한 유인장치나 통제보다는 동료집단(peer group)의 사회적인 영향력에 더 민감하다. 셋째로, 조직성원들은 관리자가 소속감 일체감 등의 욕구를 충족시켜 주는 범위 내에서 반응하게 된다.

이렇게 볼 때 인간관계론이 전제하고 있는 인간형은 집단 내에서 감정, 분위기 본능의 집합체로서 무의식적인 요구에 의해 인도되는 유형의 인간을 제시하는 사회적 인간(social man)이라 할 수 있다.[8]

---

7) Ralph C. Chandler and Jack C. Plano, *The Public Administration Dictionary*(New York: John Wiley & Sons, Inc., 1982), pp.27-28 참조.
8) *Ibid.*, pp.205-210.

3. 맥그리거(D. McGregor)의 X · Y 인간형[9]

(1) X이론의 가정과 인간형

    1) 인간은 일반적으로 본래 태만하다. 따라서 그는 가능한 한 적게 일하려 한다.

    2) 인간은 보통 대망이 없고, 책임을 싫어하며, 지도받기를 원한다.

    3) 인간은 선천적으로 이기적이며, 조직의 필요에는 무관심하다.

    4) 인간은 본래 변화에 대해서 저항적으로 대응한다.

    5) 이간은 속기 쉬우며 현명치 못하다. 또한 타인의 허풍이라든가 선동에 속기 쉬운 존재이다.

    6) 대부분의 인간은 조직문제 해결에 창의력을 발휘하지 못한다.

    7) 동기부여는 생리적 욕구나 안전욕구의 계층에서만 가능하다.

    8) 따라서 조직의 목표를 달성하기 위해서는 강제, 통제, 명령, 처벌 등에 의해야 한다.

    이와 같은 X이론적 가정을 권위주의적 인간형이라고 부르고, 이 형에 의하면 인간은 본래 게으르고 일하기 싫어하며, 책임의식이 약하고 오로지 안정을 추구하며, 변화에 대하여 저항하는 미성숙된 상태에 있다. 또한 상호협조도 하지 않고 명령에 따라서 움직이는 수동적인 존재이다. 따라서 X이론을 받아들이는 관리자는 그들의 종업원을 구조화하고 통제하며 엄격히 감독한다. 또 그들은 신뢰할 수 없고 무책임하며, 미성숙한 사람을 다루는 데는 외부적인 통제가 가장 적절한 방법이라고 생각한다. 맥그리거(D. McGregor)는 X이론을 위와 같이 기술한 다음, 인간성에 대한 이러한 X이론을 교육수준이나 생활수준이 향상된 현대사회에서는 적절하지 못하다고 결론짓고 이에 대조되는 Y이론을 전개했다.

(2) Y이론의 가정과 인간형

    1) 작업조건이 잘 정비되었을 경우, 인간이 업무를 수행한다는 것은 놀거나 술에 취하는 것과 마찬가지로 극히 자연스러운 것이므로, 그들은 책임지고 업무를 수행하려고 한다.

    2) 인간은 자기감독(self-direction)이나 자기통제(self-control)의 능력이 있다.

---

9) Douglas McGregor, *The Human Side of Enterprise*(New York: Mcgraw-Hill Co., 1960); P. Hersey and K. Blanchard, *Management of Organization Behavior*, 3rd ed. (New Jersey: Prentice-Hall, Inc., 1977), pp.54-57.

3) 인간은 조직문제를 해결하기 위한 창의력을 지니고 있다.

4) 동기부여에는 생리적 욕구나 안전욕구는 물론 사회적 욕구, 존경욕구, 자아실현 욕구[10]도 크게 작용한다.

5) 인간은 적절한 동기부여가 되면 맡은 일에 자율적이고 창의적이 된다.

이와 같은 Y이론적 가정을 민주적 인간형이라고 부르고 이 형에 의하면 작업이란 고통스러운 것이 아니며, 일하는 것은 인간에게 자연스러운 현상이며, 인간은 스스로 책임감이 있다. 그리고 인간이 조직목표에 관여하는 경우, 그는 스스로 동기부여 되며, 자기행동의 방향을 정할 뿐만 아니라 그 과정에서 자아실현의 대가를 얻는 것이다. 이렇게 볼 때 사회적 욕구, 존중욕구, 자아실현적 욕구가 인간의 행동요인이 되며, 인간은 성숙된 상태에 있게 된다. 따라서 Y이론을 수용하는 관리자는 인간의 자율성에 입각한 성숙된 인간이라는 입장에서 인간성을 존중하고 인간의 자아발전에 바탕을 둔 관리를 말한다.

이와 같이 맥그리거는 X이론의 적용은 '당근과 채찍'에 의한 통제에 의존하고 있는데 반하여, Y이론은 자율에 입각한 통제라는 점을 강조한다. 경영에 X이론이 적용된 결과 사람들은 '나태, 피동, 변화에 대한 저항, 책임감의 결여, 부화뇌동, 그리고 경제적 이득에 대한 부당한 요구'로 대응하게 된 반면, Y이론을 적용시킨 관리방법 하에서는 물질적 성과가 현저히 증진되었을 뿐만 아니라 '좋은 사회'로 나가는 중요한 기초가 이루어졌다고 맥그리거를 비롯한 인간관계론자들은 주장한다.

4. 아지리스(C.Argyres)의 미성숙·성숙적 인간형[11]

아지리스는 대부분의 사람들이 미성숙한 인간으로 취급되고 있는 이유를 설명하기 위하여 X이론적 가정에 대응하는 관료적, 피라밋 모형의 가치체계(bureaucratic/pyramidal value system)와 Y이론적 가정에 대응하는 인간적, 민주적 가치체계(humanistic/democratic value system)를 설정하였다.

인간은 성숙과정에서 퍼스낼리티가 형성되고 퍼스낼리티의 형성과정에서 일곱 가지의 변화가 일어나게 된다. 즉 인간의 퍼스낼리티는 [표2-1]에서 보는 바와 같이 미성숙에서 성숙으로 발달해 간다. 인간은 이와 같은 미성숙에서 성숙에 이르는 과정의 어느 지점의 수준에 있게 되며, 성숙의 정도에 따라 관리방식에 차이가 생긴다고 볼 수 있다.

---

10) Abraham H. Maslow, *Motivation and Personality*, 2nd ed.(New York: Harper & Row, Publishers, 1970).

11) Chris Argyris, *Personality and Organization*(New York: Harper & Low, 1957); Chris Argyris, *Interpersonal Competence and Organizations Effectiveness.*(Homewood, Ill.: Irwin Posey Press, 1962).

[표2-1] 미성숙→성숙의 연속성

미성숙	→성숙
① 수동적	→능동적
② 의존적	→독립적
③ 단순한 행동양식	→다양한 행동양식
④ 변덕스럽고 얕은 관심	→깊고 강한 관심
⑤ 단기적 전망	→장기적 전망
⑥ 종속적 지위	→평등하거나 우월한 지위
⑦ 자아의식의 결여	→자아의식 및 자기통제

여기에서의 미성숙인의 특성은 Theory X와 일맥상통하는 것으로 수동적, 의존적 및 종속적 행동을 하며, 자아의식이 결여되어 있고 단기적 안목을 가지고 있다. 이에 대하여 성숙인은 Theory Y와 유사한 인간형으로 자기의 직무와 관련해서 성숙되기를 원하고 그와 같은 능력을 갖기 위해 노력하는 존재이다. 즉 인간은 자율성, 독립성 및 자기동기화를 가지고 장기적인 전망을 하며, 특별한 기술과 능력을 개발하고 환경에 적응하기 위해서 다양한 행동양식을 활용함으로써 성숙하게 된다고 본다.

인간은 조직이 활용하는 관리방식에 따라 그 개인성숙에 영향을 받는다. 그러므로 조직 내의 사람은 자기의 환경에 대해 최소한의 영향력만을 행사하게 되므로 자연히 수동적, 의존적 및 종속적 행동을 하게 되고, 이것이 조직인을 미성숙한 행동으로 유인하는 요인이 된다. 조직 내에는 이와 같은 미성숙한 행동을 유발하는 요인이 작용하는데, 특히 전통적 조직원리에서는 조직의 합리성을 지나치게 추구한 나머지 성숙한 퍼스낼리티의 욕구를 도외시하여 인간의 성숙을 방해하고 조직의 능률과 생산성을 저하시켰다. 이러한 관점에서 볼 때, 효과적인 관리방법은 자아의 성숙을 돕는 것이다. 아지리스는 이를 위한 현실적 방안으로서, 첫째는 직무의 확대(job enlargement), 둘째는 참가적 또는 근로자 중심의 리더십이 이루어져야 한다고 주장한다.

5. 쉐인(E.H. Shein)의 인간형[12]

쉐인은 조직 내의 인간성에 대한 가정과 이에 따르는 인간의 유형을 제시하였는바, 그의 인간에 대한 가정은 조직이론의 발달순서에 입각한 것이다. 즉 조직이론의 발달순서에 따라 (i) 합리적, 경제적 가정(rational-economic assumption), (ii) 사회적인 가정(social assumption), (iii) 자아실현적 가정(self-actualization assumption), (iv) 인간성의 복잡성(the complexity of human nature)을 설명하면서 인간의 모형을 논하였다.

---

12) E.H. Shein, Organizational Psychology(New Jersey: Prentice-Hall, Inc., 1980), pp.50-101.

(1) 합리적, 경제적 인간[13]

조직 내의 인간은 자기의 쾌락을 추구하는 존재로서 자기의 이익을 최대화하려는 행동을 하는데, 이는 다음과 같은 가정 하에 성립될 수 있다.

1) 인간은 경제적 유인에 의하여 동기부여되며, 최대의 경제적 이익을 얻을 수 있도록 행동할 것이다.
2) 조직의 통제 하에 경제적 유인이 이루어지기 때문에 인간은 조직에 의해서 동기부여되고 통제되는 수동적인 존재이다.
3) 인간의 감정은 비합리적이다. 따라서 이러한 감정은 자기이익의 합리적인 이해관계가 방해받지 않도록 통제되어야만 한다.
4) 조직은 인간의 감정과 같은 예측할 수 없는 것을 중화시키고 통제할 수 있도록 설계될 수 있고 또 설계되어야만 한다.
5) 인간은 원래 게으르다. 따라서 외적인 유인에 의해서만 동기부여 될 수 있다.
6) 인간의 자연적인 목적과 조직적인 목적은 대립된다. 그러므로 조직목표의 달성을 위해서는 외적인 힘에 의한 통제가 필요하다.
7) 비합리적 감정 때문에 인간은 자아통제나 자기훈련의 능력이 없다.
8) 모든 인간은 '1)-7)'에서 묘사한 것과 같은 인간과 스스로의 동기부여가 가능하고 자기통제가 되며 감정의 지배를 덜 받는 인간으로 구분된다. 따라서 모든 사람에 대한 관리책임은 후자가 져야만 한다.

(2) 사회적 인간[14]

여기에서 인간이란 사회적인 존재로서 사회적인 인간의 관계, 즉 집단에 대한 소속감(sense of belongingness)이나 일체감(sense of identity)을 중시한다. 인간성에 대한 사회적 가정은 다음과 같다.

1) 인간은 기본적으로 사회적인 욕구에 의하여 동기부여되며, 또 타인과의 일체감을 통해서 동기부여된다.
2) 산업혁명과 작업의 합리화의 결과로서 생긴 작업자체(work itself)의 의미는 사라졌다. 따라서 직무와 관련된 사회적인 관계에서 의미를 찾아야 한다.

---

13) *Ibid*, pp. 52-55.
14) *Ibid*, pp.56-57.

3) 인간은 관리통제나 유인체제보다는 집단의 사회적인 힘에 민감하게 반응한다.

4) 인간은 사회적 욕구의 충족정도에 따라서 관리층의 요구에 반응하게 된다.

인간성에 대한 사회적 가정에 입각한 관리는 다음과 같은 전략에 의한다.

1) 관리자는 수행되는 과업에만 관심을 가질 것이 아니라, 과업을 수행하는 사람의 욕구에 더 많은 관심을 가져야 한다.

2) 부하에 대한 통제나 유인보다 소속감, 일체감과 같은 감정에 특별히 관심을 두어야 한다.

3) 개인적인 유인에 의한 것보다 집단적인 유인의 방법을 활용하여 집단의 존재를 현실로 받아들여야 한다.

4) 관리자는 기획하고 조정하며 동기를 부여하고 통제하는 것으로부터 부하의 감정이나 욕구를 이해하는 방향으로 그 자세를 전환해야 한다.

(3) 자아실현적 인간[15]

여기에서 인간은 끊임없이 자기를 확장하며 강조하여 가는 주체로서 인식되는데, 다음과 같은 가정에 입각하고 있다.

1) 인간의 동기(motive)는 계층을 이루고 있으며, 하위의 동기가 충족되면 다음 단계의 동기를 추구하고 최종적인 자아실현적인 욕구에 이르게 된다.

2) 인간은 직무의 숙달을 위해 노력하며, 또한 그러한 능력을 갖고 있다. 이러한 과정을 통하여 자율성(autonomy)과 독립성이 증대되고, 장기적인 면에서는 환경에의 적응능력, 전문적인 능력과 기술의 발전을 가져올 수 있다.

3) 인간은 스스로에게 동기를 부여할 수 있고 자기통제를 할 수 있다. 외적인 유인과 통제는 오히려 동기부여를 방해하기 쉽다.

4) 자아실현과 효과적인 조직활동은 상호 모순되지 않는다.

이 같은 인간성에 대한 자아실현적 가정에 의한 관리는 내적인 동기부여에 의한 것이다. 즉 긍지와 자부심을 갖도록 하고 일의 의미를 발견하게 한다. 따라서 여기서의 관리자는 동기부여자나 통제자가 아니라 촉진자(facilitator)로서의 역할을 한다.

---

15) *bid*, pp.68-71.

(4) 복잡한 존재로서의 인간16)

위에서 언급한 세 가지 인간형은 인간을 지나치게 단순화하고 일반화시켰기 때문에 특정한 상황이나 조건에 맞지 않는 경우가 많다.

이에 따라 여기에서의 인간은 어떤 특정한 존재로서의 인간이 아니라 다양한 욕구와 잠재력을 지닌 존재로 규정하고 있다.

인간성에 대한 복잡성에 의하면, 인간은 다음과 같은 특성을 지니고 있다.

1) 인간은 복합적이고 다양한 속성을 가진 존재다. 인간의 동기는 계층성을 이루고 있으나, 이러한 계층은 상황에 따라 달라진다.
2) 인간은 조직의 경험을 통하여 새로운 동기를 습득할 수 있다. 그러므로 동기부여의 패턴이나 심리적인 갈등의 패턴은 인간의 내적인 욕구와 조직의 경험 등 양자의 복합적인 상호작용의 결과이다.
3) 서로 다른 조직 또는 동일한 조직 내의 서로 다른 하위조직단위에 있는 인간의 동기는 달라질 수 있다.
4) 인간은 상이한 동기에 의해서 조직의 생산성을 높일 수 있다. 조직 내의 인간의 성향, 직무를 수행하는 사람의 경험과 능력, 수행되는 과업의 성질 등에 다라서 일의 형태나 인간의 감정은 달라진다.
5) 인간은 상이한 관리전략에 반응하고, 자신의 동기나 능력 및 과업의 성질에 의존한다. 따라서 언제나 인간이 일을 하게 할 수 있는 정확하고 유일한 전략은 존재하지 않으며, 관리자는 상황에 따라 적절한 동기부여를 하고 관리하는 다양한 전략을 사용하여야 한다.

6. 프레스터스(R. Presthus)와 라모스(A.G. Ramos)의 인간형17)

프레스터스는 오늘날 대부분의 조직은 계층제의 바탕 위에 관료제적 운영을 하는 조직이라 전제하면서 인간들이 이러한 조직에 적응하는 형태를 세 가지의 인간형, 즉 (i) 상승형(upward mobiles), (ii) 무관심형(indifferents), (iii) 애매모순형(ambivalents)으로 나누었다.

---

16) bid, pp.93-101.
17) Robert Presthus, The Organizational Society(New York: Vintage Books, 1978), pp.143-251.

(1) 상승형[18]

전체적 계층체제에 있어서 평생경력직상의 승진은 단지 소수의 관심사인데, 이 부류에 속하는 사람들을 상승형자라 한다. 이들은 업무를 매우 중시하며, 조직의 목표와 규모에 잘 적응하고 또 개인적 영달과 출세에 극히 민감한 반응을 보이는 경향이 있다. 이러한 상승형자의 특성은 다음과 같다.

첫째, 이들은 대체로 실패를 인정하지 않는 낙관형이며, 조직 내 생활에 대하여 매우 만족하기 때문에 매우 사기가 높다.

둘째, 조직의 목표를 지향하여 행동함으로써 조직이 제공하는 정당성과 합리성을 잘 수용하며, 조직으로부터 생기는 보상의 분배에 있어서도 제일 많은 분량을 차지하려고 한다.

셋째, 권력욕과 지배욕이 높아 이를 얻기 위해서라면 어떠한 희생도 감수한다. 따라서 자신의 출세를 위한 승진의 방안에 대해서는 지극히 높은 관심을 보이며, 항상 지위불안(status anxiety)을 느끼고 있다. 이러한 가운데 자신의 직무는 출세를 위한 도구로 간주하는 경향이 있다.

넷째, 모든 일에 자신감을 보임으로써 스스로를 과시하는 반면, 대인관계에서는 긴장과 부적응을 초래하므로 조직 내의 갈등을 유발할 수 있다.

(2) 무관심형[19]

프레스터스에 의하면 계층제의 하위층에 있는 자들은 대개 무관심형자라 한다. 업무를 매우 중요시 여기는 상승형자와는 달리 이들은 업무상 경험과 개인적 생활영역을 구분한다. 업무는 개인생활과는 전혀 관련이 없는 만족을 얻는 수단이 되는 것이다. 그리하여 업무 외의 만족을 얻으려고 그들의 관심을 재조정한다. 이러한 사람들에게는 조직의 정상에 올라가는 것이 강한 동기가 되지 못하는 것이다.

이 형에 속하는 구성원들은 조직의 모든 일(예컨대 권한이라든가 지위, 그리고 각종의 자극요인)에 관해서 냉담한 반응을 나타내며, 조직으로부터 비교적 소외된 사람들이다. 이러한 유형의 인간형은 조직에서 비교적 많은 수를 차지한다. 무관심형자의 특성을 보면 다음과 같다.

첫째, 이들은 직업에 있어서의 안정을 가장 중시하는 가운데 무사 안일한 태도로써

---

18) *bid*, pp.143-183.
19) *bid*, pp.184-227.

조직생활을 영위한다. 따라서 이들은 변화와 도전을 배타시하며 최소한의 욕구충족이 보장되는 범위 안에서 조직이 규범이나 환경에 적당히 적응해 나간다.

둘째, 업무의 수행과정에서 내재적 보상(intrinsic rewards: 예컨대 업무의 만족, 보람 등)은 그렇게 중요한 것이 되지 못한다. 왜냐하면 일하기 위해서 근무하기보다는 오히려 근무를 통해서 생활에 필요한 재원을 획득하고 이것을 조직 외부에서 소비하면서 개인적인 생활에서 만족을 구하기 때문이다.

셋째, 권위의 수용에 있어서는 상관을 우호적인 존재로도 보지 않으며, 그렇다고 위협적인 존재로 보는 것도 아니기 때문에 상관이 요구하는 규율에 대하여 그다지 많은 관심을 보이지 않는다.

넷째, 이들은 상위직책에 부수되는 더 큰 책임을 지기 싫어하기 때문에 승진에는 관심이 없다. 또한 이들은 직업 내에서 비교적 인간관계가 원만한데, 그 이유는 이들은 아무에게도 잠재적으로 위협스러운 존재가 되지 않기 때문이다.

(3) 애매모순형[20]

이는 애매모순형이라고 하는 인간형으로서 이러한 부류에 속하는 사람들은 성공의 대가와 권력에 매혹을 느끼지만, 타인과 경쟁하는 데 필요한 역할은 행하지 않거나 할 능력이 없다. 이들은 높은 포부를 가졌으나 감독자와의 인간관계를 이루는 데 있어 승진이 되어야 할 사람이라는 인상을 쉽게 또는 분명하게 주지 못한다. 비록 적절한 대인관계의 유지는 관료로서 필요한 것이라고 인정하고는 있으나, 그가 지위에 대한 경쟁을 해야 할 때에는 그것을 거절한다. 인간은 지배와 복종 사이를 교묘하게 옮길 수 있어야 함에도 애매모순형자는 이와 같은 적응성이 보족하며, 또 그것을 원칙 없는 행동이라고 하여 가치 없게 여긴다. 더욱이 능력과 승진과의 모순점을 인식하여 환멸을 잘 느끼기도 한다. 이러한 애매모순형자가 갖는 특성은 다음과 같다.

첫째, 이들은 높은 지적 관심과 제한된 대인관계를 유지하는 전형적인 내성적 인간이다. 행동, 객관성, 그리고 적극적인 대인관계를 강조하는 상승형자와는 달리 애매모순형자는 주관적이며 대인관계의 폭이 좁다.

둘째, 이들은 대개 한 방면의 전문가들로 조직 내에서 매우 중요한 기능을 담당하고 있다. 이들은 조직의 쇄신을 위한 지식, 기법 등을 제공하며, 그런 의미에서 가장 창의적인 인간들이라 할 수 있다.

---

20) *bid*, pp.184-227.

셋째, 이들은 조직의 문제해결에 있어 '최선의 유일한 방법'(one best way)을 모색하는 경향을 싫어한다. 대신 의사결정의 대안은 항상 복수이며 잠정적이라고 생각한다.

넷째, 이들은 권위를 왜곡시키기도 하고 또 한편으로 두려워하는데, 그 결과로 생기는 불안감 때문에 상관과의 관계에 있어 항상 지장을 받는다. 또한 의문을 많이 제기하는 유형이기 때문에 조직의 규율에 잘 따르지 않으며 충성심도 w가다. 요컨대 애매모순형자는 조직의 권위체계를 거부한다.

한편 라모스(A.G. Ramos)는 이상과 같은 프레스터스의 인간형에 첨가하여 소위 괄호인 (parenthetical man)이라는 제4의 유형을 내세웠다.[21] 이와 같은 인간형의 소유자는 성공을 위해 무리한 노력을 하지 않으며 자아의식이 매우 강하다. 이들은 나름대로의 업무성취기준을 설정하며, 비판적 성향을 가지면서도 새로운 상황에서는 창의성이 돋보인다. 또한 환경에 적극적이고 유연하게 대처하여 그것으로부터 만족을 얻고자 노력한다. 요컨대 괄호인은 소극적 태도와 무관심에서 탈피하여 적당한 절제 속에서 자기존중과 자율성을 바탕으로 자신의 이상을 실현하려 하는 인간유형이다.

Ⅲ. 인간형의 평가

이상에서 우리는 조직에 있어서의 여러 가지 인간형에 대해 살펴보았다. 그런데 오늘날의 사회는 민주주의적 가치관에 입각한 사회임을 감안할 때, 조직의 인간에 대한 규정도 수동적이고 자아의식이 결여된 인간형에서 자율적이고 창의적이며 자아의식이 강한 인간형을 지향해야 할 것이다. 즉 조직의 관리자는 테일러의 기계적, 맥그리거의 X이론적, 아지리스의 미성숙적, 그리고 프레스터스의 무관심적, 모순적인 인간형에서 맥그리거의 Y이론적, 아지리스의 성숙적인 인간형, 그리고 라모스의 괄호인과 같은 인간형으로 유도하는 방안을 강구하여 이를 조직의 생산성 향상을 위한 목표의 수단에 부합되도록 해야 하는 것이다.

그러나 일률적으로 목표의 수단으로 적용될 수 있는 절대적인 인간형은 현실적으로 존재하기 어려우므로, 조직이 처해 있는 상황에 따라 그에 부합되는 작용(counter action)을 가해 주는 것이 보다 나은 인간형의 활용방안이 될 수 있다는 점을 강조하는 바이다.

---

21) A.G. Ramos, "Models of Man and Administrative Theory," *Public Administration Review*(Vol. 32, No. 3, May-June 1972), pp.243-46.

3
동기부여이론

제 1 절 동기부여이론의 기초

조직과 조직 내의 개인과의 관계는 조직의 효과적 운영이나 개인적 발전이란 관점에서 볼 때 대단히 중요한 것이다. 그 이유는 개인은 조직활동을 통해서 자신의 욕구나 목적을 성취하게 되고, 또 조직은 개인의 자발적인 노력을 통하여 조직의 목표를 달성할 수 있기 때문이다. 따라서 이러한 조직구성원의 자발적 노력을 유도하기 위해서는 각 개인에 대한 동기부여가 중요한데, 이러한 문제를 다루는 이론이 바로 동기부여이론인 것이다.

하버드 대학의 제임스(W. James)교수는 동기부여에 관한 연구에서 동기부여활동이 없는 조직에서의 종업원은 자신의 능력을 20～30%밖에 발휘하지 않고도 해고당하지 않는 반면, 동기부여활동이 활발하여 강한 동기를 부여받는 종업원들은 자신의 능력의 80～90% 가까이까지 발휘한다고 지적하였다. 따라서 종업원의 능력의 약 60%는 동기부여에 의해 좌우되게 되며, 동기부여가 낮은 종업원의 실적은 능력이 낮은 종업원의 실적과 별 다를 게 없는 것이다.

여기서는 뒤에 설명할 여러 가지 동기부여이론들의 이해를 돕기 위해동기부여의 기초개념 및 배경의 설명 등을 서술하고자 한다.

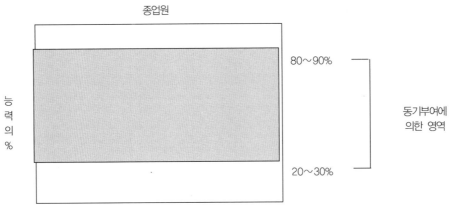

[그림3-1] 동기부여의 잠재적 영향

Ⅰ. 동기부여이론의 중요성

근래에 와서 조직행태에 대한 관심이 급증하였는바, 그 중에서도 동기부여에 관한 연구는 경영자나 조직연구가들의 주목의 대상이 되었다. 이와 같은 상황의 배경에는 여러 가지 이유가 있는데, 여기서는 그 주된 요인들을 살펴봄으로써 동기부여이론이 갖는 중요성1)을 알아보기로 한다.

1. 관료적 · 권위적 조직구조에서 민주적 조직구조로의 전환

현대산업사회, 특히 선진산업사회에서는 조직구성원들 개개인의 자주적이고자발적인 능력을 구해야 하는 조직 내 민주주의가 강하게 요구되고 있다. 관료적 조직구조나 권위적 체제에 의거한 관리형태가 실효를 거두지 못하고 점차 한계에 이르게 되자 조직과 조직구성원간의 관계를 단순한 수직적 관계에서 수평적 관계로 이해해야 할 필요가 생기고, 조직구성원 개개인의 자발적 노력을 점차 강조하게 된 것이다. 따라서 조직구성원 개개인이 조직 내에서 자발적으로 행동하게 되는 배경, 즉 동기부여에 대해 적극적으로 연구할 필요가 생긴 것이다.

2. 조직의 효율성과 생산성에 대한 관심

근래에 들어 조직의 효율성이나 생산성과 관련해서 경영자나 조직연구가들이 조직에서의인간행태에 대해 큰 관심을 갖게 되었다. 즉 조직에 있어서 재정적이거나 물질

---

1) 한덕웅, 「조직행동의 동기이론」(서울: 법문사, 1985), pp.20-24면 참조.

적 자원뿐만 아니라, 인적 자원의 활용도 중요시하게 된 것이다. 그런데 이러한 인적 자원의 활용과 관련된 문제들은 궁극적으로 동기부여의 문제로 귀착된다.

카츠(D. Katz)와 카안(R. Kahn)은 조직이 제기능을 발휘하기 위해서는 인적 요인과 관련해서 다음과 같은 세 가지 필요조건이 충족되어야 한다고 주장하는데, 이 세 요건이 모두 동기부여에 관한 것들이다.[2]

첫째, 유능한 인적 자원이 조직구성원으로 조직에 들어오도록 유도해야 할 뿐만 아니라, 일단 조직에 들어온 후에는 타조직으로 가지 않고 그 조직에 계속해서 남아 있도록 해야 한다. 즉 적정한 수의 조직구성원을 확보해야 하며, 그 후에는 이들의 이탈을 막아야 한다는 것이다.

둘째, 조직구성원은 조직에서 요구하는 과업을 수행하되, 수행방식은 조직에서 정해 놓은 데에 따라야 한다. 다시 말해서 업무를 수행할 때 조직에서 설정해 놓은 질적·양적 목표나 허용된 행도유형에 맞추기 위해서는 조직구성원이 각자의 행동에 가해지는 제약을 받아들이도록 해야 한다는 것이다.

셋째, 조직구성원은 조직에서 부여한 행동유형대로 성실하게 역할을 수행하는 데 그치지 않고, 나름대로의 창조적이고 자발적이며 혁신적인 행동을 보여야 한다. 만일 조직구성원이 규정된 행동유형에 의해서만 움직이게 된다면, 결국 그 조직은 급격히 변화하는 사회체제와 상호작용 과정을 견디어 내지 못하게 될 것이다.

이와 같은 조직의 요구에서 볼 때, 조직이 효율적으로 운영되기 위해서는 조직구성원들이 업무에 능동적으로 참여하고, 생산의욕을 갖도록 하는 동기부여의 문제가 해결되어야 하는 것이다. 특히 이 동기부여 문제는 조직의 생산성과 직결되어 있어서 다른 조건이 같다면, 조직의 효율성은 관리자가 조직구성원의 동기를 높이는 능력에 의해 좌우된다.

3. 조직이론의 구심점으로서의 동기부여이론

원래 동기란 개념은 여러 방면에서다양하게 사용되는데, 조직에서 문제삼는 동기의 개념이란 조직환경의 자극으로부터 개인의 일정한 행동반응을 일으키게 하는 과정을 나타내기 위해서 사용되는 매개변수를 말한다. 따라서 조직구성원이 지니고 있는 조직행동의 동기란 조직체의 환경 내에 존재하는 많은 요인들에 의해서 영향을 받으면

---

2) Daniel Katz and Robert Kahn, *The Social Psychology of Organization*(New York: John Wiley & Sons, Inc., 1978), pp.402-404.

서, 한편으로는 이 요인들에 영향을 미치기도 하는 복잡한 현상을 나타내는 개념이다. 그러므로 조직의 기능을 포괄적으로 이해하기 위해 상호연관된 여러 변수들을 다룬다는 점에서 동기부여이론을 구심점으로 삼을 수 있다. 이처럼 조직구성원의 직무동기에 대한 연구를 구심점으로 삼는다면, 직무동기와 상호연관된 여러 조직요인들이 직무수행이나 직무만족 등에 어떠한 영향을 미치는가도 파악할 수 있을 것이다. 이러한 관점에서 볼 때, 조직의 기능과 조직구성원의 행태를 이해나는 데 있어서 상호과정을 포괄적으로 설명할 수 있는 동기부여이론은 중요한 위치를 차지하게 된다.

4. 장기적인 인력관리에 대한 관심

기술이 복잡해지고 그 수준이 고도화됨에 따라 이를 효과적이고도 능률적으로 운영할 수 있는 고급인력의 부족이 두드러진다. 따라서 현대에는 공학과 기술적 진보에 따라서 인적 노동력을 기계로 대체하는 일이나 기술혁신의 요구가 조직의 존립에 있어서 중요한 요소임에 틀림없다. 그러나 공학의 발전과 기술혁신을 경함하면서 역설적으로 이러한 변화가 인간적 요인을 고려하지 않고는 달성될 수 없다는 사실이 명백해졌다. 이에 따라 조직목표를 성취하기 위해서는 진보된 기술을 도입하는 일이 반드시 필요하지만, 이를 적극적으로 사용하려는 동기가 부여된 인적 자원을 개발하는 것이 더욱 근본적인 문제인 것이다.

그러나 조직에서 장기적인 전망으로 재정적이거나 물질적 자원을 다루어온 지는 오래되지만, 인적 자원을 장기적인 안목으로 진지하게 다루기 시작한 것은 비교적 최근의 일이다. 최근에는 장래 활용할 수 있는 자원으로서의 조직구성원의 개발에 집중적으로 관심을 쏟는 조직체들이 많아졌다. 이러한 경향은 경영 및 조직발전(OD)계획이 증가되는 추세라든가, 단편적으로 실시되는 산업훈련·직무설계 등에 큰 관심을 보이는 것으로도 나타나는데, 이는 높은 수준의 기술을 습득하려는 목적에 못지 않게 조직구성원들로 하여금 높은 수준의 동기를 유지토록 하려는 노력이라고 볼 수 있다.

Ⅱ. 동기부여이론의 연구대상

한 개인이 행한 특정한 행동의 동기를 알고자 할 때에는 그 행동이개인 내부의 어떤 힘에 의해서 유발되었으며, 무엇을 목적으로 하고 있고, 또 얼마나 지속적으로 나타나는가를 살펴보아야 한다. 이와 마찬가지로 개인이든 조직 내에서든 간에 동기부여된 행동을 이론적으로 해염하려는 동기부여이론은 다음과 같은 항목들을 연구대상으로 한다.

첫째, 인간의 행동을 활성화시키는 요인들은 어떤 것이며, 이 요인들이 어떠한 이유에서 활성화요인으로 작용하고 또 어떠한 과정을 거쳐서 최종적으로 인간의 행동을 활성화 시키는가 하는 문제이다.

둘째, 인간의 여러 가지 행동방향 중에서 일정한 행동을 하도록 하는 행동유형의 요인은 무엇이며, 이 요인들이 왜, 그리고 어떠한 과정을 거쳐서 행동으로 나타나게 되는가 하는 문제이다.

셋째, 개인의 행동유형을 지속하도록 만드는 요인은 무엇이며, 또 이 요인들은 어떠한 과정을 통해서 일정한 행동을 지속시키거나 중단시키는가 하는 문제이다.

따라서 조직 내에서 일어나는 여러 유형의 동기부여된 행동을 연구대상으로 삼는 동기부여이론이 다루는 과제는 다음과 같이 정의될 수 있을 것이다. 즉 켐벨(J.P. Campbell)의 프릿챠드(R.D. Pritchard)에 의하면, 동기부여이론이란 적성·기술·과업에 대한 이해정도 및 환경의 제약요인들이 미치는 영향이 일정하다고 보았을 때, 개인행동의 방향·강도, 그리고 지속정도와 같은 현상을 설명하는 독립변인 및 종속변인들 간의 관계를 다루는 것이라고 한다.[3]

이 정의에서 보는 바와 같이 행동의 유발, 목표의 지향, 그리고 유지라는 세 가지 속성을 지니지 않은 조직행동들은 동기부여된 행동이 아니기 때문에 조직 내에서 일어나는 행동이나, 혹은 좁게 말해서 업무수행과 관련된 행동이 모두 동기부여에 의해 일어나는 것이 아니라는 점을 인식해야 한다. 따라서 조직 내에서 일어나는 우발적이거나 일회적인 행동들까지 모두 동기부여이론에 의해 설명되고 예측될 수 있는 것은 아니다. 그럼에도 불구하고 흔히 동기의 개념을 이용해서 조직 내에서 일어나는 중요한 행동들을 설명할 수 있다고 잘못 생각하는 경우가 있는데, 이는 업무수행을 위해 의욕적으로 노력한다거나, 이와는 달리 결근이나 업무를 소홀히 하거나 방해하는 것과 같이 조직행동 중에서도 크게 문제가 되는 행동들이 바로 동기부여된 행동들이기 때문이다.

그런데 이러한 동기부여된 조직행동들은 조직 내에서 관찰될 수 있는 환경적인 요인과 조직행동과의 관계만으로 기계적으로 설명하기는 어렵다. 왜냐하면 행동에 영향을 미칠 수 있는 조직의 환경적 요인이 동일한 데도 불구하고, 개인에 따라서 서로

---

3) J.P. Campbell and R.D. Pritchard, "Motivation Theory in Industrial and Organizational Psychology," in M.D. Dunnette(ed.), *Handbook of Industrial and Organizational Psychology*(Chicago: Rand McNally Co., 1976) 참조.

다른 행동을 보이는 경우가 많기 때문이다. 따라서 각 개인의 특성과 외적 요인들을 연관시켜서 이해하지 않고는 조직 내에서의 행동을 제대로 이해하고 설명할 수 없을 뿐만 아니라, 어떤 행동이 일어날 것인지를 예측하고 통제할 수 없다. 그러므로 동기부여의 과정을 이해하는 것은 개인의 조직행동을 이해하고 또한 영향을 미칠 수 있는 기초가 되는 것이다.

Ⅲ. 동기부여의 과정

듀네트(M.D. Dunnette)와 커쉬너(W.K. Kirchner)는 동기부여의 과정을 포괄적이고도 간략하게 설명하기 위해서 간단한 모형을 제시하고 있는데,4) 여기에는 뒤에 설명할 여러 가지 동기부여이론의 내용들이 포함되어 있다. 따라서 이러한 동기부여의 과정에 대한 이해는 제반 동기부여이론을 이해하는 데 도움이 될 것이다.

[그림3-2]에서 보는 바와 같이 인간의 행동은 내적인 불균형 상태로부터 균형상태라는 목표를 추구하기 위해서 이루어지는 것이다. 이러한 행동이 적절하게 이루어져서 바라는 목표가 달성되면 차차 내적인 안정상태를 이루게 되는데, 이 안정된 상태는 일정한 시간이 경과되면 내적 욕구나 기대 혹은 외적 환경에 의해서 다시 깨어지게 된다. 이처럼 내적 균형상태가 불균형으로, 다시 불균형에서 균형으로 반복되는 과정이 바로 동기부여과정인데, 이를 각 단계별로 간단히 설명하면 다음과 같다.

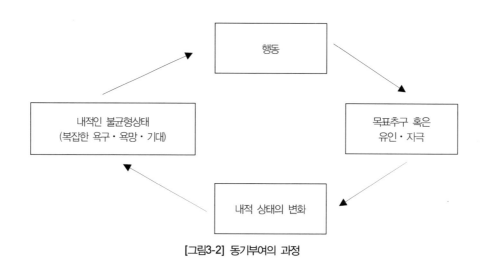

[그림3-2] 동기부여의 과정

---

4) M.D. Dunnette and W.K. Kirchner, *Psychology Applied to Industry*(New York: Applenton-Century-Croffs, 1965).

첫째, 각 개인이 갖고 있는 욕구·욕망 또는 기대가 서로 다른데, 이러한 요인들이 작용하게 되면 일반적으로 내적 불균형 상태가 조성되게 되며, 인간은 이 불균형 상태를 경감시키려고 노력하게 된다.

둘째, 이러한 욕구·욕망 또는 기대는 일반적으로 일정한 행동을 함으로써 이러한 불균형 상태를 감소시킬 수 있으리라는 예측과 결합되어 있다. 즉 일정한 행동을 하게 되면 불균형이 회복되리라는 예상을 개인마다 갖게 된다. 이것이 일정한 행동을 선택적으로 추구하는 동기의 목표지향적 측면이다.

셋째, 목표지향적 행동들이 일어나면, 목표를 달성하기 전까지는 이러한 행동이 지속된다. 따라서 목표달성과 관련된다고 생각하는 일정한 행동을 하게 되는데, 이러한 행동을 통해서 목표가 달성되면 불균형 상태였던 내적 상태가 균형을 이루게 된다.

넷째, 만일 설정한 목표가 잘못되었거나 목표를 달성하지 못했을 경우에는 새로운 목표와 방법이 강구된다. 즉 새로운 목표나 새로운 목표달성 방법이 설정됨으로써 동기부여과정이 변질된다. 뿐만 아니라 목표를 달성하기 위해서 행해진 행동에 대해서 각 개인이 성공과 실패의 원인을 분석하게 되는데, 이러한 원인분석의 결과에 따라서 개인의 내적 상태가 달라지며, 그 다음 행동에도 영향을 미치게 되는 것이다.

이상은 동기부여과정을 단순화해서 설명한 것인데, 실제에 있어서는 이처럼 단순하게 생각하기 어려운 복잡한 요인들이 기재되어 있다. 이처럼 동기부여과정을 이해하기 어렵게 만드는 원인은 대체로 다음과 같이 정리할 수 있을 것이다.

첫째, 동기란 단지 추론될 수 있을 뿐이어서 외견상으로 볼 수 없다는 점이다.

둘째, 인간은 일정한 시간에 여러 가지 욕구·욕망 및 기대를 갖는 것이 보통이며, 또 이 동기들은 변화하거나 개인 간의 갈등을 일으키기도 한다. 따라서 동기를 확실하게 파악하거나 측정하는 것이 매우 어렵다.

셋째, 여러 동기들 중에서 일정한 동기를 선택해서 행동에 옮기는 방식뿐만 아니라, 선택된 동기들을 추구하는 강도에 있어서도 상당한 개인차가 있다는 점이다. 또 각 개인마다 욕구도 다양하고, 이러한 욕구의 추구방법도 다양하다.

넷째, 목표가 달성되었을 때, 이 충족된 욕구가 행동에 미치는 영향이 일정하지 않다는 점이다. 예를 들어 식욕의 경우는 일단 충족되면 다른 욕구로 발전하게 되는데, 승진이란 욕구가 달성되면 더 높은 지위로의 승진욕구가 또 생겨 그 다음 행동을 자극하게 되는 것이다.

제 2 절 동기부여이론의 개괄적 설명

동기부여이론의 목적은 동기에 영향을 미치는 여러 관련 변수들 간의 관계를 체계화하기 위한 것이며, 또 이론의 유용성이란 관계변수들을 하나의 통일된 체계로 통합하고 있는가 하는 측면과, 다양한 변수들의 영향을 얼마나잘 설명하고 예측할 수 있는가에 달려있다. 따라서 조직행동을 설명하기 위해서 포괄적인 동기부여이론을 수립하려면, 조직구성원의 특징, 업무의 특징, 조직의 특성, 업무상의 작업조건, 그리고 조직의 외부환경 등과 같은 주요 관련변수들에 대해서 어떤 형태로든 설명할 수 있어야하며, 또한 이런 여러 변수들 간의 상호작용도 파악되어야 한다. 그러나 현존하는 대부분의 동기부여이론들은 한 요인이나 몇 개의 요인들의 영향만을 강조하는 이론들뿐이며, 여러 변수들 간의 상호작용을 체계화한 포괄적 이론은 몇 개의 '과정이론'에 불과하다. 따라서 여기서는 다음 절에서 설명할 여러 개의 동기부여이론들이 내용상 어떻게 구분되며, 어떤 요인에 중점을 두고 있는가를 개괄적으로 살펴보도록 하겠다.

동기부여이론은 내용상 마슬로우(Maslow)의 욕구계층이론, 알더퍼(Alderfer)의 E・R・G 이론, 허쯔버그(Herzberg)의 동기-위생 두 요인이론, 그리고 맥클리랜드(McClelland)의 성취욕구이론 등을 중심으로 한 내용이론과 브룸(Vroom)의 기대이론, 포터-로울러(Porter-Lawler)의 모형 및 로울러(Lawler)의 모형 등을 주축으로 한 과정이론으로 구분된다. 그런데 직무동기의 주된 요인을 개인의 욕구에서 찾는다는 점에서 내용이론을 '욕구이론'으로, 개인, 업무의 특성, 그리고 작업환경 등과 같은 여러 변수들 간의 상호작용과정을 밝히려는 과정이론은 일반적으로 기대 X 합성력이론(expectancy X valence theory)이라고 불리는 까닭에 '기대이론'으로 부르기로 한다.

Ⅰ. 내용이론의 설명

내용이론은 업무와 관련된 요인이나 조직 내의 작업환경과 같은 요인들을 고려하지 않는 것은 아니지만, 그보다는 개인이 갖는 여러 가지 개인적 요인에 중점을 둔다. 그리고 특히 개인적인 요인들 중에서도 개인이 지니고 있는 욕구강도의 역할에 대해서 체계화된 주장을 제시한다. 비록 내용이론들이 초기의 이론들이라 미숙한 점이 많았지만, 이 이론들은 개인의 욕구요인이 업무의 성질, 사회적 환경 및 작업조건 등을 포함하는 작업환경에 대처하는 데 중요한 기능을 수행한다는 점을 깨닫게 했다.

마슬로우・알더퍼, 그리고 맥클리랜드에 이르기까지 개인의 욕구가 직무동기의 중요한 요인이라고 보는 학자들은 조직구성원이 낮은 수준의 욕구들보다는 자기실현을 위한 강력한 욕구를 지니기 때문에, 이 욕구를 충족시켜 주기 위해서는 업무 자체의 성격이나 작업환경을 바꿔 주어야 한다고 주장한다. 이러한 주장을 참고로 할 때, 욕구이론들이 개인적 특징을 중요시하는 이론이라 하더라고 개인적 특징 이외에 업무나 작업환경요인의 중요성을 무시하는 것이 아니라는 점을 알 수 있다. 이와 같이 내용이론들에서는 업무나 작업환경요인이 개인의 욕구충족에 영향을 미칠 수 있다고 보기는 하지만, 상대적으로 개인외적 요인들을 비교적 경시하고 있는 것은 사실이다.

내용이론들은 동기부여이론으로서 상당히 오랫동안 주목을 받아 왔으며, 특히 직무동기의 연구에 활력을 불어넣는 계기를 마련한 것은 사실이다. 그러나 최근에는 이 내용이론들에 관한 연구가 활발히 진행되지도 않으며, 어떤 의미에서는 동기부여이론으로서의 상대적인 비중이 극히 낮아진 실정에 있다 하겠다.

그리고 내용이론과 관련지어서 또 하나 주목해야 될 이론이 허쯔버그의 동기-위생 두 요인이론이다. 이는 내용이론의 범주에 속하지만 업무 자체의 성질을 중요시했다는 점에서 다른 이론들과 구별되는 특징을 지닌다. 특히 이이론 중에서 동기요인을 근거로 해서 동기부여의 방안으로 제시한 직무확대(job enlargement)기술은 직무의 성질을 인간의 고차원적인 욕구와 연관시켜 직무를 통한 동기부여의 배경을 이론적으로 분명히 제시했다는 점에서 큰 공헌을 하였다.

II. 과정이론의 설명

이 이론들은 브롬에 의해서 산업조직에 적용되기 이전에 이미 동기부여이론으로서 기반을 구축한 이론들이다. 우선 이 이론은 개인적 요인의 차가 동기에 중요한 영향을 미친다는 점을 분명히 설명하고 있다. 예를 들면 사람마다 가치관이 다르기 때문에 같은 보상이라 하더라도 모든 사람들이 똑같은 가치를 부여하지 않는다. 개인이 지니는 가치의 차이는 여러 방향으로 표현되는데, 업무를 수행함으로써 얻어지는 성과들에 대해서도 서로 다른 선호도를 보이기도 한다. 또한 개인마다 자신의 비교기준을 지니고 있기 때문에 일정한 수준의 보상들이 형평의 기준에 맞는지의 여부에 대해서도 서로 다른 지각을 지니게 마련이다. 뿐만 아니라 일정한 행동을 함으로써 바라는 기대수준도 사람마다 다르다. 이처럼 과정이론들에서는 개인차가 있는 성과의 가치, 일정한 목표의 달성가능성, 그리고 목표달성에 의해서 성과를 얻을 가능성이라는 세 가지 요인에 의해서 개인의 동기수준이 결정된다고 주장함으로써 개인적 요인의 중요성을 강조한다. 그리고 과정이론은 이러한 개인적 특성 이외에 업무요인의 영향이라든지 보상체계를 포함하는 실무적 요인, 대인관계요인 등을 포괄함으로써 광범위한 이론적 범위를 지니고 있다.

개괄적으로 볼 때 좁은 영역의 몇몇 요인들을 중심으로 해서 단편적으로 동기부여의 과정을 이해하려고 시도한 여러 이론들과는 대조적으로 과정이론들은 여러 요인들 간의 상호작용과정을 이해할 수 있을 만큼 폭넓은 관점을 지녔다는 점에서 커다란 자극제가 되었다.

제 3 절 동기부여의 내용이론

동기부여의 내용이론이란 조직행동에 있어서 업무를 수행하는 동기의 주된 요인을 개인의 욕구에 두는 이론으로서, 여기서는 마슬로우의 욕구계층이론, 알더퍼의 E·R·G이론, 허쯔버그의 동기-위생 두 요인이론, 그리고 맥클리랜드의 성취동기이론을 살펴보기로 한다.

Ⅰ. 마슬로우(A. Maslow)의 욕구이론

마슬로우에 의하면 인간의 행동은 욕구에 의하여 동기가 유발되는 것이며, 이러한 인간의 욕구는 일련의 단계 내지 계층제로 배열할 수 있다고 한다. 즉 인간의 욕구는 최하위 단계의 생리적 욕구(the physiological need)로부터[5] 안전욕구(the safety need), 소속과 사랑의 욕구(the belongingness and love need), 존중의 욕구(the esteem need) 및 최상위단계인 자기실현의 욕구(the need for self-actualization)에 이르기까지 순차적인 계층제를 이루고 있다는 것이다. 하위단계의 욕구가 어느 정도 충족되면 다음 단계의 욕구를 추구하게 되는 것이며, 이미 충족된 욕구는 인간의 행동을 유발하는 동기가 아니라는 것이다. 이와 같은 각 단계별 욕구의 의의와 특성을 살펴보면 다음과 같다.[6]

---

5) 매슬로우의 5단계 기본욕구는 다음과 관련이 있다.
  - 1단계 : 생리적 욕구 (가장 기본적·강력한 욕구·의식주·보수·휴양제도)
  - 2단계 : 안전의 욕구 (장래의 안전과 신분보장·연금제도)
  - 3단계 : 사회적 욕구 (인간관계 개선·소속감의 충족·귀속감·고충)
  - 4단계 : 존경의 욕구 (포상·권한의 위임·제안·제도·참여)
  - 5단계 : 자아실현 (승진·공무원 단체활동)
6) Abraham H. Maslow, *Motivation and Personality*, 2nd ed.(New York: Harper & Row, Publishers, 1970), pp.35-47.

1. 생리적 욕구[7]

생리적 욕구는 인간의 생명을 유지하기 위한 가장 기본적인 욕구로서 동기부여의 출발점으로 여겨지는 욕구이다. 이는 혈액순환이 정상적으로 유지될 수 있게 하는 자동조절기능으로서의 항상성(homeostasis)과 인간의 신체유지에 실제 필요한 것이나 부족한 것을 표시해 주는 지표를 의미하는 식욕(appetite)의 작용과 관계된다.

이러한 의미의 생리적 욕구는 욕구체계의 최하위에 위치하며, 이것이 어느 정도 충족될 때까지는 가장 강한 욕구로서 존재한다. 따라서 생리적 욕구는 의·식·주와 같은 인간의 생명을 유지하기 위한 항상성(homeostasis)의 기능과 관계되며, 동시에 필요한 것이나 부족한 것을 표시해 주는 지표를 나타내는 식욕(appetite)의 작용에 따르는 욕구체계인 것이다.

인간생활에 가장 기본적인 생리적 욕구가 어느 정도 충족되고 난 다음에 그보다 높은 다른 욕구, 즉 안전욕구를 추구하게 되며, 이러한 단계에서 행동을 지배하는 주된 요인은 안전욕구이다.

2. 안전욕구[8]

안전욕구는 생리적 욕구가 만족되었을 때 바로 그 다음에 나타나는 욕구로서 정신적·육체적 안전을 얻고 싶어 하는 욕구이다. 즉 육체적 위험으로부터의 보호, 경제적 안정, 질서 있고 예측할 수 있는 환경의 선호 등으로 나타나는 욕구이다. 안전욕구도 어느 정도 충족되면 다음 단계의 욕구를 추구하게 된다.

3. 사회적 욕구: 소속과 사랑의 욕구[9]

이는 생리적 욕구와 안전욕구가 어느 정도 충족되었을 때 나타나는 욕구로서, 소외감이나 고독을 극복하고 어떤 집단에 가입하고자 하는 욕구를 말한다. 즉 동료집단에 소속되고 싶어 하고, 그들 동료들과 우의와 애정을 나누고자 하는 욕구이다. 소속과 사랑의 욕구가 충족되면 다음 단계의 욕구로서 존중의 욕구가 나타나게 된다.

---

7) *Ibid.*, pp.35-38.
8) *Ibid.*, pp.39-43.
9) *Ibid.*, pp.43-45.

4. 존경욕구[10)

존경욕구란 다른 사람들로부터 높은 평가와 존경을 받고자 하는 욕구이다. 이는 본인이 스스로 중요하다고 느낄 뿐만 아니라 타인으로부터 인정을 받고자 하는 욕구이다. 이러한 존중욕구에는 힘, 업적, 지배능력, 어려운 상황에서 요구되는 용기, 독립심이나 자유에 대한 욕구, 명성, 위신, 지위, 영광, 위엄 등이 포함된다.

5. 자기실현의 욕구[11)

자기실현의 욕구는 욕구단계의 최정상에 위치하는 욕구로서 인간이 할 수 있는 한 모든 것을 해 보려는 욕구이다. 이는 개인이 자신의 잠재력을 최대한으로 발휘해 보려고 노력하여 계속적인 자기발전과 창조적인 생활을 꾀하려는 욕구이다. 즉 자기발전과 창조성과 관계되며 성취감과 자기만족을 부여하는 욕구이다.

Ⅱ. 알더퍼(Alderfer)의 E·R·G 이론

이 이론은 전술한 마슬로우의 욕구계층이론을 수정한 이론이라고 할 수 있지만, 이론의 기반을 조직의 실제를 다룬 현장연구에 두었다는 점에서 중요한 의의를 가진다고 하겠다. 알더퍼는 주로 설문지 기법을 사용하여 직장이나 대학 등의 조직생활에 직결된 욕구체계를 상관연구 방법을 사용하여 실증적으로 연구했다.

이러한 연구결과를 기반으로 해서 그는 마슬로우의 5단계 욕구수준을 3단계로 수정한 E·R·G 이론을 제시했는데, 이 3단계 욕구란 생존욕구(existence need)·관계욕구(relatedness need)·성장욕구(growth need)를 말하는 것으로서, 각 욕구의 첫머리 글자를 따서 이를 E·R·G 이론이라고 부른다.[12)

마슬로우의 이론은 이미 다룬바 있으므로 여기서는 E·R·G 이론을 마슬로우의 이론과 비교함으로써 이에 대한 이해를 돕기로 하겠으며, 다음의 [표3-1]은 두 이론에서의 욕구수준을 비교한 것이다.

첫째, 마슬로우의 이론에서는 한 수준의 욕구로부터 다음 수준의 욕구로 나아가기 위해서는 낮은 수준의 욕구가 충족되어야 한다고 주장한다. 즉 낮은 수준의 욕구충족에 이해서 다음 수준으로의 진전이 이루어진다고 봄으로써 낮은 수준의 욕구로부터 높

---

10) *Ibid.*, pp.45-46.
11) *Ibid.*, pp.46-47.
12) C.P. Alderfer, "An Empirical Test of a New Theory of Human Needs," *Organizational Behavior and Human Performance*, Vol. 4(1969), pp.142-175.

은 수준의 욕구만족 진행과정이 욕구과정의 핵심이었다. 그러나 알더퍼는 이와 대조적으로 이러한 과정에 덧붙여서 욕구만족의 좌절 및 퇴행과정도 있다고 보는 것이다.

둘째, 마슬로우의 이론에서는 5가지 욕구 중에서 우세한 욕구가 지배적으로 활성화된다고 주장한다. 물론 다른 욕구들이 전혀 영향을 미치지 못하는 것은 아니지만 우세한 욕구의 기능을 강조했다. 그러나 알더퍼는 일정한 시점에서 세 욕구의 강도가 상이하긴 하지만, 하나 이상의 욕구가 동시에 작용되거나 활성화 될 수 있다고 본다.[13]

셋째, 욕구는 의식적으로 인식될 수 있는 것이다. 특히 우세한 욕구는 인간 자신에 의해서 잘 인식된다. 이러한 측면이 있기 때문에 알더퍼는 설문지나 면접 등을 통해서 욕구를 연구할 수 있다고 주장하였다. 이러한 주장을 배경으로 해서 알더퍼는 인간의 욕구를 무의식 수준에서 다루어야 한다는 마슬로우의 주장과는 달리 조직에서의 인간의 욕구를 의식수준에서 다루었다.

[표3-1] 마슬로우와 알더퍼의 욕구수준비교

마슬로우	알더퍼
생리적 욕구	생 존 (existence)
물리적 안전욕구	생 존 (existence)
대인관계의 안전욕구	관 계 (relatedness)
소속 및 사람의 욕구	관 계 (relatedness)
대인관계의 자존심	관 계 (relatedness)
자기확신의 자존심	성 장 (growth)
자기실현	성 장 (growth)

Ⅲ. 허쯔버그(Herzberg)의 두 요인이론[14](위생요인과 동기부여요인)

인간에게는 상호독립된 두 종류의 상이한 욕구의 범주가 있으며, 이것은 각기 다른 방법으로 인간행동에 영향을 준다. 인간은 자신의 직무에 불만이 있을 경우 직무환경에 관심을 갖게 된다. 환경에 대한 욕구는 곧 직무에 대한 욕구불만을 예방하는 기능을 담당한다. 이와 같이 직무에 대한 불만을 예방하는 기능을 담당하는 요인을 위생

---

13) C.P. Alderfer, *Existence, Relatedness and Growth: Human Needs in Organizational Setting*(New York: The Free Press, 1972), p.12.

14) Fredrick Herzberg, *Work and the Nature of Man*(New York? World Publishing Co., 1966); Hersey & Blanchard, op, cit., pp.64-71; Herzberg, Manser and Synderman, *The Motivation to Work*(New York: John Wiley & Sons, Inc., 1959). p.ix.

요인 또는 불만요인이라고 하였다.

한편 인간이 자신의 직무에 만족할 경우, 그 만족도는 직무와 관련된다. 직무수행과 관련된 이 같은 욕구는 인간으로 하여금 보다 우수한 직무수행을 하도록 동기부여하는 데 효과적이므로 이것을 동기부여요인 또는 만족요인이라고 하였다.

위생요인에는 (i) 정책, (ii) 감독, (iii) 보수, (iv) 대인관계, (v) 작업조건 등이 있다. 이러한 제요인은 모두 직무 자체의 본질적인 것이 아니라, 직무수행상의 작업환경 및 작업조건에 관계되는 요인들이다. 그러므로 위생요인은 생산능력을 증대시킬 수 있는 것은 아니며, 단지 작업제약요인에 의한 작업수행상의 손실을 막을 수 있을 뿐이다. 만일 위생요인이 충족되지 못하면 불만이 생긴다. 그러나 위생요인이 충족되었다고 하더라고 그것은 불만이 없거나 직무의 수행에 중립적인 태도를 취할 뿐이지 그것이 곧 만족을 가져오지는 못한다.

동기부여요인에는 (i) 직무상의 성취감, (ii) 직무성취에 대한 인정감, (iii) 보람 있는 직무(직무내용), (iv) 책임감, (v) 성장 및 발전 등이 있다. 이러한 동기부여요인은 직무에 대한 만족감을 주고, 그 결과 생산능력의 증대에 기여한다. 즉 이러한 동기부여요인이 충족되면 만족감을 갖게 되고 동기부여를 하게 되어 생산성이 증대한다.

따라서 위생요인 또는 불만요인을 충족시켜 줌으로써 불만을 해소하고, 동기부여요인 또는 만족요인을 충족시켜 줌으로써 만족감을 부여하며, 사기를 높여 생산성을 높일 수 있도록 하여야 할 것이다.

Ⅳ. 맥클리랜드(McClelland)의 성취동기이론

맥클리랜드는 학습개념(learning concept)에 기초한 동기부여이론을 제시했다. 그는 개인이 갖는 욕구들은 사회문화적인 환경에서 학습을 통해 습득되는 것이라 하면서, 이들 욕구를 (i) 성취욕구(need for achievement: nAch), (ii) 친교욕구(need for affiliation: nAff), 그리고 권력욕구(need for power: nPow)의 3가지로 구분하였다.[15]

---

15) David D. McClelland, "Business Drive and National Achievement," *Harvard Business Review* 40, July-August 1962, pp.99-112.: David D. McClelland, *The Achieving Society*(New York: van Nostrand, 1961), pp.7-8.

1. 성취욕구[16]

성취욕구란 해결하기 어려운 도전적인 일을 성취하려는 욕구, 물자와 인간, 그리고 사상을 지배하고 관리하려는 욕구, 이와 같은 욕구를 신속히 수행하려는 욕구, 모든 장애요인을 스스로 극복함으로써 높은 수준을 달성하려는 욕구, 능력을 개발하고 발휘함으로써 자신을 탁월한 존재로 만들고 싶은 욕구를 말하는 것으로, 이러한 욕구를 가진자는 이를 위해 일정한 표준(standards)을 설정, 달성하고 나아가 표준을 능가하려는 성향을 보인다.

맥클리랜드는 그의 연구결과를 토대로 다음과 같은 가정에 입각할 경우, 인간은 높은 성취욕구를 보인다고 하였다. 첫째로, 인간은 문제해결을 위해 적극적으로 책임지기를 원한다. 둘째로, 인간은 적당한 성취목표를 설정하며, 한편으로 계산된 모험(calculated risks)을 추구하는 경향이 있다. 셋째로, 인간은 자기가 달성한 업적에 대해 명확한 피드백(feedback)이 있기를 원한다.

2. 친교욕구[17]

친교욕구란 다른 사람들과 사회적으로 친근하고 밀접한 관계를 맺고자 하는 욕구를 말하는 것으로 높은 친교욕구를 가진 사람들은 인간관계의 질에 관해 많은 관심을 보인다. 따라서 이들에게 사회적 관계는 업무의 성취보다 우선적인 것이다.

3. 권력욕구[18]

권력욕구란 타인에게 영향력과 통제력을 행사하고자 하는 욕구를 말하는 것으로 높은 권력욕구를 가진 사람은 권력과 권위를 취득하고 행사하는 데 초점을 두고 있다. 맥클리랜드에 의하면 권력은 두 가지 상이한 정향성을 갖는바, 즉 그것을 행사하는 인간이 우월성과 복종을 강조한다는 점에서는 부정적이며, 설득력 있고 고무적인 행태를 반영한다는 점에서는 긍정적이라 한다.

맥클리랜드의 주장은 이상과 같은 욕구들은 개인의 환경에 대처하는 가운데 학습되어진다는 것으로, 즉 욕구는 학습을 통해 형서오디어지는 것이기 때문에 보상이 따르는 행위는 그 발생수가 매우 빈번하며, 업적에 대해 보상을 받는 관리자들은 어느 정

---

16) J.L. Gibson, J.M. Ivancevich and J.H. Donnelly, Jr., *Organizations*(Plano Texas: Business Publications, Inc., 1976), p.126.

17) *Ibid.*, p.126.

18) *Ibid.*, pp.126-127.

도의 위험성을 감내하고 목표성취에 매진하게 된다 한다. 이렇게 볼 때 개개인은 학습과정의 결과로서 그들의 행태와 업무성취에 영향을 주는 고유한 욕구의 형태를 형성하게 되는 것이다.[19)]

제 4 절 동기부여의 과정이론

앞에서 설명한 동기부여의 내용이론은 작업에서 동기부여를 하는 것이 무엇인지를 밝히려고 하였다. 그러나 동기부여의 가정이론은 동기부여 되는 변수를 밝히고, 나아가서 이들 변수 상호간에 어떻게 관계되고 있는가를 밝히고자 하였다.[20)] 이와 같은 동기부여의 과정이론에는 브룸의 기대이론, 포터-로울러(Porter-Lawler)의 모형 및 로울러(Lawler)의 모형 등이 대표적인 것이라고 할 수 있다.

Ⅰ. 브룸(Victor Vroom)의 기대이론[21)]

동기부여의 기대이론은 레윈(Kurt Lewin)과 툴만(Deward Tolman)의 인지개념(cognitive concept)에 근거를 두고 있으며, 동시에 고전적 경제이론인 선택행동과 효용개념에 근거를 두고 있다. 그러나 동기를 부여하는 데 목표를 두고 기대이론을 처음으로 형성한 사람은 브룸이었다.

브룸의 모형은 합성력(valence), 수단(instrumentality), 기대(expectancy)의 개념으로 형성되었으며, 이에 따라 VIE모형으로 알려져 있다. 이 이론의 기본적인 가정은 "행동의 과정 중에서 선택된 행동은 행동을 일으키는 심리적 사건과 관련 된다"는 것이다.[22)]

1. VIE 이론을 형성하는 변수들의 의미와 VIE 이론의 내용

합성력(valence)이란 특정한 산출에 대한 개인의 선호도를 의미한다. 합성력에는 가치(value), 유인(incentive), 태도(attitude) 및 기대되는 효용(expected utility)이 포함된다. 합성력은 산출을 얻고자 하는 태도와 마음에서 나타난다. 즉 산출을 얻고자 할 때 합성력이 일어난다. 반면 합성력의 전무상태(a valence of zero)는 산출에 대하여 무관심할 때, 즉 개인이 산출을 얻지 않는 것을 좋아할 때 일어난다.

---

19) *Ibid.*, p.127.
20) Fred Luthans, *Organizational Behavior*, 3rd ed.(New York: McGraw-Hill Co., 1981), p.186.
21) *Ibid.*, pp.189-190.
22) Victor Vroom, *Work and Motivation*(New York: John Wiley and Sons, 1965), pp.14-15.

합성력에 투입되는 또 다른 주요한 것은 수단(instrumentality)이다. 수단이란 1차수준의 산출과 2차수준의 산출 간의 관계에 대한 개인의 지각을 의미한다. 예컨대 개인은 승진을 원하며 우수한 업적이 목표달성에 대한 중요한 요인이라고 가정하면, 1차수준의 산출(우수한, 평균의 또는 낮은)은 업적이고, 2차수준의 산출은 승진이다. 1차수준의 높은 업적의 산출은 승진을 원하는 2차수준의 산출에 대한 기대된 관계에 의하여 합성력을 얻게 된다.23) 이 경우 개인은 승진되고 싶은 희망 때문에 더 우수한 업적을 향하여 동기부여 될 것이며, 더 우수한 업적(1차수준의 산출)은 승진(2차수준의 산출)을 얻는 수단이 되는 것이다.

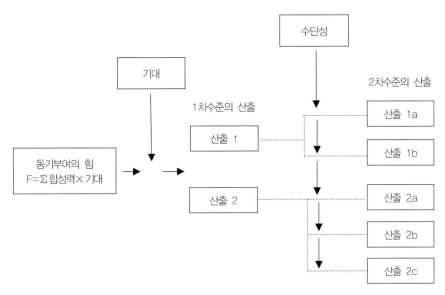

[그림3-3] Vroom의 VIE 모형

브룸의 동기부여의 과정이론에서 또 다른 중요한 변수는 기대(expectancy)이다. 얼핏 보기에는 기대의 개념이 합성력에 대한 수단적 투입과 동일하게 보일는지도 모르지만 전혀 다른 개념이다. 즉 수단은 1차수준의 산출과 2차수준의 산출 간의 상호관계에 관련되는 데 반하여, 기대는 1차수준의 산출을 향한 노력과 관계된다는 점에서 기대와 수단은 서로 다르다.24) 다시 말하자면 기대는 특정한 행동이나 협력, 특정한 1차수준의 산출을 끌어낼 수 있는 가능성이다. 이 때 그 가능성은 0에서 1까지로 나

23) J.G. Hunt and J.W. Hill, "The New Look in Motivation Theory for Organizational Research," *Human Organization*(Summer 1969), p.104.
24) *Ibid.*,

타난다. 반면에 수단은 1차수준의 산출이 2차수준의 산출을 끌어낼 수 있는 정도를 말한다. 요컨대 인간에게 어떤 행동을 하도록 하는 힘은 모든 1차적 결과에 대한 합성력의 대수적 총합과 그 행위가 그 결과를 얻게 할 것이라는 그 사람이 기대하는 강도의 기능, 즉 동기부여의 힘$(F)=\sum$합성력$(V) \times (E)$이다.

2. 조직행태에서 브룸 모형이 시사하는 것

브룸의 이론은 동기부여에 개인적인 차이를 반영하는 인지적 변수의 과정을 묘사하고 있다는 점에서 내용이론과 다르다. 브룸의 이론은 내용이 무엇인지 또는 개인차가 무엇인지를 밝히지 아니한다. 다만 모든 사람은 합성력, 수단, 기대의 독특한 결합을 통해 행동한다는 것이다. 그리하여 브룸의 이론은 동기부여의 개념적 결정인자와 그들 간의 상화관계만을 지적하고 있다. 따라서 마슬로우, 허쯔버그, 알더퍼, 그리고 맥클리랜드 등의 모형에서 제시했던 바와 같이 조직구성원들에게 동기부여 하는 것이 무엇인지에 관해서는 제시하지 못했다. 이와 같은 브룸의 모형은 조직 내의 개인에게 동기를 부여하는 데는 직접적으로 기여하지 못하였지만, 조직행태를 이해하는 데는 매우 가치 있는 모형이다.

예컨대 개인목표와 조직목표 간의 관계를 명백히 할 수 있다. 즉 특정한 욕구의 만족은 조직목표에 영향을 주기 쉽다는 가정을 하는 대신, 다양한 '2차수준의 산출'(노동자의 목표), 2차수준의 산출을 획득하기 위한 다양한 '1차수준의 산출'(조직의 목표) 및 1차수준의 산출에 영향을 줄 수 있는 종업원의 능력에 대한 존경에 결부되는 '기대' 등이 얼마나 중요한지를 발견할 수 있게 해 준다는 것이다.[25] 만약 생산표준이 정해져 있다면, 노동자의 산출을 측정함으로써 다양한 개인목표(돈, 안정, 인정과 같은 2차수준의 산출)와 개인목표를 성취하기 이한 조직목표(생산표준과 같은 1차수준의 산출)의 수단 및 개인의 능력과 협력이 조직목표를 성취할 수 있다는 노동자의 기대가 관리상에 얼마나 중요한지를 결정할 수 있다. 만약 생산기준이 낮다면 2차 산출을 높이 평가하지 않거나 1차수준의 산출일 2차수준의 산출을 획득하는 수단이라고 보지 않을지도 모른다. 또는 그들의 노력이 1차수준의 산출을 획득, 성취할 수 없다고 생각할지도 모른다.

브룸의 이 같은 모형은 관리상 노동자의 동기를 이해하고 분석하는데 도움을 주고, 변수들 간의 관계를 밝히는 데 도움을 주도록 설계된 것이다. 따라서 브룸의 모형은

---

25) *Ibid.*, p.105.

동기부여문제에 관한 특별한 해결책을 제공하지 못하였으며, 적용상의 한계와 더불어 인간이 합리적이고 논리적이라는 가정 하에 설계되었다는 점에서 그 한계가 있는 것 같다.

Ⅱ. 포터-로울러(Porter-Lawler)의 모형[26]

내용이론은 만족은 향상된 업적을 낳고, 불만족은 업적을 손상시킨다는 가정을 하고 있다. 허쯔버그의 모형도 직무만족이론이지만, 만족과 업적과의 관계를 취급하고 있지 않다. 반면 브룸의 모형은 만족과 업적 간의 관계를 꾀하고 있다. 그런데 만족이 합성력의 개념에 투입을 넣고 출산이 업적의 뜻을 지니고 있기는 하지만, 출산과 업적 간의 관계가 취급된 것은 포터와 로울러가 브룸의 모형을 확인하고 확장시킨 이후부터이다. 포터와 로울러는 동기부여(노력 또는 힘)가 만족과 업적에 일치하지 않는다는 전제에서 출발하였다. 동기부여, 만족, 그리고 업적은 모두 분리된 변수이며, 전통적인 방법의 과정과는 다르게 관련되어 있다. 포터-로울러 모형에서 더 중요한 것은 업적 후에 무엇이 일어나는가이다. 업적에 다른 보상과 이에 대한 지각은 만족을 결정할 것이다. 즉 포터-로울러 모형은 전통적 사고와는 달리 업적이 만족을 유인한다는 것을 제시하였다.

1. 포터-로울러 모형에서의 변수

포터와 로울러의 모형은 노력, 업적, 보상, 만족 등의 변수와 상호관계에 관하여 설명함으로써 이해할 수 있다.

(1) 노력(effort)

노력이란 주어진 과업에 대하여 종업원이 쏟는 에너지의 총량을 의미한다. 그러나 노력은 업적과 동일한 것은 아니며, 오히려 업적보다 동기부여와 더욱 밀접히 관련되어 있다. 노력의 총량은 보상의 가치(the value of the reward)와 지각된 노력에 대한 보상확률 간의 상호작용에 달려 있다. 이것은 브룸이 사용한 힘과 비슷하다. 보상에 주어지는 가치는 유인력(attractiveness)과 욕망(desirability)의 정도에 달려 있다. 우정, 승진, 임금, 인정, 칭찬 등은 사람에 따라 다르게 평가되고 있다. 예를 들면 어떤 사

---

26) *Ibid.,*

람은 승진에 대해서 위협과 불안정의 기분을 느낄 수도 있다. 지각된 노력에 대한 보상가능성은 노력에 대한 또 다른 주요한 투입이다. 이러한 변수는 상이한 노력은 상이한 보상을 가져오게 된다는 가능성을 종업원이 지각하게 되는 것을 말한다. 보상의 가치와 노력에 대한 보상가능성의 지각은 상호결합 되어서 노력의 양을 결정하게 될 것이다. 만약 종업원들이 보상에 높은 가치를 두고 노력에 대한 보상이 높다는 것을 지각한다면, 그들은 굉장한 노력을 할 것이다.

(2) 업적(performance)

업적은 조직이 객관적으로 측정할 수 있는 실질적인 결과를 나타낸다. 노력은 업적을 전제로 한다. 그러나 이들이 반드시 일치되는 것은 아니다. 노력과 업적 간의 불일치(discrepancy)는 종업원의 능력과 자질 및 그들의 역할지각에서부터 출발한다. 업적은 노력은 물론 개인의 능력(지식, 기술 등), 담당한 역할을 지각하는 방식에도 의존한다. 직무가 정해지는 방식, 노력의 방향, 효과적 업적을 위해 필요하다고 생각된 노력의 수준 등은 모두 역할지각으로 통한다. 즉 종업원이 많은 노력을 기울일지라도 역할을 지각할 능력이 없거나 부정확하면 업적은 비효과적으로 나타날 것이다. 예컨 대 대단한 노력을 기울였지만, 능력의 부족 또는 부정확한 상황판단으로 나쁜 결과를 초래하는 경우를 볼 수 있는 것이다.

(3) 보상(reward)

포터와 로울러는 처음에는 단일한 보상변수만을 포함시켰다. 그러나 경험적 검증의 결과는 내적 보상(intrinsic reward)과 외적 보상(extrinsic reward)으로 정확하게 구분되어야 함을 나타내 주었다. 포터와 로울러는 내적 보상이 업적과 관계된 만족의 태도를 낳기 쉽다고 생각하였다. 더욱이 지각된 보상은 업적과 만족의 관계에 중요한 영향을 미친다. 이는 주어진 수준의 업적에 당연히 느끼는 보상의 수준을 반영하는 것이다.

(4) 만족(satisfaction)

지적한 바와 같이 만족은 동기부여와 일치되지 아니하며, 그것은 하나의 태도이고 내적인 인식상태이다. 동기부여는 하나의 과정이며, 이러한 점에서 과정이론의 모형이 내용이론보다 만족과 더욱 관련된다고 하겠다. 포터-로울러 모형에서의 만족은 단지 하나의 변수이며, 내용이론(Herzberg)에서와 같은 다양한 내용의 통합을 의미하는 것이 아니다. 만족은 보상이 부족하다든지, 적당하다든지, 또는 초과한다든지 하는 보상의 정도에서 나타나는 것이다. 따라서 그 보상이 적당하거나 지각했던 보상을 초과했다면 만족할 것이고, 반대로 예상했던 것보다 보상이 부족하다면 불만족할 것이다. 포터-로울러 모형은 만족에 관하여 두 가지 점에서 전통적인 사고와 다르게 설명하고 있다. 첫째로, 만족은 지각된 보상에 의해서 결정된다는 것이고, 둘째로, 보상이 만족에 의하여 결정되는 것이 아니라 만족이 업적에 의하여 결정된다는 것이다. 즉 업적의 정도가 만족에 영향을 미치게 된다는 것이다. 이러한 관점은 만족과 업적의 관계에 대한 전통적 분석을 180도 바꾸어 놓은 것이다.

2. 포터-로울러 모형의 평가

포터-로울러 모형은 브룸의 VIE 모형에 비해 적용가능성을 더 고려한 것이지만, 그것은 여전히 복잡하며 실제의 관리실제에 대한 괴리(gap)를 메꾸기에는 매우 복잡하고 어려운 방법이다. 물론 포터와 로울러는 그들의 이론과 연구결과를 실천에 옮기는 데 관심을 가졌었다. 그들은 관리자를 훈련시킬 때 전통적 태도를 측정하는 정도를 얻어서 보상의 가치, 노력에 대한 보상가능성의 지각, 역할지각 등과 같은 변수들을 관리자들이 이해하는 데 도움을 준다. 업적의 결과에 주의를 기울이면서 그들의 보상정책을 재평가하도록 권했다. 만족의 수준이 업적의 수준과 얼마나 밀접히 관련되어 있는가에 노력을 기울여 줄 것을 강조하였다.[27] 물론 이러한 변수들은 종업원의 노력과 업적을 관리자들이 이해하는데 도움을 준다. 업적의 결과에 주의를 기울이면서 그들의 보상정책을 재평가하도록 권했다. 만족의 수준이 업적의 수준과 얼마나 밀접히 관련되어 있는가에 노력을 기울여 줄 것을 강조하였다.[28] 이러한 권유는 그 효과성이 몇몇 연구에 의하여 입증되었다. 실제로 성과별 책임 노동자를 대상으로 한 연구에 의하면, 노력에 대한 업적의 가능성을 지각한 노동자들은 그 가능성을 낮게 지각한 노동자보다 더 높은 생산성을 나타내고 있음을 발견하였다.[29] 이와 같은 발견은 관리상에 직접적인 도움을 줄 수 있었다. 포터-로울러 모형은 동기부여와 업적과 만족간의 관계를 이해하는 데 도움을 주었다. 그러나 실제적인 실천에 옮겨 적용시키는 데는 그리 큰 영향을 주지 못하고 있다.

---

27) Luthans, op. cit., pp.190-195.
28) Lyman W. Porter and Edward E. Lawler, IV, *Managerial Attitudes and Performance*(Irwin, Homewood, III.: 1968), p.183.
29) *Ibid.*, pp.183-184.

Ⅲ. 로울러(Lawler)의 기대모형

최초의 포터-로울러 모형 이래로 로울러는 자신의 모형에 관하여 여러 번 그 효용을 재확인하여 왔다. 특히 그는 두 개의 기대형(two types of expectancy), 즉 E→P와 P→O의 기대가 있다고 생각하였다. 이들은 둘 다 동기부여의 투입물이 된다. 기대요인들 간에는 배수(倍數)적인 관계가 있다. 동기부여에 관한 Lawler의 공식은 다음과 같다. 즉 Effort=(E→P) × ∑[(P→O)(V)]이다. 이를 해설하면 노력(E)에 대한 업적(P)의 기대가 모든 업적(P)에 대한 산출(O)의 기대와 합성력(V)의 곱의 합과 곱해진 것이 노력이다.

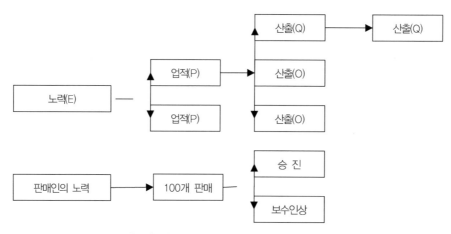

[그림3-4] Lawler의 동기부여의 기대모형[30]

[그림3-4]에서 알 수 있는 바와 같이, 첫 번째의 기대, 즉 노력에 대한 업적(E→P)은 의도된 업적을 성취할 가능성(그 가능성은 0-1까지로 평가된다)에 대한 개인의 평가이다. 두 번째의 기대, 즉 업적에 대한 산출(P→O)은 업적이 특정한 산출을 유인할 것이라는 가능성(그 가능성은 0-1까지로 평가된다)에 대한 개인의 평가이다. E→P 기대의 한 예는 [그림3-4]에서 볼 수 있는 바와 같이 100개의 전기부품을 팔 수 있을 것이라는 가능성을 평가하는 판매원의 경우이다. 이 업적수준의 산출(P→O의 기대)은 승신가능성 0.4, 임금인상가능성 0.6이 될지도 모른다.

로울러는 E→P 기대에 있어서 유일하고도 가장 중요한 결정은 객관적 상황이라고 생각하였다. 더 나아가서 자기 자신의 평가(자존심), 유사한 상황에 대한 과거의 경험,

30) Donald P.Schwab and Lee D. Dyer, "The Motivational Impact of a Compensation System on Employee Performance," *Organization Behavior and Human Performance*(April 1973), pp.315-335.

타인과의 의사소통 등이 개인의 상황지각에 주요한 투입물이 된다. 개인의 P→O 기대의 지각은 E→P 기대와 같은 많은 유사한 것에 의하여 영향을 받는다. 더욱이 산출의 유인, 산출을 통제하는 사람의 신념, E→O의 기대 등은 모두 개인의 P→O 기대에 영향을 미친다.

동기부여에 관한 더욱 복잡한 기대모형은 이를 이해하는 데에 있어 한 단계 발전한 것이지만, 무엇보다도 실천으로 전환시키는 데 한 걸음 진전시킨 것이다. 이와 같이 로올러의 모형은 행동의 동기를 이해하는데 도움을 주었지만 실천에는 역시 그 한계가 있는 듯하다.

만약 우리가 개인의 행동을 예측하는 데 이 모형을 사용한다면, 또 행동에 관련된 자료를 수집하려고 한다면 이 모형이 너무 복잡하여 타당한 예측을 할 수 없기 때문에 정확한 행동에 대한 예측이 부정확할지도 모를 것이다.[31] 그러나 로올러의 이러한 자기 비판에도 불구하고, 이 모형은 상당한 가치가 있는 것으로 평가되고 있다.[32]

---

31) Luthans, op. cit., pp.195-196.
32) Lawler, op. cit., p.60.

4

관료제

관료제는 행정학적으로 그 구조를 분석하여 볼 때, 조지기과 관리의 두 가지 요소로 나눌 수 있다. 조직론과 관리론은 행정학연구에 있어서 2대 기본과목이며, 이는 마치 인체의 구조를 연구하는 의학의 기본과목이 해부학과 생리학으로 대별되는 것과 유사하다. 즉 조직은 행정에 있어서 해부학적 측면이며, 관리는 생리학적 측면이라고 하겠다. 이와 같이 정적인 조직과 동적인 관리의 양자는 상호보완적 · 유기적인 관계에 있어 행정목적을 실현하기 위한 불가결한 요소로 존재하고 있다.

제 1 절 관료제의 개념과 의의

I. 개 념

관료제[1](bureaucracy)란 극히 여러 가지로 정의되는 용어이므로 한마디로 개념규정을 하기는 곤란하며, 메리암(C.E. Merriam)도 이를 불확정개념(term of ambiguous meaning)이라는 말로써 표현하고 있다.[2] 관료제는 논자에 따라 합리적 관리의 이상적인 도구로 이해되기도 하나, 한편에서는 인간의 기본적 자유를 해치는 권력적 · 독선적 의미[3]로 파악되기도 한다. 그러나 대부분의 학자들은 관료제를 현대의 대규모조직에서 공통적으로 볼 수 있는 어떤 현상을 가리키는 방법으로 정의하고 있다. 이 경우는 관료제에 대한 지지 또는 반대의 가치판단을 사상한 가치중립적인 개념이라고

---

1) F. Morstein Marx에 의하면, bureaucracy라는 용어는 처음에는 18세기 프랑스의 한 상공부장관에 의해서 bureaucratie라는 불어형태로 사용되었는데, 그 의미는 움직이는 정부기구 전체를 가리키는 것이라고 한다. Ferrel Heady, *Public Administration*: A Comparative Perspective(Prentice-Hall, 1966), p.16.

2) Charles E. Merriam, *Systematic Politics*(Chicago: University of Chicago Press, 1945), p.165.

3) 이 입장의 대표적인 학자로는 라스키(Harold J. Laski)를 들 수 있으며, 그에 의하면 관료제란 정부의 통제력을 전적으로 관료의 수중에 장악시켜 일반시민의 자유를 위태롭게 하는 통치구조(system of government)이다. Harold J. Laski, "Bureaucracy," *Encyclopedia of Social Sciences*, Vol. 3, pp.70-72.

하겠다.

관료제라는 용어는 학문상 베버(Max Weber)와 깊은 관련을 맺고 있는데, 그의 관료제에 관한 저술과 연구는 수많은 학자들에 의한 계속적인 연구를 촉진시켰다. 또한 관료제는 비단 행정관료제만을 의미하는 것이 아니고, 군대나 민간회사 등을 포함한 모든 대규모 조직을 다함께 지칭하는 것이며, 이와 같은 대규모 조직의 구조 내지 기능상의 여러 특징을 가리켜 베버 이래 학계에서는 관료제적(bureaucratic)이라 불렀다.

지금까지 관료제의 개념규정에 관한 종래의 지배적인 견해는 구조적인 입장에서 어떤 구조적 특색을 지닌 대규모 조직이 관료제적인가 하는 것과 정치권력적 입장에서 특권층을 형성하고 있는 관료군이 정치권력의 장악자로서의 지위를 차지하고 있는 통치구조를 가리키는 것으로 대별된다. 구조적 입장은 관료제를 구조면에서 고찰할 때 많은 분량의 업무를 법령에 따라 몰인정적(impersonal)으로 처리하기 위하여 조직된 대규모의 분업체제를 말하며, 이는 종적인 계층적 분화와 횡적인 기능적 분업을 내포한다고 보겠다. 한편 기능적 입장은 대규모 조직의 임무를 수행하는 결과로서 나타나는 기능에 중점을 둔 것으로 합리적 측면도 있지만, 여러 가지 병리적 및 정치권력적 부작용 등을 가지고 있다고 하겠다.

이와 같은 전통적 입장에 반하여 리그스(Fred W. Riggs)는 최근에 발표한 논문에서 관료제의 새로운 개념규정을 시도하고 있다. 리그스는 관료제를 기능적 측면과 구조적 측면으로 대별하고, 다시 이를 다음과 같은 여러 측면으로 세분하고 있다.4)

1. 구조적 측면

구조적 측면에서 볼 때, 관료제는 계층제적 형태를 띠면서 합법적 내지 합리적 지배가 제도화 되어 있는 대규모 조직을 의미하며 다음과 같은 특성을 지닌다.

(1) 보편성

관료제는 대규모 조직을 의미하므로 국가 뿐만 아니라 사기업·노동조합·교회 등의 비국가적 조직에서도 찾아볼 수 있다. 리그스는 관료제를 공공관료제(public bureaucracy)와 사관료제(private bureaucracy)로 대별하고, 공공관료제를 다시 사법관료제·입법관료제·행정관료제·정당관료제로 세분하고 있다.

---

4) Fred W. Riggs, "Bureaucratic Politics in Comparative Perspective," *Journal of Comparative Administration*(May 1969), pp.6-8.

(2) 의사결정 센터(center of decision-making)

관료제란 모든 대규모조직을 가리키는 것이 아니고 계층적 대규모 조직, 즉 단일한 의사결정의 최고정점(one center of decision-making)을 지니고 있는 조직을 특히 지칭한다. 따라서 단일한 의사결정 센터가 없는 병원과 같은 조직은 엄밀한 의미의 관료제라 부르기가 어렵다고 하겠다.

2. 기능적 측면

기능적 측면에서 볼 때, 관료제는 합리적 측면과 병리적 측면, 그리고 권력적 측면을 함께 지니고 있다.

(1) 관료제의 합리성(bureau-rationality)

이른바 베버의 이념형(ideal type)은 이 합리적 측면을 강조한 것으로 전문화·계층제·분업화·몰인정성(impersonality)·표준적인 규칙 등이 이에 해당된다고 보겠다.

(2) 관료제의 병리[5](bureaupathlolgy)

흔히 세속적·비판적 의미로 사용되는 관료의 비능률·형식주의·무사주의·비밀주의·레드테이프(red-tape) 등으로 현실적으로 노출되는 역기능적·병리적 현상을 말한다.

(3) 권력성

관료제에는 권력성이 뒤따른다. 라스키(Harold J. Laski)와 파이너(Herman Finer) 등이 이러한 입장을 취하는 대표적인 학자이다. 이는 관료군이 정치권력의 장악자로서 특권층을 형성하고 있는 경우를 말하며, 리그스는 이를 관료주의(Bureaucratism)라고 부르고 있다. 한편 클레이어(Guy S. Claire)도 이러한 관점에서 관료제를 시민의 자유가 상실될 위험성이 있는 관료통치(administocracy) 혹은 독선관료제라고 부르고 있다.

---

5) 관료제의 역기능적·병리적 측면에 관한 연구는 머튼(Robert Merton)에서부터 비롯되었으며, 이와 같은 관료제의 내재적인 갈등을 톰슨(Victor A. Thompson)이 관료제의 병리(bureaupathology)라는 용어로 보편화 하였다. Victor A. Thompson, *Modern Organizations*(New York: Alfred A. Knopf. 1961), p.177.

Ⅱ. 관료제의 연구경향

베버 이래 관료제의 연구경향은 관료제가 지니는 몇 가지 특징적 요소들에 대한 상당한 합의(consensus)에도 불구하고, 그것들을 어떻게 설명해야 할 것인가 하는 방법론상의 차이에서 여러 갈래로 나누어져 왔다. 이러한 방법론상의 차이는 연구하는 사람이 소속된 학문분야의 차이와 대상을 어떤 입장에서 보는가에 따라 연유된 것으로, 이를 요약하면 다음과 같은 세 가지 경향으로 구분할 수 있다.

첫째, 관료제를 구조적인 특징으로 정의하는 입장이 있다. 베버 이래의 수많은 학자들이 이와 같은 관료제의 구조적 특징을 제시 또는 도식화를 시도하였다.6) 이러한 입장에서 톰슨은 관료제란 고도로 정교한 권위의 계층제에 바탕을 둔 조직이라고 정의하고, 이러한 조직은 세밀한 노동의 분화로 구성되어 있다고 한다.

둘째, 전술한 구조적 특징에다가 관료제의 행태적 특징을 첨가하는 입장이 있다. 즉어떤 종류의형태가 관료제적이라고 할 수 있는가 하는 것이며, 이것은 합리적 입장과 병리적 측면으로 대별된다. 프리드리히(Friedrich)는 전자에 속하는 관료제의 행태적 특징으로 객관성(objectivity) · 분별성(discretion) · 정확성(precision) · 일관성(consistency) 등을 들고 있다.7) 이러한 특징들은 행정관료의 행정실무 기능과 밀접한 관련이 있다고 할 수 있으며, 조직구성원들의 바람직한 행동유형을 규정해 주는 규칙을 마련해 준다.

관료제의 병리적 측면, 즉 병리적인 행태에 대하여 머튼(R. Merton)은 체계 있게 설명을 하고 있는데, 그의 연구는 뒤의 제3절에서 설명하겠다.

세 번째 경향을 블라우(Peter Blau)에 의하여 제기된 것으로 관료제를 목표의 달성이라는 측면에서 보는 입장이다. 이 방법에 의하면 관료제의 기구 및 행태적 특징은 시간과 공간에 의하여 변화하는 가변적인 것이므로, 어떤 조직이 관료제적인가 하는 관점은 조직목적을 달성하고 있는가의 유무에 따라 결정된다고 한다. 이에 따라 블라우는 관료제를 '행정능률을 극대화시키는 조직 또는 행태능률을 위한 조직화된 사회적 행동을 제도화시킨 하나의 방법'이라고 정의하고 있다.

---

6) Richard H. Hall, "Intraorganizational Structural Variation: Application of the Bureaucratic Model," *Administrative Science Quarterly*, Vol. VII, No. 3(1962), pp.295-308 참조.

7) Carl J. Fredrich, *Man and His Government*(New York: MacGraw-Hill Co., 1963), p.471.

제 2 절 베버의 관료제이론과 평가

구조적, 합리적 면에서의 관료제이론 중 베버의 이론이 가장 대표적이므로 베버로부터 설명하여 그 후 이 이론에 대한 비판과 그의 변천과정을 설명해 보고자 한다.

Ⅰ. 베버의 관료제이론

1. 베버 이론의 이념

관료제에 관한 이론의 원형은 독일의 저명한 사회과학자인 베버의 이념형 혹은 이상형(ideal type)에서 유래하고 있다. 이 이론은 인간의 발전을 신비적 존재로부터 경험적, 합리적 존재로 본 그의 역사관에서부터 비롯되고 있으며, 그는 합리주의에 기초한 근대국가의 사회목적을 달성하는 데 가장 합리적인 지배형식을 관료제라고 이해하였다. 이러한 개념은 현존하는 관료제의 경험에서 정립된 것이 아니고 고도의 사유작용에 의하여 구성된 추상화된 이념형이다. 따라서 현실적으로 이러한 관료제가 반드시 존재한다고 보기는 어려우나, 현존하는 대규모조직이 얼마나 이념형에 근접하고 있는가를 판정하는 경험적 연구의 지침으로 고려되는 것이다. 그러나 이 이념형은 단순한 개념도식에 그치는 것이 아니라 가설적인 일반이론의 의미도 지니고 있다.8)

베버는 이념형의 입장에서 권위의 정당성을 기준으로 하여 지배의 유형(type of authority)을 (i) 전통적 지배(traditional authority) (ii) 카리스마적 지배(charismatic authority) (iii) 합법적 지배(legal authority)로 구분하고, 이들 중 근대사회를 특징짓는 것은 합법적 지배이며, 이것이 바로 관료제적 지배라고 하였다. 즉 합법적 지배 아래서는 합법적으로 제도화된 몰인정적 질서에 대해서 명령과 복종의 계층제가 이루어지며, 이 합법적 지배를 전형적으로 표현하는 것이 관료제라는 것이다.

2. 이념형의 특징

베버는 이념형으로서의 특징을 다음과 같이 지적하고 있으며, 이것은 모두가 합리적인 구조를 이루는 데 도움이 되는 요인에 관한 기술이라고 하겠다.9)

---

8) Peter M. Blau, *Bureaucracy in Modern Society*(Chicago: University of Chicago Press, 1956), pp.34-36.
9) Max Weber[Talcott Parsons(ed.). A.M. Henderson and T. Parsons(trans.)], *The Theory of Social and Economic Organization*(New York: Oxford University Press, 1947), pp.329-330.

(1) 규칙에 얽매인 직무기능의 계속적인 조직

즉, 규칙은 많은 사례를 처리하는 데 있어서의 표준화와 평등을 조정하는 것이다.

(2) 명확한 관청적 권한

관료의 직무, 권리 및 권력의 한계가 명백히 법규에 규정되어 관청적 권한을 이룬다.

(3) 계층제

직무의 조직은 계층제의 원리에 따른다. 즉 각 하위직무는 상위직무의 통제와 감독하에 있게 된다.

(4) 전문지식

전문적인 직업활동은 특별한 교육과 훈련을 받은 전문지식이나 기술을 요구한다. 또 전문적인 지식과 기술은 관료에게 합법성을 제공해 주는 기초가 된다.

(5) 직무에의 전념화

관료의 직무시간이 명확히 제한되어 있다 하더라고 직무상의 활동은 관료의 전노동력을 요구(demands the full working capacity)하게 된다.

(6) 문서주의

행정행위, 결정 및 규칙 등은 공식화되고 문서에 의하여 처리됨을 요한다.

이상과 같은 베버의 관료제이론을 지배하는 주된 사상은 역사적으로 행정이 어떻게 합리화되어 왔는가를 규명하고, 특히 형식적 합리성을 찬양하는 입장에 서 있다고 보겠다.

Ⅱ. 베버 이론의 평가

1. 평 가

베버의 관료제이론은 형식적 합리성을 추구한 나머지 역기능을 노출함에도 불구하고, 다음과 같은 의미의 효용성을 지닌다.

1) 이념형은 현존하는 관료제의 효율성을 평가, 보완하는 지침이 된다.

2) 베버의 이론은 이 분야를 연구하는 학도들에게 많은 영향을 주었다.[10]

3) 베버의 이론은 행정발전에 하나의 중요한 방향을 제시한 것이라고 볼 수 있다.

2. 비 판

이처럼 지대한 영향을 끼친 베버의 관료제이론도 시대와 사회환경의 변천에 따라 수정과 비판을 받게 되었다.

(1) 1930년대 이후 사회학자들에 의한 수정

1930년대의 사회학자들은 베버가 간과한 관료제의 비합리적, 비공식적, 역기능적 측면을 수정, 보완하였다.

(가) 비공식적 측면에서 블라우(Peter M. Blau)는 자생집단의 순기능의 연구를 통하여 관료제의 비공식적 측면을 강조하였다.

(나) 비합리적 측면에서 블라우 등은 비합리적인 면의 순기능성을 지적하였다.

(다) 머튼(Robert K. Merton) 등은 관료제의 역기능적인 면을 이론적으로 설명하였다.

(라) 셀즈닉(P. Selznick) 등은 흡수(cooptation)이론을 통하여 관료제와 환경 사이의 교섭의 측면을 강조하였다.

(2) 2960년대 이후 발전론자들에 의한 수정

위에서 설명한 1930년대의 사회학자들에 의한 수정은 부분적 내지 보완적이라고 보겠으나, 1960년대 이후의 발전론에서는 베버의 이론을 전면적으로 비판, 수정하게 되었다. 즉 이들의 입장은 관료제의 기능에 있어서 전통적인 직무수행의 기계적인 합리성보다는 국가발전의 주도적 기능을 주장하고 있다.

(가) 조직구조에 있어서 법령상으로 정한 지나치게 명확한 구조는 신속한 사회변화에 적응하기 어렵다.

(나) 계층제를 상, 하의 지배관계로만 보지 말고 분업 혹은 직원에게 동기를 부여하는 수단으로 보자.[11]

---

10) Weber 이후 새로운 모형을 정립한 사람들의 이론은 완전히 새로운 것이라기보다는 이념형에 입각하여 도출된 것이 대부분이며, 대표적인 학자로는 골드너(Bouldner), 사뮤엘(Y. Samuel), 만하임(F. Manheim) 등이 있다. Yitzhak Samuel and Bilha F. Manheim, "A Multidimensional Approach toward a Typology of Bureaucracy," *Administrative Science Quarterly*, Vol. 15, No. 2(June 1970), pp.216-229.

(다) 관료로서 전문가가 요청되지만, 좁은 분야의 전문지식만 가짐으로 인해 사회 전반에 걸친 넓은 이해력이 부족해서는 안된다.[12]

(라) 법령에 따른 행정이 요청되기는 하지만, 그 해석에 있어서는 형식적인 합리성 보다 발전목표에 따른 합목적적인 해석이 요청된다.

제 3 절 관료제의 병리 및 역기능

Ⅰ. 관료제의 병리에 관한 연구

여기서의 병리란 시스템의 적응이나 조정을 감소시키는 현상을 의미한다. 즉 관료제의 경우 본래 의도된 것과 다른 변화가 기능, 구조에 야기되어 조직목표를 수행하는 데 지장을 초래하는 것을 의미하며, 주로 머튼(R.K. Merton), 톰슨(V.A. Thompson), 블라우(P. Blau) 등의 학자에 의하여 연구되었다.

1. 머튼의 연구

머튼은 관료제의 병리문제에 관하여 최초로 체계적인 연구를 시도한 사람이다. 그는 1940년에 발표된 논문인 '관료제와 퍼스낼리티'에서 베버가 경시한 관료제구조에서 일어나는 역기능(dysfunction)의 문제를 언급하였다.[13] 머튼의 중심과제는 동조과잉(overcomformity)에 의한 목표의 대치(displacement of goals) 현상으로서, 규칙의 엄수는 형식주의를 가져오므로 조직의 목표달성을 저해한다고 한다. 그는 관료의 행태를 훈련받은 무능력(trained incapacity)이라고 하며, 이를 훈련받은 병아리(trained chicken)의 경우를 들어 설명하고 있다. 즉 훈련받지 않았으면 유능한 사람이 훈련을 받음으로써 오히려 무능력이 노출되는 것이라고 말하고, 공무원이 그런 예에 속한다고 하였다. 이 같은 관료들의 행태는 목표달성에 큰 저해(maladjustment)가 된다고 머튼은 주장한다.

---

11) Richard Beckhard, *Organizational Development*(Reading: Addison-Wesley, 1967), p.5; Curt Tausky, Work Organization; 유종해, 송영달 공저, 「조직이론」(서울: 연세대학교 출판부, 1974), 185-202면 참조.

12) David Maro, "Creativity and Administration," *Public Administration Review*, Vol. 31, No. 1(January-February 1971), p.48.

13) Robert K. Merton, "Bureaucratic Structure and Personality," reprinted in A. Etzioni, *Complex Organization*: A Sociological Reader(New York: Holt, Rinehart and Winston, 1961), pp.48-61.

2. 톰슨의 연구

톰슨은 관료제에 있어서 불안정감(personal insecurity)이라는 개념으로 관료제의 역기능적 병리현상을 설명하고 있다. 그는 이러한 역기능적 현상을 가리켜 관료제의 병리(bureaupathology)라고 명명한 바 있다.[14]

3. 블라우의 연구

머튼의 제자인 블라우는 머튼의 역기능의 개념을 계승하여 동조과잉이나 의식주의(ritualism) 등의 병리는 조직 내 사회관계의 불안정성에서 유래한다고 보았다.[15]

4. 크로지어의 연구

크로지어(Crozier)는 「관료제현상론」(Bureaucratic Phenomenon)이란 저서 속에서 관료제의 병리(malady)를 보다 잘 이해하려는 과학적 시도를 하고 있다. 크로지어가 말하는 관료제의 병폐란 인간조직 내에서 불가피하게 일어나는 여러 가지 현상으로 그것은 부적응성(maladaptation), 부적당성(inadequacy), 역기능(dysfunction) 등을 말한다. 그런데 크로지어에 따르면 이와 같은 병리적 현상이 일어나는 이유는 인간조직, 즉 관료조직이 몰인정적 관계(impersonal relationship)에 바탕을 두고 있기 때문이라는 것이다.

Ⅱ. 관료제병리현상의 내용

머튼을 위시한 블라우, 톰슨, 크로지어 등이 지적한 관료제의 병리 현상은 다음과 같이 정리해 볼 수 있다.[16]

1. 동조과잉(overcomformity)

본래 수단으로 간주되었던 규칙의 준수가 형식주의를 초래하게 되어 그 자체가 목적으로 되는 현상을 말한다.

---

14) Thompson, *op*, cit., p.177.
15) Peter M. Blau, *The Dynamics of Bureaucracy*, Revised ed.(Chicago: University of Chicago Press, 1963), pp.232-237.
16) 이 밖에도 관료제의 병리현상을 연구한 학자로는 골드너(Alvin Gouldner), 코헨(Harry Cohen) 등이 있다. Alvin W. Gouldner, *Patterns of Industrial Bureaucracy*(Glencoe: Free Press, 1954); Harry Cohen, *The Dynamics of Bureaucracy*(Ames: Jowa University Press, 1965)참조.

2. 서면주의, 형식주의

모든 사무처리를 규칙에 의거한 절차나 서면으로 처리함으로써 결과적으로 문서다작, 사무주의, 다인장, 레드테이프(redtape) 등의 현상이 나타난다.

3. 인간성의 상실

조직 내의 대인관계의 지나친 몰인정성(impersonality)은 냉담과 무관심, 불안의식 등으로 나타나 인간으로서의 인격을 상실하게 된다.

4. 무사안일주의

적극적으로 새로운 일, 조언, 결정 등을 하지 않고 선례에 따르거나 상관의 지시에 무조건 영합하는 소극적인 행동을 보인다.

5. 전문화로 인한 무능

현대행정은 고도의 전문가를 요구하므로, 이러한 전문가는 좁은 분야의 전문성을 지니고 있어 타분야에 대한 이해도 적고 때로는 아집화, 할거화의 병리현상을 보인다.

6. 관료제 외적 가치(extra bureaucratic value)의 추구

관료제의 구성원은 인간이므로 신분보장, 권력과 지위 등을 필요로 하며, 이러한 관료제 외적 가치를 추구하기 위해서 조직의 법규, 계획 등을 왜곡하고 파벌구성, 아첨, 출세제일주의 등의 경향을 나타낸다.

7. 행정의 독선화

관료제는 국민에 대하여 직접 책임을 지지 않을 뿐만 아니라 전문성, 권력성, 과두제(oligarchy)성 등으로 인하여 고질적인 독선관료주이를 가져와 민주행정에 역행이 된다.

8. 변동에 대한 저항

관료제는 합리적인 조직이지만 변동하는 환경에 신속히 적응할 수 있는 능력이 결여되어 있으며, 변동, 발전, 쇄신에 대하여 본질적으로 저항을 나타낸다.

이러한 현상은 관료의 자기보존에 대한 위협, 불안감에서 유래되며, 따라서 언제나 현상의 유지에 대한 문제가 그들에게 가장 큰 관심사가 되는 것이다.

제 4 절 관료제와 민주주의

Ⅰ. 관료제와 민주주의의 상관관계

관료제와 민주주의는 상호관계에 있어서 양면성을 지니고 있다. 즉 관료제는 여러 면에서 민주주의를 위협하고 있지만, 동시에 민주주의 사회에 있어서 중요한 역할을 수행하기도 한다. 이러한 차이를 구별하는 기준은 조직의 목적이 목표설정에 있는가, 아니면 목표수행에 있는가, 또는 의사결정이 다수결의 원리에 의거하는가, 아니면 능률의 원리에 있는가에 있다. 즉 목표설정을 위해서는 민주적인 조직이 필요하며, 목표수행을 위해서는 능률을 기본원리로 하는 조직이 필요하다. 그러나 이것은 분석상의 구별에 지나지 않으며, 많은 조직이 목표설정과 목표수행의 두 가지 목적을 함께 지니고 있어 실제로는 두 가지 원리 사이에 갈등이 있다.[17]

Ⅱ. 관료제의 민주주의에 대한 저해

관료제가 민주주의를 위협한다는 주장은 주로 라스키(H. Laski) 등과 같이 관료제를 정치권력의 집단으로 보는 학자들에 의하여 주장되고 있다.

1. 권력의 불균등

관료제는 이를 장악하고 있는 소수자에게 너무 많은 권력을 주게 되므로 일반국민의 이익보다는 스스로의 이익을 위하여 권력을 행사하게 된다.

2. 민중의 요구에 적응 못함

파이너(Herman Finer)는 관료제를 가리켜 특수계층인 관료군이 자기가 형성한 원리에 따라서만 행동하면서 관료와 국가의 동일성을 요구하고 민중을 지도하는 것만 알고 민중으로 부터의 지도는 인정하지 않는 체제라고 주장하면서 관료의 비민주적 독선을 비판하였다.[18]

---

17) Peter M. Blau, *Bureaucracy in Modern Society*(New York: Random House, 1968), pp.102-105.
18) Herman Finer, *The British Civil Service*, revised ed.(London: Fabian Society, 1937), p.9.

3. 행정의 지나친 우월화

관료제는 원래 입법부 및 행정수반의 결정을 집행하기 위해서 존재하는 것인데, 오늘날에는 입법 및 정책수립의 권한까지 행사하고 있다. 클레이어(Guy S. Claire)는 이러한 관료제를 독선관료제(administocracy)라고 부르면서, 이러한 것에 의하여 민중의 자유가 위협받을 소지가 있다고 주장한다.

Ⅲ. 관료제의 민주주의에 대한 공헌

1. 공직의 기회균등

관료제는 전문적 지식과 능력에 의거한 관료의 임용을 원칙으로 함으로써 고용의 기회균등을 촉진한다.

2. 법 앞의 평등

관료제는 전통적, 비합리적인 정실주의와 개별주의를 배제하고 일반적 법규에 의한 보편주의를 추구함으로써 법 앞의 평등이라는 민주적 원리를 이룩하는 데 공헌한다.

3. 민주적 목표의 수행

민주적으로 결정된 조직의 모든 민주적 목표(democratic objectives), 예를 들어 경제발전, 복지사회의 건설과 같은 목표를 오늘날 기술적 우수성을 자랑하는 관료제의 도움 없이는 실천하기가 힘들다.

Ⅳ. 결 론

관료제와 민주주의는 이론상으로는 서로 모순, 대립이 있는 것처럼 보이나, 실제상으로는 반드시 그렇지도 않다. 그리고 설사 관료제가 민주주의를 위협한다 하더라도 관료조직이 주는 이점 때문에 쉽사리 그것을 폐지할 수도 없다. 포드 자동차회사가 자동차를 결코 사치품이 될 수 없을 정도로 염가생산을 하게 된 것은 과학기술의 발달이라기보다는 합리적인 관료제조직의 운영상의 성과에 그 공을 돌릴 수 있겠다.[19] 결론적으로 관료제를 효율적으로 활용하기를 원한다면, 우리가 관료제에 예속화되지 않도록 이를 민주적으로 통제할 수 있는 제도적 방안을 강구해 민주성과 능률성이 조화를 찾아야 하겠다.

---

19) Blau, *op, cit.*, pp.16-17.

5

애드호크라시

행정조직을 비롯한 모든 조직의 구조란 관점에서 앞서 설명한 관료제(bureaucracy)와 대조를 이루는 개념이 애드호크라시(adhocracy)라고 할 수 있다. 즉 관료제가 대규모성, 복잡성, 그리고 표준화된 고정적 구조와 계층제(hierarchy)적 구조를 갖고 있는 데에 비해, 애드호크라시적인 구조(adhocratic structure)는 융통성이 있고 적응도가 높으며 혁신적인 성격을 띤다. 따라서 관료제를 기계적인 조직에 비유한다면, 애드호크라시는 유기체적 조직에 비교할 수 있을 것이다.

그러나 애드호크라시란 추상적인 하나의 모형이다. 따라서 순수한 관료제가 실제로 존재할 수 없듯이 순수한 애드호크라시란 기대할 수 없으며, 실제에 있어서도 애드호크라시적인 성격을 띠는 조직구조가 존재하는 것이다.

제 1 절 애드호크라시의 개념

애드호크라시의 기원은 제2차 세계대전 중 특수임무를 수행했던 기동타격대(task force)에서 찾아볼 수 있는데, 애드혹 팀(adhoc team)이라고 불렸던 이 부대는 그들의 임무가 완수되면 해산되었다가 새로운 임무가 주어지면 재구성되는 속성을 띠었다. 따라서 팀 구성원의 역할은 주어진 임무의 성격과 복잡성의 정도에 따라 바뀌어졌으며, 구성원 각자는 세분화된 자기 분야에 대해서만 책임을 지는 형태를 취했다.

애드호크라시는 일반적으로 '특별임시위원회'라고 번역되는데, 베니스(Warren G. Bennis)는 이러한 애드호크라시를 "문제해결을 위해 다양한 전문적 지식이나 기술을 가진 이질적 집단으로 조직된, 변화가 심하고 적응력이 강하며 임시적인 체제"(system)라고 정의하고 있다.[1] 이러한 개념의 정의도 애드호크라시의 의미를 잘 표현하고 있지만, 좀 더 구체적인 의미를 파악하기 위해서는 애드호크라시가 갖고 있는 특성을 분석해 보는 것이 필요하다 하겠다.

구조적 차원에서 볼 때 애드호크라시는 크게 세 가지 특성을 지닌다고 볼 수 있다. 첫 번째 특성은 구조가 복잡하지 않다는 것이고, 둘째는 형식주의나 공식성에 얽매이지 않는다는 점이며, 셋째는 의사결정권이 분권화되어 있다는 것이다.[2]

먼저 애드호크라시는 고도의 수평적 분화가 이루어진 구조를 갖고 있다. 왜냐하면 애드호크라시는 대부분이 고도의 전문지식을 가진 사람들로 충원되기 때문에 수평적 분화가 이루어진 반면에 수직적 분화는 거의이루어지지 않게 된다.

다음으로 애드호크라시는 공식주의적인 성격(formalization)이 약한 반면에 전문성이 강하다. 주지하는 바와 같이 공식성과 전문성은 서로 반비례의 관계에 있다고 할 수 있다. 즉 공식성을 강조하다 보면 형식에 치우치게 되고, 융통성이 없게 되며, 새로운 사고나 기술혁신이 어렵게 된다.

반면에 전문성은 자연히 공식성을 배격하게 되는 것이다. 따라서 애드호크라시에는 규칙과 규제가 거의 없게 되며, 설혹 있다 하더라도 융통성이나 혁신이란 개념들에 의해 거의 효력을 발휘하지 못하게 되는 것이다. 이를 관료제와 비교해서 설명하자면, 어떤 문제가 발생했을 때 관료제조직에서는 그것을 어떻게 표준화되고 정형화된 프로그램으로 분류하여 획일적이고도 규격화된 방법으로 처리하는 데 비해, 애드호크라시에서는 새로운 해결방법으로 이를 처리하려 하기 때문에 표준화라든가 공식화가 적합하지 않게 되는 것이다.

또 애드호크라시에서 요구되는 필수적인 요소는 융통성과 신속성이다. 따라서 몇 명의 최고경영진이 모든 의사결정을 내리기란 어려운 일이며, 할 수 있다고 하더라도 전문성이 결여될 것은 뻔한 일이다. 이를 보완하기 위해서 애드호크라시에서는 거의 모든 의사결정권이 전문가로 구성된 팀에 분화되어 있다. 그리고 팀의 구성원으로서의 각 잔문가는 그 팀의 목표가 달성될 때까지 주요의사결정에 적극적으로 참여하게 된다. 이에 따라 애드호크라시에서는 관료제에서의 계층제적 의사결정과는 달리 민주적 의사결정과정이 보편화되게 되며, 지위가 가져다주는 권위가 아닌 전문지식에 의해 영향력이 행사되게 된다.

요컨대 애드호크라시는 대단히 적응도가 높은 구조를 취하고 있다. 어떤 구체적인 목표가 정해지게 되면 이를 달성하기 위한 임시위원회 같은 다양한 팀이 구성되게 되

1) Warren G. Bennis, "Post-Bureaucratic Leadership." *Transaction*(July-August 1969), p.45.
2) Stephen P. Robbins, *Organization Theory: The Structure and Design of Organizations*(Englewood Cliffs, New Jersey: Prentice-Hall, 1983), pp.210-211.

며, 다른 목표를 위해 구성되었던 팀은 목표가 달성됨과 동시에 해산되게 된다. 따라서 이와 같은 애드호크라시적인 팀의 구성원은 관료제에서와 같은 명백한 책임분야가 없게 되며, 그저 바뀌는 목표에 잘 적응하기만 하면 되고, 또 자기 팀의 목표를 달성하는 데 필요한 일만 하면 되는 것이다.

제 2 절 애드호크라시의 장, 단점

Ⅰ. 애드호크라시의 장점

제2차 세계대전이 끝난 지 40여년이 지났음에도 불구하고 애드호크라시는 여전히 사용되고 있다. 이는 애드호크라시가 갖는 효용성을 잘 대변해 주는 증거이다. 여기에서는 애드호크라시가 가장 효과적으로 사용되는 경우를 살펴봄으로써 그것이 갖는 장점을 알아보고자 한다.

첫째, 높은 적응도와 창조성을 요구하는 조직의 경우에 적합하다.

둘째, 어떠한 공동목표를 달성하기 위해 개별적으로 활동하고 있는 여러 유형의 전문가들을 모아 상호 협력하도록 하고자 할 경우에 적합하다.

셋째, 수행해야 할 업무가 전문지식을 요할 뿐 아니라 비정형화되어 있고, 또 너무 복잡해서 한 사람의 힘으로는 감당하기 어려운 경우 애드호크라시는 유용한 대안이 될 수 있는 것이다.

Ⅱ. 애드호크라시의 단점

첫째, 애드호크라시에서 갈등이란 불가피한 것이다. 왜냐하면 여기에서는 상위자와 하위자간의 관계가 불분명할 뿐 아니라 권한과 책임 간에도 명확한 구분이 없기 때문이다. 따라서 애드호크라시는 업무의 표준화가 가져다주는 장점을 결여하고 있는 것이다.

둘째, 애드호크라시는 그것의 구성원들의 대인관계에 문제를 야기 시키며, 또 그들에게 심리적 불안감을 안겨 준다. 즉 어떤 업무에 종사하다가 그 업무의 목표가 달성되었다고 해서 모든 업무와 그 업무로 인해 생긴 인간관계를 갑자기 중단하고 새로운 업무에 적응하는 그러한 방식은 구성원에게 커다란 부담감을 가져다주게 되는 것이다.

셋째, 관료제와 비교할 때 애드호크라시는 분명히 비효율적인 구조를 취하고 있다. 그 중에서도 가장 큰 단점은 관료제에서와 같은 기계적 모형이 제공하는 정밀성과 편의성을 결여하고 있다는 것이다.

제 3 절 애드호크라시의 활용

여기에서는 애드호크라시에 대한 이해를 돕기 위해서 애드호크라시가 실제로 어떠한 형태로 사용되고 있는가를 살펴보겠다. 먼저 애드호크라시를 활용하고 있는 구조로서 가장 잘 알려진 매트릭스 구조(the matrix structure)에 대해서 알아보고, 다음으로 태스크 포스(task force), 위원회구조(the committee structure), 그리고 대학형태의 구조(the collegial structure)에 대해서 설명하겠다.[3]

Ⅰ. 매트릭스 구조(the matrix structure)

1. 개 념

이는 1960년대 초 미국의 항공회사들 사이에서 처음 개발된 것으로 간단히 정의하자면 '기능적인 구조와 생산적 구조의 조합'이라고 할 수 있을 것이다. 이 정의는 그 배경에 대한 설명 없이는 이해하기 어려우므로 뒤에 설명하는 매트릭스의 특성에서 자세히 알아보기로 한다.

2. 특 성

매트릭스 구조는 크게 두 가지의 특성을 갖고 있다. 하나는 관료제의 기본이라 할 수 있는 명령통일의 개념에서 벗어나 두 명의 상위자로부터 명령을 수령한다는 것이다. 다른 하나는 뒤에 설명하겠지만 기능적 구조와 생산적 구조의 장점을 취할 수 있을 뿐 아니라 양자의 단점으로부터 벗어날 수 있도록 설계되어 있다는 것이다.

[그림5-1]은 매트릭스 구조를 취하고 있는 조직의 예를 든 것이다. 이 그림의 최고 상부에서 가로로 위치한 각부는 기능적 부서, 즉 기능적 구조를 보여 주고 있으며, 그 아래의 각 프로젝트가 취하고 있는 구조는 생산적 구조이다.

---

3) *Ibid*, pp.212-221.

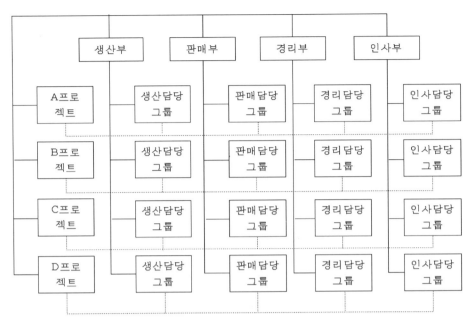

[그림5-1] 매트릭스 구조의 조직

먼저 [그림5-1]에서 보는 바와 같이 이 조직의 구성원은 부서별 관리자와 프로젝트를 담당하고 있는 관리자라는 두 개의 명령계통을 갖고 있다. 앞에서 설명한 바와 같이 각각의 프로젝트에서 일하게 되는 전문가들은 기능적 구조에 속해 있는 각각의 부서에서 차출되어 오는데, 이들은 원래 자기부서 관리자의 통제뿐 아니라 새로 속하게 된 프로젝트의 관리자가 행사하는 권위도 받아들여야 하는 것이다. 좀 더 구체적으로 말하자면 프로젝트를 담당하는 관리자는 그 프로젝트의 목표와 관련된 사항에 대해서 그들에게 영향력을 행사할 수 있으며, 부서별 관리자는 승진이나 봉급인상과 같은 고유의 권한을 그대로 유지하게 되는 것이다.

다음으로 앞에서 언급한 기능적 구조와 생산적 구조는 각각의 장, 단점을 갖고 있다. 우선 기능적 구조는 전문적인 인적, 물적 자원들을 중복되지 않게 필요한 수만큼 확보하여 여러 부서에서 다 같이 필요로 하는 자원은 공동으로 사용할 수 있게 한다는 장점을 갖는 반면, 부서별 목표가 조직의 목표를 대신하게 되는 경향이 있다든지 부서간의 업무협조가 잘 이루어지지 않는다는 단점도 갖고 있다. 이와는 반대로 생산적 구조의 경우는 각 그룹에 속해 있는 전문가들 간의 협동이 용이하다는 장점을 갖는 반면, 수시로 새로운 프로젝트가 생기고 종결됨으로 인해서 장기적인 기술개발이 어려워지며 인적, 물적 비용이 이중으로 드는 불이익을 감수해야 하는 단점을 갖고 있다. 매트릭스 구조는 이러한 기능적 구조와 생산적 구조의 장점만을 취해서 양자를 조합한 것이다.

3. 유 형

(1) 임시적 매트릭스

어떠한 프로젝트가 결정되면 이를 완성하기 위해서 기능적 구조의 각 부서로부터 필요한 전문가들이 차출되어 프로젝트 그룹을 구성하게 된다. 이 프로젝트 그룹은 오직 그 프로젝트만을 위해 존재하는 임시적인 것으로 대개 6개월에서 1년 동안 존속한다. 이 유형은 대개 대기업에서 많이 활용되는데, 계속해서 새로운 프로젝트가 결정되고 또 동시에 여러 개의 프로젝트를 완성해야 하는 대기업의 경우에 이는 매우 효과적인 구조인 것이다.

(2) 영구적 매트릭스

영구적 매트릭스가 임시적 매트릭스와 다른 점은 그것의 존속기간에 있다. 즉 영구적 매트릭스는 임시적 매트릭스와 똑같은 구조를 갖고 있으며 똑같은 방식으로 운영되고 있으나, 업무의 성격상 생산적 구조의 각 프로젝트에 대한 분명한 책임의 소재를 요하는 경우나 똑같은 업무가 반복되는 경우에는 임시적이 아니라 거의 영구적으로 존속하게 되는 것이다.

4. 장·단점

(1) 장 점

첫째로, 매트릭스는 조직의 업무가 다양하며 복잡하게 상호 관련되어 있는 경우 업무 간의 조정을 용이하게 해 주며, 둘째로, 매트릭스는 최적의 자원을 최선의 방법으로 배분하여 최대의 효과를 얻는 규모의 경제(economy of scale)에서 얻을 수 있는 장점을 취하고 있다. 특히 환경의 변화와 경제적 효율성을 고려하여 각 부서의 전문가들을 효과적으로 배치할 수 있는 장점을 갖는다.

(2) 단 점

조직에 있어서 명령통일의 원칙이 지켜지지 않게 되면 조직 내의 모호성이 만연하게 되며, 누가 누구에게 업무를 보고해야 하는가에 대한 혼란이 야기되어 결과적으로는 권력투쟁(특히 부서별 관리자와 프로젝트를 담당하는 관리자들 간의 권력투쟁)의 원인이 된다. 뿐만 아니라 관료제의 예측가능성이 가져다주는 장점이 결여되어 조직 구성원 각자에게 불안감과 스트레스를 안겨 주게 되는 것이다.[4]

II. 태스크 포스(task force)

태스크 포스란 구체적이고 분명하며 복잡할 뿐만 아니라, 많은 수의 하부조직을 수반하는 과업을 달성하기 위해 구성되는 임시적 구조로서 임시적 매트릭스의 과업을 달성하기 위해 구성되는 임시적 구조로서 임시적 매트릭스의 축소판이라 할 수 있다. 따라서 태스크 포스는 조직 전체에 적용할 수 있는 완전한 구조라기보다는 오히려 전통적인 계층적 구조의 부속구조로 파악하는 것이 타당하다. 따라서 태스크 포스의 구성원들도 애드호크라시의 여느 구성원들과 마찬가지로 과업이 완수되면, 새로운 태스크 포스로 자리를 옮기든지 원래의 부서로 되돌아 오든지 하게 된다.

특히 조직이 해결해야 될 과업의 성격이 그 조직의 사활을 좌우할 만큼 중요한 것이라든지, 정해진 기준에 따라 일정기간 내에 완수해야 되는 경우, 또는 상호의존적인 기능을 요하는 것인 경우에 태스크 포스는 효과적인 역할을 하게 된다.

III. 위원회 구조(the committee structure)

이는 명칭에서 알 수 있듯이 의사결정이 여러 사람에 의해 내려지는 애드호크라시적 구조를 말한다. 따라서 이 구조는 다음과 같은 경우에 효과적이다.

첫째, 의사결정을 하는 데 있어서 폭넓은 경험과 소양이 요구되는 경우에 효과적이다.

둘째, 의사결정에 의해 영향을 받는 사람들이 그 의사결정에 참여하는 것이 허용되는 경우에 효과적이다.

셋째, 보다 광범위한 업무분담이 바람직한 경우에 효과적이다.

넷째, 어느 한 개인이 조직을 이끌어 갈 수 없는 조직의 변환기의 경우에 효과적이다.

위원회구조에는 임시적인 것과 영구적인 것이 있는데, 임시적인 위원회구조는 태스크 포스와 대동소이하다. 그리고 영구적인 위원회구조는 과업의 달성을 위해 활용될 태스크 포스와 같은 여러 가지 투입물의 수집을 용이하게 할 뿐 아니라, 매트릭스 구

---

4) Kenneth Knight and Stanley M. Davis and Paul R. Lawrence, "Problems of Matrix Organizations," *Harvard Business Review*(May-June 1978), pp.131-142.

조가 갖고 있는 안정성과 지속성을 갖고 있다. 조직의 최고위층에 이와 같은 영구적 위원회구조가 설치된 경우 이 구조는 최고경영진에게 다양한 시각을 제공하게 되며, 최고경영진 구성원들의 전문지식과 경력에 따라 최고경영진이 관리해야 하는 이질적 업무들을 분담할 수 있도록 해 준다. 세계적 대기업인 듀퐁(Dupont) 회사는 복수로 구성된 최고경영진을 활용하고 있으며, 웨스팅하우스(Westinghouse)사와 제너럴 일렉트릭(General Electric)사의 경우도 세 명으로 구성된 최고관리위원회를 두고 있다. 그리고 미국의 몇몇 대학의 경우, 총장이라는 직위 대신에 총장사무소(office of the president)를 두어 복수체제를 구성하고 있는 것도 또 다른 예라 할 수 있다.

이와 같은 위원회제도에 대해서는 다음 장에서 자세히 설명하기로 하겠다.

Ⅳ. 대학형태의 구조(the collegial structure)

대학이나 연구소, 그리고 그 이외의 고급전문조직에서 흔히 활용되는 애드호크라시 유형이 바로 이 대학형태의 고조인데, 이 구조의 특징은 모든 의사결정이 완전한 민주주의적 방식에 의해 내려진다는 데 있다. 이러한 점에 있어서 이 구조는 대표자들에 의해 의사결정이 행해지는 태스크 포스나 위원회구조와 대조를 이룬다.

대학형태의 구조를 가장 많이, 그리고 잘 활용하는 예가 주요 대학의 학과의 경우이다. 즉 신입생의 선발, 교과과정의 개편, 그리고 학점제 등 주요한 의사결정들이 학과 전체의 의사에 의해 결정되는 것이다. 따라서 이 구조는 높은 분권화와 많은 자유재량이 허용되는 대표적 형태를 취하고 있는 것이다.

제 4 절 애드호크라시의 한계

Ⅰ. 애드호크라시의 효과성 결정요인

애드호크라시는 모든 조직에 활용가능하고 효과적인 조직구조는 아니다. 애드호크라시가 어떤 조직에서 효과적으로 활용되기 위해서는 그 조직의 경영전략, 그 조직이 요하는 기술의 성격, 조직의 환경, 그리고 조직의 발전단계와 잘 조화를 이루어야 하는 것이다.[5]

첫째, 애드호크라시는 다양하며 변화가 심하고 위험부담이 큰 경영 전략들과 밀접

---

5) Henry Mintzberg, "Structure in S's: A Synthesis of the Research on Organization Design." *Management Science*(March 1980), pp.336-338.

한 관계가 있으며, 또 이러한 경영전략에는 애드호크라시가 갖고 있는 융통성과 적응성이 필요한 것이다.

둘째, 애드호크라시에서 사용되는 기술의 성격은 비정형적이라야 한다. 왜냐하면 비정형적인 기술이라야 변화가 심한 조직의 경영전략에 잘 적응하여 즉각적인 해결책을 제시해 줄 수 있기 때문이다. 또 그 기술들은 다양한 전문가들의 전문지식과 기술들로부터 도출되므로 매우 복잡한 성격을 띤다. 따라서 이러한 기술들은 전문화되고 이질적인 여러 전문지식이나 기술들의 통합과 조정을 필요로 하게 되는데, 애드호크라시는 바로 이러한 통합과 조정기능을 용이하게 하는 장점을 갖고 있는 것이다.

셋째, 애드호크라시의 환경은 동태적이고 복잡하다. 이는 미래를 예측할 수 없는 혁신적인 업무란 동태적인 환경과 밀접한 관계에 있을 뿐만 아니라, 이해하기도 어렵고 판단하기도 어려운 복잡한 환경과도 연관되어 있기 때문이다.

넷째, 애드호크라시는 조직의 초기발전단계에 특히 효과적이다. 왜냐하면 조직의 초기단계에서는 그 조직의 활동범위라든지, 목표달성을 위한 방향설정 등으로 많은 융통성이 요구되기 때문이다. 또 혁신이나 개혁은 조직의 생존을 위해 조직의 형성기에 대단히 활발하며, 초기의 조직은 선례라든지 기득권의 이익이 없다는 점에서 더욱 새로운 방법과 기술을 개발하려 노력하게 되는 것이다.

Ⅱ. 애드호크라시의 한계

이상의 논의에서 애드호크라시의 다양한 측면을 살펴보았는데, 여기서는 보다 거시적인 관점에서 애드호크라시가 갖고 있는 한계성에 대해 알아보고자 한다.

첫째, 애드호크라시는 아직 널리 사용되고 있지 않으며, 몇몇 소수의 기업체나 연구소 등에서만 활용되고 있을 뿐이다.

둘째, 애드호크라시는 관료제구조의보조적 역할로서 활용하고 있을 뿐이다. 따라서 조직의 기본골격은 관료제구조를 유지하면서 혁신이나 융통성을 요하는 업무에 대해서만 애드호크라시를 활용하는 것이다. 결국 현대조직에서는 관료제와 애드호크라시가 공존해야 하며, 이 두 조직이 효과적인 상호작용을 하여야 할 것이다.

끝으로, 애드호크라시는 위험부담이 대단히 큰 동태적 환경에 접하고 있다. 즉 소비자의 기호인 변화라든지, 경쟁조직의 커다란 성공 등이 모두 조직의 생존의 위협이 되는 것이다. 따라서 애드호크라시는 관료제보다 훨씬 실패할 위험성이 높으며, 외부환경에 의해 영향받기 쉬워 보는 각도에 따라 불안한 조직구조라도고 할 수 있다.

6 조직 편성의 원리와 조직제도

제 1 절 조직 편성의 원리

1. 조직 구성의 5대 원리

1) 계층제 원리 : 권한과 책임의 정도에 따라 상하 계층으로 구성

    (1) 계층제의 장점

        ① 경찰조직의 질서와 통일성 확보

        ② 경찰행정의 능률성과 책임의 명확성 확보

        ③ 승진의 경로가 되어 사기 증진

    (2) 계층제의 단점

        ① 동태적인 인간관계 형성으로 조직의 경직화 초래

        ② 상하 간의 의사소통 왜곡될 우려

        ③ 하위 계층의 창의적인 활동이 어려움

        ④ 환경변화의 능동적으로 대처할 수 있는 유연성 부족

2) 명령 통일의 원칙 : 조직의 구성원은 오직 한 사람의 상관으로부터 명령을 지시 받음

3) 통솔 범위의 원리 : 한 사람의 상관이 부하를 통솔할 수 있는 부하의 수

4) 분업의 원리 : 업무를 나눔에 있어 업무의 동질성을 기준으로 분화

5) 조정의 원리 : 공동의 목표를 달성하기 위하여 하위체제 간조직을 조정하고 통일시키는 과정, 제임스 무니는 조직의 제1의 원리를 조정의 원리라고 함

2. 조직 편성의 기준

(1) 목적기능적 편성

    ① 장점...㉠ 업무의 종합적 해결   ㉡ 조직간 기능의 충돌이 없다.

               ㉢ 책임의 한계 명확   ㉣ 국민의 이해 및 비판이 가능

    ② 단점...㉠ 소수의 기능으로 인한 분화의 어려움

               ㉡ 과정이나 기술의 무시   ㉢ 할거주의적 행정

(2) 과정·절차별 편성

    ① 장점...㉠ 분업에 따른 최신 기술의 활용

               ㉡ 대량 생산을 통한 절약, 능률화

               ㉢ 기술업무의 조정과 발전   ㉣ 직업공무원제 발전

    ② 단점...㉠ 모든 행정사무의 분류 기준으로는 부적합

               ㉡ 통제와 조정의 어려움   ㉢ 목적보다는 수단의 중시

(3) 수익자 편성

    ① 장점...㉠ 수익자의 조직 간 접촉, 교섭 용이

               ㉡ 수익자 서비스 강화   ㉢ 행정 기술의 향상

               ㉣ 업무 조정의 용이

    ② 단점...㉠ 다양성으로 인한 현실적용의 어려움

               ㉡ 조직의 지나친 세분화   ㉢ 기관간의 권한의 충돌

               ㉣ 수익자로부터의 압력

(4) 지역별 편성

    ① 장점...㉠ 조정과 통제의 용이   ㉡ 지역의 특수성에 적합

               ㉢ 권한의 위임으로 인한 절약과 사무량의 감소

    ② 단점...㉠ 획일적 집행의 어려움

               ㉡ 지역 이익의 편중   ㉢ 지역별 조직의 경계선 확정의 어려움

제 2 절 집권과 분권

1. 집권과 분권의 개념
(1) 집권의 개념 : 의사결정이 권한이 중앙 또는 상급기관에 체계적으로 유보되어 있는 것

(2) 분권의 개념 : 의사결정의 권한이 지방 또는 하급기관에 위임되어 있는 것

2. 집권화와 분권화의 요인
(1) 집권화의 요인 :

    ㉠ 소규모 조직   ㉡ 신설 조직   ㉢ 개인의 리더십

    ㉣ 위기의 존재   ㉤ 획일성의 요구   ㉥ 하위층의 능력 부족

    ㉦ 전문화의 필요   ㉧ 특정 활동의 강조   ㉨ 교통, 통신의 발달

(2) 분권화의 요인 :

    ㉠ 관리자의 부담 감소   ㉡ 신속한 업무처리의 필요

    ㉢ 지방 실정에의 적응   ㉣ 책임감의 강화

    ㉤ 관리자의 양성   ㉥ 사기 앙양   ㉦ 민주적 통제의 강화

3. 집권화의 장단점
(1) 집권화의 장점 :

    ㉠ 강력한 행정   ㉡ 통일된 정책 수행   ㉢ 전문화 촉진

    ㉣ 업무의 대량처리로 인한 경비 절약   ㉤ 위기에 신속한 대처

    ㉥ 지역적 격차의 시정 및 통합적 조정

    ㉦ 기능의 중복과 혼란 회피 및 분열 억제

(2) 집권화의 단점 :

    ㉠ 관료주의화, 권위주의

    ㉡ 형식주의로 인한 행정의 실효서, 창의성, 적극성 저해

    ㉢ 특수성·지역성에 부적합, 적시의 효과적 업무수행의 어려움

4. 분권화의 장단점

(1) 분권화의 장점 :

　　ㄱ 대규모 조직에 용이, 최고 관리층의 업무 감소

　　ㄴ 의사결정 시간의 단축, 신속한 업무 처리

　　ㄷ 참여의식의 앙양과 자발적 협조 유도

　　ㄹ 실정에 맞는 행정

(2) 분권화의 단점 :

　　ㄱ 중앙의 지휘·감독의 약화

　　ㄴ 행정력의 분산

　　ㄷ 전문적 기술의 활용 곤란

5. 신중앙집권화

(1) 개념 : 지방정부에 대한 중앙정부의 기술적·재정적 지원의 확대로 인한 새로운 중앙집권화 경향을 의미

(2) 촉진 요인 : 행정 구역의 광역화, 행정 수요의 다양화, 지방재정의 부족, 종합적 경제 계획

(3) 형태 : 지방 기능의 이관, 중앙통제의 강화, 중앙정부에의 의존

(4) 한계 : 통일성과 자율성의 조화, 중앙공무원과 지방공무원의 차별 배제, 지역적 특성에 맞는 지방행정 사무의 장려

제 3 절 계선과 막료

1. 계선 조직

(1) 계선 조직의 역할 : 행정 조직의 장으로부터 국장, 과장, 계장, 계원에 이르는 명령 복종의 관계를 가진 수직적인 조직 형태로서 명령적·집행적 기능을 가짐. 또한 명령 작성과 결정권을 가지며 명령 계통과 의사 전달의 역할

(2) 계선 조직의 장단점

    ① 장점...㉠ 권한과 책임의 한계가 명확해 업무 수행이 능률

            ㉡ 단일 기관으로 구성되어 정책 결정이 신속

            ㉢ 업무가 단순해 비용이 적게 듦

    ② 단점...㉠ 대규모의 조직에는 계선만으로 부족해 업무량이 과다해짐.

            ㉡ 조직장이 주관적·독단적 조치를 취할 가능성

            ㉢ 전문가의 지식과 경험의 이용 불가능

            ㉣ 조직의 경직성

2. 막료 조직

(1) 막료 조직의 역할 : 계선을 위하여 정책·목표에 관한 자문·권고·건의를 하며, 또한 협의·정보 및 조사 등의 활동을 함 - 조직에 간접적 기여

(2) 막료 기관의 장단점

    ① 장점...㉠ 기관장의 통솔범위를 확대

            ㉡ 전문적 지식과 경험을 활용

            ㉢ 수평적 업무의 조정과 협조, 조직의 신축성

    ② 단점...㉠ 복잡성 증가로 조직내 알력과 불화의 여지

            ㉡ 경비의 증대

            ㉢ 책임 전가의 우려

            ㉣ 의사전달 경로의 혼란

3. 막료 기관의 유형과 분류

(1) 막료 기관의 유형 : 통제 기관, 서비스 기관, 조정 기관, 조언 기관

(2) 막료 기관의 분류

    ① L. White의분류...서비스 막료<보조기관>와 자문 막료

    ② W. Willoughby의 분류...화이트의 자문막료를 인정하지 않고 보조기관을 가정적 기관이라고 부름.

③ Simon의 분류...보조기관과 막료기관의 구분은 불가능, 보조기관과 막료기관을 합하여 간접기관 또는 상부관리기관이라 부름.

4. 계선과 막료의 불화와 해소

(1) 불화 문제 :

　㉠ 막료는 일반적으로 사회적 지위가 높고 우월감을 가지며, 개인적·이론적인데 반하여 계선은 실증적·현실적인 행동이기 때문에 상호간에 충돌이 일어날 수 있음.

　㉡ 막료는 계선에 대하여 비판적이기 쉽다.

(2) 해소 방안 :

　㉠ 계선과 막료의 책임 한계를 분명히 한다.

　㉡ 회합, 비공식 집회를 통해 친밀 관계를 증진한다.

　㉢ 계선과 막료 사이의 인사교류를 통한 이해를 증진한다.

　㉣ 명령계통의 복수화를 통해 막료의 명령도 계선의 명령으로 간주한다.

　㉤ 기관장의 막료기능에 대한 올바른 인식이 필요

제 4 절 위원회 제도

1. 위원회 제도의 성립 이유

　㉠ 행정기관의 확대 현상　　　　㉡ 행정기능의 질적 변화

　㉢ 경제사회의 변동의 급격화　　㉣ 합의제가 단독제보다 유리하다는 신념

2. 위원회의 분류

(1) 어윅의 분류 : 집행위원회, 조정위원회, 자문위원회, 교육위원회

(2) 피프너의 분류 : 행정위원회, 규제위원회, 반독립위원회, 항구적 자문위원회, 직책에 의한 위원회, 초당파위원회

(3) 웨어의 분류 : 자문위원회, 조사위원회, 협의위원회, 입법위원외, 통제위원회

3. 위원회의 유형

(1) 자문위원회 : 조직 전체에 대한 각종 자문에 응하기 위한 합의제 조직

(2) 행정위원회 : 관청으로서의 성격을 지닌 합의제 행정기관으로 이의 결정은 법적 구속력을 가짐과 동시에 하부에 보좌기관을 가짐

(3) 독립규제위원회 : 행정수반 및 국회로부터의 독립, 준입법적·준사법적 권한을 가짐.

4. 위원회제의 장단점

(1) 장점 : ㉠ 집단적 결정으로 인한 합리적 결정

　　　　㉡ 이해관계가 다른 사람의 참여로 다수의 만족을 주는 결정

　　　　㉢ 편견이나 경솔한 결정을 억제

　　　　㉣ 결정의 신뢰성

　　　　㉤ 행정의 안전성과 신뢰성을 줌

　　　　㉥ 대화와 토론을 통한 이견의 조정

　　　　㉦ 관리자의 충성을 위한 도구의 구실

(2) 단점 : ㉠ 다수의 참여로 일의 지연과 책임전가 현상

　　　　㉡ 국정의 통합성 곤란

　　　　㉢ 시간의 지체

　　　　㉣ 회의를 위한 준비로 재정의 낭비

　　　　㉤ 모집상의 곤란

　　　　㉥ 결정이 타협안이 되기 쉽다.

　　　　㉦ 단독제와 같은 감력이나 통솔력이 결여

　　　　㉧ 투표에 의한 결정방식으로 자기소신에 대한 확신이 결여

5. 위원회의 효율적 운영을 위한 요건

　　㉠ 위원회의 모적과 권한, 책임의 명확화

　　㉡ 위원을 선정할 때 신중할 것

　　㉢ 위원들의 책임의식 강화

　　㉣ 운영 상태에 관한 정기적인 검토

ⓜ 자격 있는 위원장의 선정과 합리적인 위원회 직원의 선정, 배치

제 5 절 비공식 제도

1. 비공식 조직의 개념
법규나 직제와는 관계없이 조직 구성원의 사회심리적 동기에 의해서 자발적으로 생성된 조직

2. 비공식 조직의 특징
(1) 공식적 특징 :
    ⓐ 인위적으로 발생   ⓑ 전조직인으로 구성
    ⓒ 성문화된 분업체계   ⓓ 이성적인 인간 행동을 전제
    ⓔ 전체적 질서의 중시

(2) 비공식적 특징 :
    ⓐ 자연 발생적   ⓑ 일부인이 구성원
    ⓒ 성문성, 분업성이 약함   ⓓ 감정에 입각
    ⓔ 부분적 질서를 강조

3. 비공식 조직의 기능
(1) 순기능 :
    ⓐ 사회적 욕구의 충족   ⓑ 사기와 생산력의 향상
    ⓒ 조직의 실태파악 가능   ⓓ 심리적 안정감
    ⓔ 의사소통의 통로   ⓕ 행동규범의 확립과 사회적 통제

(2) 역기능 :
    ⓐ 조직의 대립, 갈등 분열의 우려
    ⓑ 공식적 조직 목표와의 대립 가능성
    ⓒ 개인적 목적에의 이용 가능성
    ⓓ 근거없는 소문, 유언비어의 유통경로

4. 비공식 조직에 대한 통제 방법

ⓐ 공식 조직의 목적과 이익에 비공식 조직의 그것을 일치시킨다.

ⓑ 비공식 조직의 존재를 인정하여 조직 구성원의 불안감이 해소되도록 여건을 조성한다.

ⓒ 민주적 리더십의 발휘로 공식 조직에 대한 자부심을 갖게 한다.

ⓓ 비공식 조직의 지도자에게 공식적 목적을 이해시키고 이에 협조하도록 유도한다.

ⓔ 위의 방법으로 통제가 불가능하면 직무의 절차나 내용을 변경해 비공식 조직의 관례를 약화시키거나, 비공식 지도자의 전출, 구성원의 격리와 분산 등의 방법으로 비공식 조직을 와해시키도록 한다

조직 발전

조직은 여러 가지 복잡한 대내, 외적 환경과 접하고 있으며, 이러한 환경의 변화는 조직의 변화를 요구하게 된다. 그런데 현대조직의 환경변화의 정도와 빈도가 심해지자, 전통적인 변화관리가 불가능해졌다. 따라서 종합적이고도 체계적인 조직환경 변화에의 관리노력의 일환으로서 조직발전이론이 등장하게 되었다.

즉 조직발전(organization development: O. D.)이란 조직이 환경변화에 효율적으로 적응할 수 있게 하기 위하여 조직의 문제해결 능력을 기르고 갱신시키려는 장기적인 노력의 일환으로서, 재구조화과정(restructuring process)을 포함하는 규범적이며 계획적이고 재교육적인 변화전략 과정이다.

제 1 절 조직발전의 이론적 배경

조직발전(organization development: O. D.)은 1945년 제2차 세계대전을 계기로 대두되기 시작하였으며, 1950년대 중반까지는 개인적인 기술의 개선에 역점과 비중을 두었으나 조직을 하나의 총체적인 체계로 파악하며, 전체조직의 성장과 발전을 위하여 개인과 조직 모두에 대한 균형적인 통합을 크게 강조하지는 않았다. 그러나 1957-1958년 Esso Standard 석유회사의 사례를 통해 조직발전은 크게 발전되었는데, 여기에서 시도된 접근법은 조직과 개인을 통합 혹은 균형적으로 다루며 조직의 건강(health)과 효과성을 향상시키기 위한 통합적인 접근법을 택하였다는 점에서 오늘날의 조직발전이론과 실제의 발전을 위한 직접적인 기원이 되었다.

1960년대에 들어 조직발전의 가치는 더욱 더 높이 평가되어 기업은 물론 병원, 학교, 교회 및 행정기관 등에서 널리 적용되었으며, 미국뿐만 아니라 영국, 일본, 스웨덴 등의 선진국에도 널리 보급되었다. 한편 1959년 이래 많은 행태과학자들이 조직발전에 도움을 주기 시작하였으며, 1960년대 말부터 1970년대 초까지 많은 실무가들이 현장에 투입되었고, 여러 많은 교육기관에서는 다양한 접근법과 모델 및 기법을 가르치기 시작하였다. 이 당시 조직발전은 '조직'에 중점을 두고 구체적으로는 팀 형성기법을 많이 사용하였으나 측정상의 문제가 제기되었다. 1970년대에 이르러 조직발전은 얼마간 정의되고 정설화 과정을 거쳤는데, 이 당시 조직발전은 '개인'에 중점을 두고 실험실 훈련기법을 많이 사용하였으나 윤리도덕상의 문제와 측정상의 문제가 제기되었다. 1980년대에 이르러 조직발전은 다시금 사회학적 관심을 받으면서 전체조직의 효과성을 제고시키기 위한 종합적인 사회문화적 접근법으로 각광을 받고 있다.

제 2 절 조직발전의 일반개념

Ⅰ. 조직발전의 정의

베카드(R. Beckhard)는 조직발전을 행태과학지식의 이용과 조직과 정상의 계획된 개입활동을 통해서 조직의 효율성과 건전성을 높이기 위해 최고관리자로부터 시작된 조직전반에 걸친 계획된 노력[1]이라고 하였다. 에이브람손(R. Abramson)도 조직발전을 최고관리자의 주도하에 전개되는 계획적인 변화과정으로서 행태과학에 의거한 변화 담당자(change agent)의 계획적인 개입활동을 통해 전체조직의 효율성 증대를 기도하는 현대적인 변화기법[2]이라고 하였다. 또한 알브레히트(K. Albrecht)는 조직발전을 전반적인 조직 활성화를 위한 포괄적인 개선계획과정이며, 조직 관리자들에 의해 수행될 수 있고 안정될 필요가 있는 조직의 모든 측면을 다루며 개선하려는 것이라고 하였다.

이상의 정의를 정리해 보면 조직발전이란 응용행태과학의 도움과 최고관리자의 적극적인 지원, 그리고 변화담당자의 계획적인 개입활동에 의해 환경변화에의 효율적인 적응과 문제해결 능력의 향상을 도모하는 규범적이며 재교육적인 변화전략과정이다.

Ⅱ. 조직발전의 목표

조직발전의 특정과제는 조직에서 일어나는 여러 가지 문제들의 형태와 처방에 따라 다르게 설정될 수 있지만, 광의의 조직발전활동의 목표는 조직의 유효성을 증대시키

---

[1] Richard Beckhard, *Organization Development: Strategies and Models*(Reading, Massachusetts: Addison-Wesley, 1969), p.9.

[2] Robert Abramson, *An Integrated Approach to Organization Development and Prformance Improvement Planning*(West Hartford, Connecticut: Kumarian Press, 1978), p.9.

는 데에 있다. 이러한 의미에서 공통적으로 나타나는 조직발전 활동의 목표에 대해서는 많은 학자들이 언급하였으나, 이 중에서 대표적이라고 생각되는 골렘비우스키(R.T. Golembiewski)와 다나까 교수의 견해를 살펴보기로 한다.

1. 골렘비우스키의 견해

골렘비우스키(R.T. Golembiewski)는 조직발전의 목표에 관하여 9가지를 들고 있는데, 그것은 다음과 같이 설명할 수 있다.[3]

1) 조직 내에 개방적이며 문제해결을 위한 분위기를 조성한다.
2) 조직 내의 지위와 역할에 대하여 지식과 능력을 부여함으로써 구성원과 관련되는 권한을 신장시킨다.
3) 정책결정과 문제해결의 책임을 정보의 근원에 가깝게 존재하게 한다.
4) 조직 내의 개인이나 집단 간의 신뢰감을 조성한다.
5) 조직의 목표를 달성하기 위해서 경쟁을 조장하고 협동적 노력을 극대화 시킨다.
6) 조직의 과업과 조직의 발전을 성취하는 데 필요한 보상제도를 개발한다.
7) 조직구성원들이 조직목표를 잘 인식케 하여 그들이 스스로조직의 관리자라는 의식을 갖게 한다.
8) 조직 관리층이 관련 있는 목적에 따라 지식을 관리하게 한다.
9) 조직의 구성원들이 자제(self-control)와 자기관리(self-direction)를 할 수 있게 한다.

2. 다나까 도시오의 견해

다나까 교수도 조직발전의 목적으로 다음과 같은 3가지를 제시하고 있다.

1) 조직의 계획성을 향상시킨다.
2) 조직구성원 모두를 계획수립에 참여시킨다.
3) 끊임없는 진보방향을 추구해 가는 자율행동을 정착시킨다.

이와 같이 두 학자가 설명한 조직발전의 구체적 목표 외에도 많은 학자들이 조직발전의 목표에 관하여 제시하고 있는데, 이를 종합해 보면 조직발전의 핵심적 목표로서 다음의 3가지를 들 수 있다. 즉 첫째로, 구성원들의 신념 및 가치관의 변화, 둘째로, 이에 따

---

3) R.T. Golembiewski, "Organization Development in Public Agencies," *Public Administration Review*, Vol.24, No.4(1969), p.119면.

른 그들 행태의 수정이고, 셋째로, 조직구조 및 정책의 변화의 추구라고 할 수 있다. 결국 조직발전에 있어서 궁극적인 목표는 종래의 정적(static)이고 경직성을 띤 조직보다 효율성을 증대시키고 적응력을 갖는 유기적인 조직으로 혁신을 가져오게 하는 데 있다. 이것은 조직 내부의 갈등을 지양하고 원활한 커뮤니케이션과 구성원들의 팀웍(teamwork)을 조성하여 상호신뢰와 협동체제를 확립하고, 개인의 욕구와 조직의 목표를 일치시켜 전체조직의 능력과 조직문화를 향상시킴으로써 성취할 수 있는 것이다.

Ⅲ. 조직발전의 특징

앞에서 조직발전의 정의와 목표를 살펴보았는데, 조직발전은 다음과 같이 중요한 특징을 갖고 있다고 할 수 있다.

1. 행태과학의 활용

조직발전은 학문의 이론적인 지식기반을 행태과학(Behavioral Science)에 두고 있다. 따라서 조직발전의 문제에 있어서도 일반조직행태와 같이 행태과학의 이론과 지식이 많이 활용된다. 조직발전의 프로그램에는 행태과학자들이 '행동연구모형'이라고 부르는 전략(strategy)을 많이 사용하고, 방법(methodology)에 있어서는 변화담당자(change agent) 또는 전문상담자(consultant)를 적극적으로 개입시켜 활동케 한다.

2. 인간적 측면의 강조

변화과정에서 조직발전은 구성원들 사이의 개방성과 상호이해 및 자발적인 협조행동을 강조함으로써 구성원들과 조직체 양측의 공동혜택을 최대화 시키려 한다. 따라서 조직발전에서 강조되고 있는 개인의 기본가치와 전제조건에 있어서 개인의 자율성과 독립성이 보장되어야 하며, 노동과 여가를 선택할 수 있는 자유를 개인에게 부여해야 하고, 생리적 욕구와 안전욕구는 물론이고 보다 고차원적인 욕구충족을 통하여 개인의 자기계발과 자기실현이 추구되도록 해야 한다.

3. 장기적 변화와 일상적 관리과정

조직발전은 목적집단의 문제를 해결함으로써 완료되는 임시적 변화과정이 아니라, 집단의 성과를 계속 향상시키고 전체조직이 효율성을 계속 높이기 위하여 장기적으로 지속되는 변화과정이다. 따라서 조직발전은 조직에서 일상화되고 생활화된 관리과정 이어야 한다.

4. 전체조직의 효율성 향상

조직발전은 시스템 관점에서 조직 내의 구성원들과 집단을 중심으로 이들 사이의 상호연결성은 물론 전체조직과의 상호연관성을 강조하고 있다. 따라서 조직구성원과 집단에서의 부분적인 변화는 전체적인 조직변화에 영향을 준다는 개념 하에 조직부분 간의 상호강화(mutual reinforcement)관계를 전제하고, 더 나아가서는 전체조직의 문화적 변화와 효율성 증대를 강조하고 있다.

전체조직의 효율성을 향상시키는 데 있어서 조직발전은 조직구조의 개선을 기도하고, 직무를 설계하며, 활성적인 조직분위기를 조성하는 데에 노력하고, 의사결정체계와 문제해결행동을 개발하는 데 주안점을 두고 있다.

제 3 절 조직발전의 접근방법

로렌스(P. Lawrence)와 로쉬(J. Lorsch)는 조직발전의 체계적인 접근방법으로서 (i) 개인과 집단, (ii) 집단과 집단, (iii) 조직과 환경과의 상호관계의 세 가지 범주로 나누어 설명하고 있는데,[4] 이러한 접근방법에는 여러 가지 형태가 있을 수 있으나, 여기서는 구성되는 변수에 따라 (i) 구조적 접근법(structural approach), (ii) 기술적 접근법(technological approach), (iii) 인간적 접근법(human approach)의 3가지로 구분한 리비트(H. Leavitt)의 조직변화이론[5]을 중심으로 살펴보기로 한다.

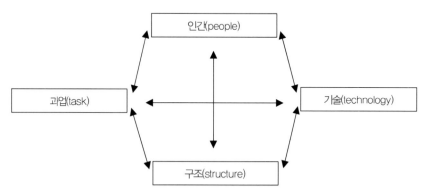

[그림6-1] 조직변화의 주요상관변수

---

4) Willian A. Shrode and Dan Voich, Jr., *Organization and Management: Basic Systems Concepts* (Homewood,Ⅲ.: Richard D. Irwin, Inc., 1974), p.380.

5) H.J. Leavitt, "Applied Organization Change in Industry: Structural, Technical and Human Approaches," in James G. March(ed.), *Handbook of Organizations*(Chicago: Rand McNally, 1970) 참조.

Ⅰ. 구조적 접근방법(structural approach)

구조적 접근방법은 조직변화에 있어서 이해가 용이하고 대상이 명확하여 널리 사용되는 방법이다. 페이욜(Fayol)이나 베버(M. Weber)의 전통적 조직이론이 널리 일반화되어 있고, 아직도 구조의 발전이 제도화되지 못한 후진국 조직에서 구조적 접근방법의 비중은 큰 편이다. 구조적 접근방법의 방향은 최적한 조직구조를 통하여 조직의 효율성을 높이고자 하는 것인데, 이상적인 조직구조는 각 조직의 개별적 특수성에 의하여 달라질 수 있다. 그러나 보통 다음과 같은 방향으로 구조적인 조직변화가 이루어지고 있다.

1. 전통적 접근법

전통적 접근법은 연역적, 논리적인 측면에서 최적화된 구조를 통해 조직의 효율성을 높이고자 하는 것이다. 따라서 이 전통적인 접근방법은 전문화, 명령의 통일성, 권한과 책임, 감독의 폭, 권한위양 등의 조직원리를 강조한다. 초기의 조직이론에서는 공식적, 합법적, 추상적인 조직원리에 근거하여 인간행위의 거의 완전무결한 가정을 전제로 한다. 여기서 보는 인간은 책임성을 부여하면 그 책임성을 수락하며, 조직의 목표를 달성하기 위해 존재한다고 본다. 이러한 초기의 접근법에는 권위주의적이고 청교도적인 가치관이 개재되어 있다.

2. 분권적 접근법

분권화는 현대조직에 있어서의 하나의 특징이 되고 있는데, 현대의 조직환경은 구조의 세분화에 의한 분권화를 요청하고 있다. 사업부제도의 출현과 이익집중단위(profit center)에 의한 분권화제도의 확립은 이의 좋은 예라 할 수 있는바, 분권화는 담당관리제도(local management)에 의한 자율성과 책임성을 다 함께 향상시켜 준다.6)

분권적 접근법은 구조의 분화를 통한 조직변화에서 권한을 분산, 위양함으로써 조직의 효율성을 증대시키려는 것인데, 결국 분권화는 다차원적 시스템에서 하위단위의 변화에 대한 자율성의 부여로 조직 전체의 효율성을 높이려 하는 것이다.

---

6) L.W. Porter, E.E. Lawler, III and J.R. Hackman, *Behavior in Organization*(Tokyo: McGraw-Hill, Kogakusa, 1975), pp.447.

3. 사회공학적 접근방법

작업성과수준의 향상을 위해서는 인간행위의 수정이 필요하다. 그러기 위해서는 작업의 흐름과 전문가의 배치를 기술적인 요구에서만 행할 것이 아니라 인간적, 사회적 요청에 의한 작업구조의 변화가 더욱 중요하다고 할 수 있다. 즉 사회공학적 접근방법은 사회공학(social engineering)의 기술생산 시스템에서 직무를 설계하여 인간을 통한 과업을 목표로 해야 한다고 한다.[7]

4. 커뮤니케이션 접근방법

일상적 업무와 혁신적 업무 간에는 커뮤니케이션 네트웍(communication network)이 다르게 형성되어야 한다. 따라서 조직구조와 업무가 이루어지는 커뮤니케이션 네트웍의 형태에 의존하게 된다.[8]

5. 인사 재배치(personnel replacement)

이것은 조직의 중심인물을 재배치함으로써 조직변화를 효과적으로 하려고 하는 방법인데, 전체 효율성에 관해서는 의심이 되나 경우에 따라 상황과 중심인물의 지도성(leadership)에 의해 크게 성공할 가능성도 많다. 이것은 결국 관리자들을 순환 배치시키는 것 등의 관리자를 발전시키는 방법이 마침내 조직을 계속적으로 발전시킬 수 있다는 것을 입증한 것이기 때문에 인간을 위한 조직구조의 변화가 반드시 나쁜 것만은 아니다.

6. 관리지침의 변화

관리지침의 변화(administrative guidance change)란 원하는 변화를 얻을 수 있도록 관리지침, 즉 정책, 절차, 예산 등을 재조정하여 관리방침을 변경시키는 방법이다.

Ⅱ. 기술적 접근방법(technological approach)

기술적 접근방법은 기술, 과학지식을 사용함으로써 조직의 변화를 추구하여 발전시키려는 방법이다. 이러한 최초의 기술적 접근방법으로서는 테일러의 과학적 관리법을 들 수 있는데, 경제적 인간관에 의한 새로운 관리기법인 기술적 기법으로서 산업공학

---

7) *Ibid.*, p.451.
8) Leavitt, *op. cit.*, p.202.

(industrial engineering)을 개발했다. 그러나 이 기법은 지나치게 인간을 기계시 했다고 하여 이에 대한 반론으로 인간관계론이 대두되었다. 하지만 오늘날에 와서는 관리과학(management science), 즉 OR이나 컴퓨터 등의 발달과 다시금 새로운 기술적 조직변화에 대한 요구가 증대되고 있다. 수많은 정보 시스템에 의한 의사결정의 어려움을 정보관리 시스템(MIS)에 의해 컴퓨터가 해결해 주며, OR, 재고관리기법, QC, 시뮬레이션(simulation) 등 급격한 기술적 혁신은 현대조직에서 필연적인 변화를 요청하고 있다.

일상적인 다량의 업무를 차츰 기계가 대신하고 있으며, 또한 의사결정의 일부도 기계에 의존하게 되었다. 이러한 관리과학의 기술적 접근방법에 의해 과업, 인간, 구조는 이미 급진적으로 수정되고 있다. 이러한 측면에서 기술적 접근방법은 명확하고 논리적이고 보다 어려운 문제해결을 할 수 있고, 인간의 약점을 보완해 주는 것이라 할 수 있다.9)

Ⅲ. 인간적 접근방법(human approach)

인간적 접근방법은 조직구성원의 행위를 변화시킴으로써 조직을 변화시키려 하는 것이다. 즉 인간행위의 변화를 통하여 새로운 기술을 창의적으로 개발할 수 있고, 조직의 구조도 변화시킬 수 있다고 생각하는 것이다. 이렇게 함으로써 궁극적으로는 조직의 과업수준도 향상시킬 수 있고, 개인의 성장과 자아실현도 가능하다고 보는 것이다.

이러한 인간적 접근방법의 특징은 변화의 과정에 대한 초점이 인간 지향적이라는 데 있다.10)

인간적 접근방법에서 조직의 가치규범은 개인의 가치와 규범의 변화를 통해서 가능하다는 것이 가장 기본적인 전제라 할 수 있다. 인간 동기화와 성장의 논리 및 사회의 민주적 규범은 가치관 변화의 방향과 거의 동일한 것이기 때문에, 위와 같은 개인의 가치와 규범의 변화를 통해서 조직의 과업을 성취할 수 있다고 전제되어 있는 것이다.

쇼트(L.E. Short)는 인간적 접근법을 지식, 기술, 태도 등 3가지 범주에서 시도하고 있는데, 그는 계획적 조직변화를 통해서 조직 프로그램에 의한 종업원의 지식, 기술의 개선을 전제로 하고 있다. 이러한 것은 비교적 단기간에 가능하나 결국 내부적 변화,

---

9) *Ibid.*, pp.202-205.
10) *Ibid.*, pp.205-211.

즉 태도와 행동 패턴, 가치관의 변화가 따르지 않으면 성공적인 변화는 있을 수 없다고 주장하는데, 역시 인간행동의 대전제라 할 수 있는 가치체계의 변화를 강조하고 있다.[11]

이와 같은 인간적 접근방법은 그 기법도 다양하게 개발되고, 실제로 조직발전 프로그램(OD program)에서 많이 실시도고 있어 그 유용성을 인정받고 있다. 반면에 인간적 접근방법에 있어서의 단점은 인간의 가치체계의 변화가 강조되고 있으나, 그 자체가 단기간의 교육이나 작용으로 변화시키기가 어렵다는 점이다.

아무튼 인간적 접근방법은 조직관리에서 자율성을 향상시키고, 목표달성의 정도를 높이는데 그 의의가 크다고 할 수 있다. 따라서 '목표에 의한 관리'(management by objective)가 인간적 접근법의 전형이라고 하는 이유가 여기에 있는 것이다.

제 4 절 조직발전의 전개모형

조직발전의 일반적 개념과 접근방법이 파악되면 전개과정(process)의 문제가 나타나게 되는데, 여기서는 그 구체적 전개에 관한 제모형을 중심으로 고찰하고자 한다.

조직발전의 추진방법은 크게 교육훈련방식과 컨설팅(consulting) 방식의 두 가지로 나누어 생각할 수 있지만, 실제로는 상호 복합적 방법을 취하는 경우가 많이 있다.

조직발전의 구체적 전개모형을 논하기 이전에 조직발전 프로그램의 실시에 있어서 중요한 역할과 공헌을 하게 되는 변화담당자(change agent)에 관해 살펴본 다음, 조직발전의 전개과정에 대한 접근을 해 보기로 한다.

I. 조직개발 프로그램의 실시와 변화담당자

조직발전의 전개는 우선 최고 관리자나 부서의 장이 문제를 해결하고 문제해결을 위하여 조직발전을 추진할 것에 관한 의사결정(decision making)을 해야 하며, 그 다음 이를 담당해 나갈 수 있는 충분한 능력과 자질을 갖춘 변화를 선택함으로써 구체적인 실시단계로 들어가는 것을 전제로 한다. 따라서 조직발전활동을 추진함에 있어 그 역할을 담당하는 사람을 크게 변화관리자(change manager)와 변화담당자(change agent)의 두 가지로 나누어 볼 수 있다.[12]

---

11) Larry E. Short, "Planned Organizational Change," *MSU Business Topics*(Autumn 1973), p.57.
12) Beckhard, *op. cit.*, p.100.

1. 변화관리자(change manager)

변화관리자란 최고관리자나 부서의 장으로서 조직활동이나 그 효율성에 책임을 지닌 사람으로서, 나아가서는 전체적 또는 부분적 조직변혁에 주된 책임을 부여받은 사람이라고 할 수 있다. 바꾸어 말하면 변화관리자는 조직혁신의 대상이 되는 전체조직 또는 부서의 장으로서 라인(line)에 대한 책임을 가지고 본인이 선두에 서서 변화를 행하는 입장에 서 있는 사람이라고 할 수 있다.

변화관리자의 예로서는 최고관리자(chief executive)나 부서의 장(unit head) 외에도 전도자(evangelist), 기능적 리더(functional leader), 전환집단(convert group) 등을 들 수 있다.[13]

2. 변화담당자(change agent)

변화는 조직의 내부, 외부를 불문하고 혁신을 추진해 감에 있어서 기술적인 조언이나 조력을 부여하는 사람이라 할 수 있는데, 전문가나 스탭(staff)으로서 조언과 조력을 제공하고 변화를 촉진해 가는 입장에 서 있다.

이러한 변화담당자는 조직외부인사와 내부인사로 구분해 볼 수 있는데, 종래에는 대부분의 변화담당자란 대상조직(client)의 외부인사를 말하였으며, 특히 초기 발전단계에서는 외부변화담당자를 필요로 하는 것이 일반적인 현상이었다. 여기에서 외부변화담당자를 유형별로 구분해 보면 커뮤니케이션 전문가, 노사관계 전문가, 생산분석가, 노동관계컨설턴트, 감독자와 관리자의 훈련 컨설턴트 등이 있으며, 또한 베니스(W.G. Bennis)에 의하면 이 외부변환담당자는 직업적 전문가로서 대부분 행태과학을 전공한 사람이라거나 대학에 직을 가진 전문 컨설턴트(consultant)라고 한다.[14]

그리고 내부변화담당자의 유형으로서는 조직발전부(organization development department), 조직발전전문가(organization development specialist), 조직발전을 담당하는 인사부요원(the personnel man with OD at his primary job), 일시적 변화담당자(temporary change agent), 훈련 컨설턴트(training consultant), 매너지리얼 그리드 프로그램(managerial grid program)의 조직발전조정자(coordinator) 등을 들 수 있다.[15] 그런데 조직발전에 있어서 내부변화담당자의 문제나 그 육성에 대해서는 조직발전의 역사가 오래지 않은 상태이기 때문에 별로 관심을 갖고 있지 않은 실정이지

---

13) *Ibid.*, pp.101-105.
14) Bennis, *op. cit.*, p.114.
15) Beckhard, *op. cit.*, pp.111-115.

만, 조직발전활동이 각 조직에 확대되어감에 따라 그 중요성이 상당히 부각될 것이다.

조직발전은 다른 관리개선과는 달리 기술상의 문제가 아니라 인간의 가치관과 행동에 영향을 미치기 때문에 앞서 설명한 조직발전의 특징에서 다룬 바와 같이 행태과학의 전문적지식을 필요로 한다.

따라서 조직발전의 실시 자체는 내부의 당사자 스스로가 행하는 것이지만, 성격상 전문가의 도움을 필요로 하며 대부분의 경우 해당 조직 내의 사정에 개의치 않고 객관적으로 혁신을 추진해 가는 외부전문가에게 의뢰하는 경우가 많다. 그렇기 때문에 변화라고 하면 보통 외부변화를 지칭한다고 볼 수 있다.

변화담당자는 연구조사자, 훈련자, 컨설턴트, 카운슬러(counsellor), 그리고 어느 경우에는 계선(line)업무의 관리자의 역할도 하며, 더욱이 이 가운데 어느 하나만을 하는 것이 아니라 실제적으로는 복합적으로 여러 역할을 수행하기도 한다. 따라서 조직체변화의 상황적 여건을 막론하고 변화담당자는 다음의 [그림6-2]와 같은 행동요소를 갖추고 있어야 한다.

그런데 무엇보다도 변화담당자가 지니고 있는 특징의 하나로서 조직발전을 원조한다는 대상조직(client)과의 특수한 관계를 중요시하여 조직발전의 성패는 바로 이 양자의 협조적 관계에 달려있다고 말한다.[16]

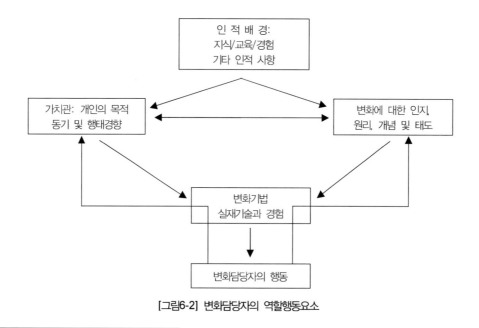

[그림6-2] 변화담당자의 역할행동요소

---

16) Bennis, *op. cit.*, pp.91-92.

Ⅱ. 조직발전의 모형

조직발전은 상황에 따라서 구체적인 과정이 다르기는 하나, 대체적으로 다음과 같은 학자들의 모형에 의해 기본적이고 순서적인 과정을 거쳐 나가게 된다.

1. 고다 이찌오 교수의 모형

고다 교수는 조직발전의 단계를 4단계로 나누었고, 각 단계에 있어서의 전개과정을 보다 세분화하여 설명하고 있다는 점에서 조직발전 프로그램의 이해와 도입에 보다 용이한 모델이 된다고 볼 수 있다. 고다 교수가 설명한 조직발전의 과정은 다음과 같다.

(1) 제1단계 : 문제의 인식과 의사결정단계

조직 내에 문제가 발생하여 그 문제의 중요성을 인식하고 그 문제와 마주쳐서 해결하기 위해 최고관리자나 부문의 장이 의사결정을 하게 되는 단계이다. 조직발전을 실시하려고 하는 경우 거기에는 어떠한 계기가 있어야 하지만, 일반적으로 문제가 발생하고 그 문제를 깨닫고 그것을 해결하기 위하여 조직발전을 다루게 되는 것이라 볼 수 있기 때문에 조직발전의 접근법이 대두하게 된 것이다.

한편 최고관리자의 의사결정이 내려지게 되면 조직발전을 추진해 나갈 변화담당자(change agent)를 선택하게 되는데, 대부분 내부보다는 외부 또는 그 통합된 형태의 것을 택하게 된다.

(2) 제2단계 : 실태파악의 단계

조직 내에 문제가 있다는 것이 인식되고 조직발전을 위한 의사결정이 내려졌다면, 실태를 보다 명확히 파악하고 재확인하여 이와 같은 결단을 한층 더 굳게 할 필요성이 있다. 따라서 이 단계는 실태를 정확히 조사, 진단하여 그 결과가 변화관리자는 물론이고, 변화 대상 부분에도 피드백 되어 변혁의 의사를 재확인하고 조직발전을 행하려는 각오를 새롭게 하는 것이다. 최고관리자를 위시하여 당사자들이 사태를 정확하게 인식하고 자기조직을 발전시키고자 하는 결의를 굳게 하는 것은 그 후의 단계에 상당히 중요한 것이다. 조직을 변혁해 가는 것은 바로 이들 당사자들이며, 제아무리 우수한 이 분야의 변화전문가를 도입한다고 하더라도 단지 조언과 조력을 얻는 것에 불과하다. 이 단계에서 조직의 장(top)을 위시한 당사자들이 문제를 자신의 것으로 이해하고 조직발전의 필요성을 통감하여 이를 적극적으로 추진해 가려는 결의를 새로이

함으로써 비로소 조직발전활동이 시작된다고 볼 수 있다. 만약에 이 의사결정을 하지 못하게 된다면 조직발전을 위한 프로그램은 새로운 계기가 성숙될 때까지 기다릴 수밖에 없는 것이다.

(3) 제3단계 : 조직발전의 목표와 전략의 결정단계

제2단계에서 실시한 진단결과 바람직한 조직상태와 현상과의 갭(gap)이 명확해지면, 이것을 어떻게 줄여 나가는가를 결정하지 않으면 안 된다. 앞의 제2단계에서 이미 문제가 분석되고 그 중요성에 따라 정리되기 때문에, 바람직한 조직상태에 접근하기 위한 전략적 목표도 비교적 끌어내기가 용이하다. 예를 들어 매출액이나 이익이 감도된 경우, 그 원인을 목표결정이나 계획수립방법이 별로 좋지 않았거나 커뮤니케이션이 잘되지 않아서 그렇거나 또는 각 부문 간의 갈등이 있었다고 하자. 그러면 그 다음 이것의 원인관계를 보다 세밀히 검토한 결과 문제발생의 중요도를 고려해 볼 때, 조직의 장(top)의 리더십이 최대의 문제점으로 부각되었다고 한다면 이를 다시 조직의 장(top) 자신의 능력이 부족한 것인가, 아니면 조직구성원과의 인간관계가 나쁜가 등으로 다양하게 분석해 보는 것이다. 이런 점에 이르기까지 제2단계에서 진단결과가 정리되어 있다면 조직발전의 전략목표가 아주 분명하게 될 것은 두말할 나위가 없다. 목표가 결정되고 그를 위한 방법이 분명하게 되면 구체적인 프로그램을 작성하게 된다. 프로그램 작성에서 중요한 것은 조직발전이란 의식변혁과 행동혁신을 도모하려는 것이므로, 당사자들의 참여(participation) 없이 조직의 장(top)이나 스탭(staff) 또는 변화담당자들만이 행동을 한다면 전혀 그 성과를 기대하기가 어렵다는 것이다. 한편 조직발전활동은 조직의 어느 계층에서 출발해도 무방하다고 하지만, 최고관리자나 상부계층의 이해와 지지를 획득하고 관련된 부문이나 집단(group)이 이것을 인식하고 있는 것이 필요하다.

(4) 제4단계 : 프로그램의 실시와 정착화단계

조직발전 프로그램을 실시하는 데 있어서 중요한 점은 최고관리자나 상부계층의 의사결정 또는 이해와지지, 그리고 그 대상이 되는 당사자들의 열심히 하고자 하는 의욕, 관계부문과 관계자들의 이해 등을 재차 확인하여 이와 같은 분위기가 충분히 형성되어 있는가를 살펴보는 것이 필요하다. 왜냐하면 조직발전은 구성원들의 의식을 변경하고 행동을 변혁시키려 하는 것이므로 당사자 자신이 그러한 분위기를 형성하는 것이 첫 번째 조건이며, 아울러 주위여건이 그것을 지원하거나 인식함으로써 보다 원활하게 추진해 나갈 수 있다. 실제로 이와 같은 점을 확인하였다고 하더라도 좀처럼 간단하게 실시하는 것을 결단하기는 어렵다. 조직발전의 필요성을 이해했다고 하더라도 그 방법은 지금까지의 교육훈련과는 다르기 때문에 지식, 기술의 습득에 그치지 않고 의식과 행동수준의 변혁에 관계되는 것이며, 따라서 가치관 그 자체가 되는 것이기에 막상 실시하려면 이 새로운 방식에 불안이나 일말의 회의를 지니게 되어 좀처럼 의사를 결정하기가 힘들다. 그리하여 조직발전 프로그램을 본격적으로 실시하기에 앞서 도입테스트(test)를 해 볼 수가 있는데, 리피트(G.L.Lippitt)나 베니스(W.G. Bennis)는 이와 같은 테스트를 통해 불안감이 제거되고 그 다음의 참가를 보다 용이하게 해 준다고 하고 있다. 베니스(W.G. Bennis)는 이 축소판 실험훈련을 '인스턴트 실험실훈련'(instant laboratory)이라고 부른다.[17] 그 다음으로 구체적인 실시단계에 들어서게 되면 이것을 확대, 침투시켜가는 것이 필요한데, 여기서의 방법은 소그룹에서부터 점점 대그룹으로 확대시켜서 조직전체로 파급시켜나가는 것이다. 이와 같이 실시를 파급, 침투시켜감에 있어서도 함부로 확대해가는 것은 바람직하지 않으며, 그것이 참다운 효과를 초래해서 파급, 침투되고 있는가 하는 점을 꾸준히 반성하고 검토하지 않으면 안된다.

이렇게 하여 각 단계의 효과를 확인하고 순서대로 그 대상범위를 확대하며 그 내용을 심화시킴으로써 조직발전은 전체적 규모로 확대된다. 그렇지만 확대만 될 뿐 그것이 정착화 되지 못하면 의미가 없으며, 실질적으로 조직은 혁신되지 않는다. 인간이란 본래 익숙해진 습관으로 자연스럽게 되돌아가려는 경향을 보여 주기 때문에 혁신활동의 결과를 정착화 시키는 한 방안으로서 제도화 내지 관습화시킬 필요가 있다. 여기서 이야기하는 제도화란 규정 등으로 성문화시키는 것을 반드시 뜻하는 것이 아니라, 오히려 일상 업무 중에 자연히 융합되어서 혁신활동이 언제나 꾸준히 일어날 수 있게 한다는 의미에서의 제도화를 일컫는다. 예를 들어 집단 간의 갈등이 발생했다고 인지(cognition)하며, 곧바로 관계집단이 모임(meeting)을 열어서 그것을 해결하려는 조직 분위기를 형성하고 유지하는 것을 말한다. 이와 같은 방법은 기계적으로 행해지는 타성에 흘러서는 물론 안 될 것이다.

---

17) Warren G. Bennis, *Changing Organizations*(New York: McGraw-Hill Book Co., 1966), p.47.

2. 던컨(W. Duncan)의 조직발전모형

던컨에 의하면 조직발전은 해빙(unfreezing) · 변화주도(initiating change) · 재결빙(refreezing)의 3단계를 거친다고 한다.[18] 해빙단계에는 탐색(search) · 접촉점(contact) 진단(diagnosis) · 기획(planning) 단계가 있으며, 변화주도단계에는 강제력(force)의 사용과 재교육(re-education), 그리고 합리적인 호소(rational appeal)가 있으며 재결빙단계는 안정화와 재결빙(stabilizing and refreezing)단계라고도 한다. 그 자세한 내용은 다음과 같다.

(1) 해빙단계(unfreezing)

1) 탐색활동(search) : 조직은 변화를 필요로 하며, 문제해결책을 찾고 있으며, 변화담당자가 변화의 필요성을 제시하는 단계이다.

2) 접촉시작(contact) : 조직은 변화에 영향을 줄 수 있는 변화담당자를 확인하게 되는데, 이 변화담당자는 고객(client)이다.

3) 진단활동(diagnosis) : 문제확인 이후의 단계로서 조직목표의 명확화와 조직자원과 변화담당자의 준비상태의 확인이 이루어지는 단계이다.

4) 기획단계(planning) : 활동계획이 개발되고 가능한 결과들이 예측된다.

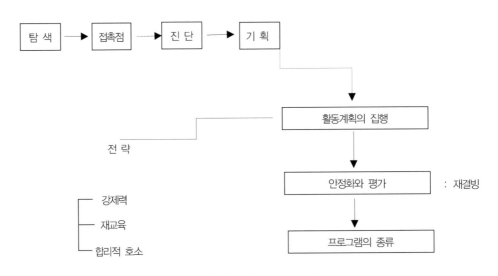

[그림6-4] 계획된 변화의 과정

〈자료〉 W. Jack Duncan, Organizational Behavior, II(Boston: Houghton Mifflin, 1981), p.384.

---

18) W. Jack Duncan, Organizational Behavior, II(Boston: Houghton Miffin, 1981), pp.38-84.

(2) 변화주도단계(initiating change) : 활동계획(action plan)

1) 강제력(force)의 사용 : 강제력을 사용하게 되면 변화가 신속하게 수행될 수 있다는 장점이 있는 반면, 이 강제력의 사용에는 반드시 승인이 필요하며 참된 태도변화를 기대하기는 어렵다는 단점도 있다.

2) 재교육(re-education) : 사람들은 대개 그렇게 하도록 교육 받았기 때문에 그렇게 행동하는 것이다. 즉 교육이란 형태변화에 중요한 영향을 미치는 변수인 것이다. 그러나 재교육은 장기적인 효과성을 지니는 반면 시간과 비용이 많이 든다.

3) 합리적인 호소(rational appeal) : 이것은 변화와 일치하도록 사람들의 행태를 변경·재정향 시키려는 노력의 일환으로서, 사람들에게 합리적으로 호소하는 것이다.

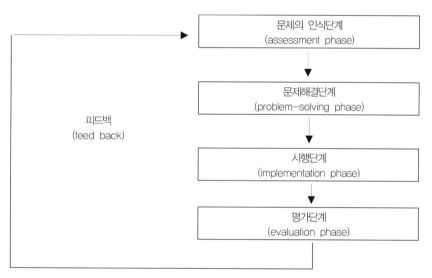

[그림6-5] 알브레히트의 조직발전 4단계 모형

〈자료〉 K. Albrecht, Organization Development: A Total Systems Approach to Positive Change in Any Business Organization(Englewood Cliffs, New Jersey: Prentice-Hall, Inc., 1983), p.137.

(3) 안정화와 재결빙(stabilizing and refreezing)

변화가 종결되면 체제를 다시 안정시킬 필요가 있다. 이 단계에서는 평가가 중요한 역할을 하게 된다.

이상에서 언급한 3가지 단계를 요약·정리하면 [그림6-7]과 같다.

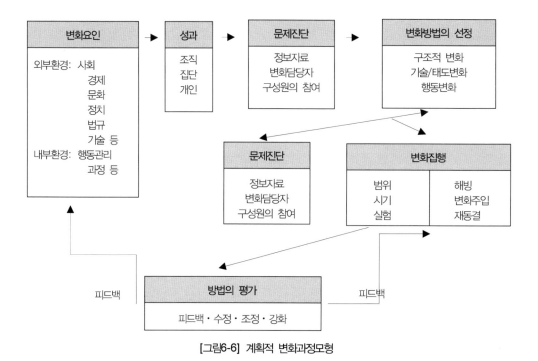

[그림6-6] 계획적 변화과정모형

〈자료〉 James L. Gibson, John M. Ivancevich and James H. Donnelly, Jr., Organizations, 4th ed.(Planos, Texas: Business Publications, Inc., 1982), p.534.

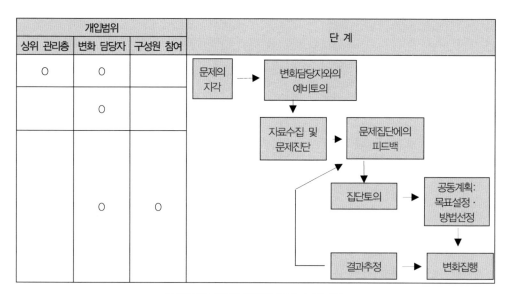

[그림6-7] 계획적 변화의 행동·조사모형

〈자료〉 W.L. French, The Personnel Management Process, 4th ed.(Boston, Masschusetts: Houghton Mifflin co., 1978)Co.545.

3. 기타 조직발전모형에 관한 연구

이상의 모형 이외에도 위 [그림6-5]의 알브레히트(K. Albrecht)의 '단계모형,'[19] [그림6-6]의 도넬리(J.H. Donnelly) 등의 '계획적 변화과정모형,'[20] [그림6-7]의 프렌치(W.L. French)의 '계획적 변화의 행동, 조사모형'[21] 등을 들 수가 있는데, 다른 모형들과 마찬가지로 조직구성원의 참여(participation)가 변화노력의 성패에 상당한 영향을 끼치게 된다는 것을 전제로 실행되고 있다.

제 5 절 조직발전의 전략

조직발전과정에는 행태과학에 입각해 조직안정과 발전을 위해 도움 되는 방법은 다 적용된다. 따라서 조직발전전략은 조직진단의 결과 여하에 따라 여러 방법이 제시될 수 있고, 또 장차 개발될 소지가 많다.

다음에서는 그 적용수준을 크게 개인, 집단, 조직수준으로 구분하여 각 수준에서의 대표적인 방법을 설명하고자 한다.

I. 감수성 훈련(sensitivity training)

감수성 훈련이란 개인의 행동을 개선하려면 개인 자신에 대한 인식은 물론, 형성과 정을 지배하고 있는 자신의 가치의식의 개선이 앞서야 된다는 전제 하에 자신의 행동에 대한 민감성을 높임으로서 행동의 개선을 가져오게 하는 훈련을 말한다.

감수성훈련은 제2차 대전 직후에 행태과학자 레윈(K. Lewin)이 중심이 되어 NTL(National Training Laboratory)의 조직기구를 이용하여 사회지도자들의 교육훈련 방법으로 지도자들 자신의 사회경험을 토의하고 상호 피드백(feedback)한 것이 효시라 볼 수 있는데, 사회지도자들 간의 상호 피드백이 자신들의 자아인식과 기타 교육에 큰 도움이 된 것을 계기로 이 방법이 점차적으로 개인행태개발을 위한 감수성 훈련으로 발전하였고, NTL도 미국의 감수성 훈련의 대표적인 기관으로 발전하게 된 것이다.[22]

---

19) Karl Albrecht, *Organization Development: A Total Systems Approach to Positive Change in Any Business Organization*(Englewood Cliffs, New Jersey: Prentice-Hall, Inc., 1983), pp.135-138.

20) James L. Gibson, John M. Ivancevich and James H. Donnelly, Jr., *Organizations*, 4th ed.(Planos, Texas: Business Publications, Inc., 1982), p.534.

21) W.L. French, *The Personnel Management Process*, 4th ed. (Boston, Massachusetts: Houghton Mifflin Co., 1978), pp.544-552.

1. 감수성 훈련의 목표

감수성 훈련의 목표는 상당히 광범위하나 특히 브래드포드(L.P. Bradford)는 모든 목표가 연관되고 있는 점을 아래 표6-1과 [그림6-8]과 같이 간결하게 보여 주고 있다.[23]

[표6-1] 감수성 훈련의 목표

대상	변화양상
자 아	1. 자신의 감정 반응 및 타인에 미치는 자신의 영향력에 대한 인식의 증대 2. 타인의 감정 반응 및 그들이 자신에 미치는 영향력에 대한 인식의 증대 3. 집단행위의 역할에 대한 인식의 증대 4. 자아, 타인, 집단에 대한 태도의 변화(예: 자아, 타인, 집단에 대한 존경, 관용, 신념의 증대) 5. 개인 간 능력의 증대(예: 생산적이고 만족스러운 관계가 유지되게끔 개인 및 집단관계를 처리하는 수완)
역 할	6. 자신의 조직역할, 조직의 역할, 보다 큰 사회체계의 역할, 그리고 자아, 소집단, 조직에서의 변화과정의 역할에 대한 인식의 증대 7. 자신의 역할, 타인의 역할, 그리고 조직관계 등에 대한 태도의 변화 8. 자신의 조직역할이 상급자, 동료, 하급자와 가지는 관계를 처리하는 데 있어서의 인간관계능력의 증대
조 직	9. 상호의존적인 집단이나 부서에 존재하는 구체적 조직문제를 다룰 수 있 는 인간관계능력의 증대 및 이러한 문제들에 대한 변화된 태도에 관한 인식의 증대 10. 관계에 대한 훈련이나 고립된 개인이 아닌 집단을 통한 조직 개선

〈자료〉 E.H. Schein and W.G. Bennis, Personal and Organization Change Through Group Methods: The Laboratory Approach(New York: John Wiley & Sons, 1965), p.37.

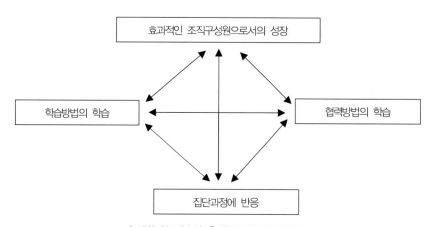

[그림6-8] 감수성 훈련목표의 상호관련성

---

22) E. Huse, *Organization Development and Change*(St. Paul, Minnesota: West Publishing Company, 1975), p.25.

23) L.P. Bradford, "Membership and the Learning Precess," in Bradford, J.R. Gibb and K.D. Benne, *T-Group and Laboratory Method*(New York: Wiley & sons, 1964), p.215.

2. 행태개발의 과정

(1) 참가자의 소집단 구성

감수성 훈련에 참가하는 피교육자들은 10-20명 가량의 소집단을 단위로 참가자들 사이에 친밀한 상호관계가 형성될 수 있는 대인관계실험집단(interpersonal laboratory)을 구성한다. 이러한 인원이 구성되는 방식에는 (i) 참가자들이 서로 알지 못하는 이방인형 실험실 훈련(strange-lab.), (ii) 같은 조직체에 존속되어 있지만 같이 일하지 않는 비동료형 실험실 훈련(cousin-lab), (iii) 같은 작업집단에 속하여 일하는 가족형 실험실 훈련(family-lab)의 세 가지가 있다.

(2) 훈련과정

감수성 훈련은 기획된 목적에 따라서 몇 시간 내지는 1일 정도의 단기과정과 몇 주일 정도의 장기과정으로 다양하게 계획되어 진행될 수 있다. 장기과정일수록 직장에서 떨어져 훈련에 전념할 수 있는 좋은 환경을 갖춘 합숙장소에서 실시한다. 교육내용도 훈련의 강도와 기간에 따라서 다를 수 있지만, 일반적인 내용은 다음과 같다. 즉 (i) 참가자들 간의 상호소개와 상호 간의 친밀한 관계유도, (ii) 개인행동과 집단행동에 관한 행태과학이론 교육, (iii) 문제해결과제를 통하여 참가자들 간의 실제 상호작용 유도, (iv) 상호작용에서 나타난 행동에 대한 참가자들 간의 토의와 자신들 간의 상호 피드백(feedback) 교환, (v) 이론교육, 상호작용경험, 토의, 피드백 교환의 반복 및 정리 등을 들 수 있다. 이상의 교육내용 중에서 가장 중요한 부분은 참가자들 사이의 실제 상호작용과 참가자의 행동에 관한 상호 간의 개방적인 토의 및 피드백이라 할 수 있는데, 이 과정에서 참가자들은 자신의 행동에 대한 이해는 물론 자신의 행동이 타인에게 어떠한 영향을 주고 있는지를 직접 알게 됨으로써 자기 자신에 대한 자아인식을 높이게 된다. 그리고 이 과정이 반복됨으로써 자신의 행동을 지배하고 있는 가치관과 의식구조를 알게 되고, 따라서 자기자신의 행동을 분석할 수 있는 능력을 찾게 된다. 그리하여 행태변화의 과정인 해빙(unfreezing), 변화주입(change), 재동결(refreezing)의 단계를 거쳐 나가게 된다. 그렇지만 감수성 훈련에서는 대체적으로 해빙과 기초적인 변화주입에서 행태변화가 나타나며, 나머지의 실제 행태변화와 새로운 행태의 영구적인 정착은 조직체에서 이루어지는 것이 실질적으로 더 가능하다고 볼 수 있다.

(3) 변화담당자의 개입

감수성 훈련은 참가자를 중심으로 이들이 원하는 행동개선의 선택에 대한 자유를 부여해 주면서 변화담당자의 간접적인 개입역할을 통하여 비구조적인 교육환경 하에서 참가자의 행동개선을 추구하고 있다. 따라서 참여자들 사이에 개방적인 대인관계와 피드백을 자유스럽게 유도하고, 이들 사이의 건설적인 토의와 피드백 교환을 유도하면서 변화담당자 자신의 관찰을 중심으로 피드백도 제공하는 방임적이면서도 효율적인 변화담당자의 간접적인 개입역할이 매우 중요한 것이다. 또한 변화담당자는 참가자로 하여금 종래의 가치의식에서부터 새로운 관점과 새로운 가치의식을 찾게 하며, 이것을 기반으로 새로운 행동을 형성하도록 초점을 맞추고 있다.

3. 감수성 훈련의 효과

위와 같이 설명된 감수성 훈련의 효과에 관해서는 많은 논란이 생긴다. 이 훈련을 지지하는 사람들은 앞에서 말한 목표를 달성하는 데 공헌한다고 생각하지만, 비판적인 입장을 취하고 있는 사람들은 훈련의 성과가 특정조직이 요구하는 것과 별로 관련성이 없다고 한다. 캠벨(J.P. campbell) 등의 학자에 의하면 이 훈련이 행동의 변화를 가져온다는 연구결과를 인정은 하지만, 직무성과라는 측면에서 그러한 훈련의 유용성은 더 검토해 보아야 할 것이라고 한다.[24]

[표6-2] 가치의식의 변환

낡은 가치의식 (old value)	새로운 가치의식 (new value)
인간에 관한 불신개념	인간에 대한 신뢰적 개념
문제를 외면하는 태도	문제를 직면하고 해결하는 태도
무사안일주의	모험적 태도
무관심적 태도	적극적인 태도
경쟁적 적대의식	협조적 의식
권위의식	평등의식
폐쇄적 태도	개방적 태도
직무 중심의 개인능력활용	개인의 전체능력활용
개인 차이에 대한 두려움	개인 차이의 활용
인간의 고정적 개념	인간의 개발성
X이론적 인간관	Y이론적 인간관

〈자료〉 Newton Margulies and Anthony P. Raia, Organizational Development: Values, Process and Technology(New York: McGraw-Hill Book Company, 1972), pp.12-25.

---

24) J.P. Campbell and M.D. Dunnette, "Effectiveness of T-Group Experiences in Managerial Training and Development," *Psychological Bulletin*(August 1968), p.104.

II. 팀 빌딩(team building) 기법

조직 속에 존재하는 다양한 작업집단을 개선하고 그 효율성을 높이려는 개입기법이 팀 빌딩(team building)인데, 이것의 목적은 조직의 공식적인 임무를 수행하는 팀의 구성원들이 협조적인 관계를 형성하여 임무수행의 효율화를 도모할 수 있게 하려는 데에 있다.[25] 팀 빌딩 기법은 작업집단이 기술적인 구성체이며 동시에 사회적인 체제라는 것과 집단구성원들이 공동목적의 달성을 위해 서로 협조하고 힘을 합칠 때 작업집단의 효율성이 비로소 제고될 수 있다는 것, 그리고 집단구성원의 복지가 향상되고 정서적인 욕구가 충족되어야만 작업집단의 유지와 효율성 제고가 가능하다는 것을 가정하는 개입방법이다.

팀 빌딩은 조직발전의 개입관점에서 볼 때 집단행태 발전을 위한 가장 중요한 방법이라 할 수 있는데, 개입촛점에 따라서 집단행태의 개발성격과 형태가 다소 다르다. 흔히 강조되고 있는 팀 빌딩의 개입측면은 집단의 문제진단, 가족 팀 형성, 역할분석 등이라 할 수 있다.

1. 집단문제의 진단회의

집단문제의 진단을 하는 것이 팀 형성의 첫 번째 형태인데, 이 방법은 문제집단의 관리자와 변화담당자가 사전에 당면한 문제를 서로 협의한 다음에 집단구성원들에게 문제를 공동으로 토의할 것을 제의함으로써 시작된다. 집단구성원들이 이 제의에 동의하게 되면 문제진단을 위한 집단회의가 소집되어 변화담당자의 개입 하에 관리자와 구성원들이 모두 개방적인 커뮤니케이션을 통해 자기집단의 문제를 토의하여 문제의 원인을 밝히고, 문제제거를 위한 구체적인 계획을 작성하게 된다. 문제진단에서 자주 노출되는 문제들이라 하면 집단의 계획능력 결여, 자원의 부족, 구성원 간의 협조심 부족, 관리제도의 미비, 기술이나 능력의 미흡 등을 들 수 있다.

2. 가족집단형성회의

이 회의에서는 동일 작업집단 속의 구성원들 사이의 직무배정과 상호 간의 갈등(conflict)이 문제의 대상이 된다. 변화담당자는 작업집단의 구성원들을 개인적으로 면담하고 간단히 설문서도 작성하여 집단행태와 구성원들 상호관계에 대한 실제자료를

---

25) W. French and C. Bell. *Organizational Development* (Englewood Cliffs, New Jersey: Prentice-Hall, Inc., 1973), p.29.

수집한다. 변화담당자는 작업집단구성원들의 면담결과와 설문자료 분석을 중심으로 구성원들 간의 개방적인 토의와 의견교환을 유도하고 설문자료의 분석결과도 피드백(feedback)시켜 주면서 구성원으로 하여금 자신들 간의 근본문제를 인식하고 구체적인 해결방법을 모색하도록 한다. 또한 동시에 구성원들 간의 상호 이해를 높여 주도록 하는 것이다.

3. 역할분석회의

집단구성원의 역할을 둘러싸고 각자의 역할기대(role expectation)와 실제역할행동(role behavior) 간의 차이로 말미암아 구성원들 간에 갈등과 스트레스가 적지 않게 발생할 수 있다. 따라서 역할분석 팀 형성의 근본목적은 구성원 각자의 역할을 명백히 하고 역할에 대한 구성원들 상호 간의 공통된 이해를 조성하려는 것이다. 변화담당자와 집단관리자의 개입 하에 집단구성원들은 각자가 지각하고 있는 자신의 직무와 책임, 그리고 권한의 한계를 요약하여 그 내용을 다른 구성원들에게 제시하고 이들의 기대역할과 비교하면서 이를 공동으로 토의한다. 그리하여 구성원 자신이 제시한 역할명세서를 수정하고 보완하여 구성원 자신이 만족할 때까지 공동토의를 계속한다. 이와 같이 집단구성원들이 각자의 역할에 대하여 모두 이러한 토의과정을 거침으로써 구성원들 간의 통일된 역할지각(role perception)과 역할기대를 유도하고 상호 간의 역할갈등(role conflict)을 제거함으로써 구성원의 직무만족과 집단의 성과를 높일 수 있다.

Ⅲ. 그리드 조직발전(grid organizational development)

그리드 훈련(grid training)은 리더십의 관리 그리드 이론에서 나온 것으로서 어떤 도구를 이용한 실험실 훈련기법 중의 하나이다. 이 기법의 기본목적은 생산에 대한 관심과 인간에 대한 관심을 모두 극대화할 수 있는 리더가 가장 이상적인 리더라는 가정 하에 조직구성원을 대상으로 이러한 이상형의 리더십을 개발하고, 이러한 리더의 행동을 실제성과에 연결시킴으로써 성과지향적인 리더십 행동을 단계적으로 조직 전체에 발전시켜 나가려 하는 것이다.

조직발전기법으로서의 그리드 훈련은 다음의 6개의 단계를 순서적으로 거쳐 나가면서 전체조직행동을 발전시키는 것이다.[26]

1. 실험실-세미나 훈련

참가자들에게 그리드 훈련에 사용되는 전반적인 개념과 자료를 제공해 준다. 감수성 훈련과는 달리 이 세미나에 훈련도구(tool)가 있으며 리더십 스타일에 중점을 둔다.

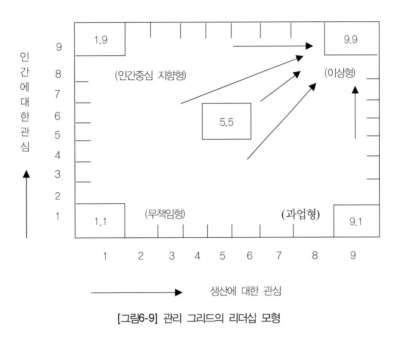

[그림6-9] 관리 그리드의 리더십 모형

〈자료〉 R.R. Blake and J.S. Mouton, The Managerial Grid(Houston:Gulp Publishing Co., 1964), p.10.

2. 팀 발전(team development)

이 단계는 1단계의 확장으로, 같은 부문의 구성원들이 어떻게 그리드상에서 9.9의 위치를 달성할 것인가를 함께 논의하는 단계이다. 그리고 오리엔테이션에서 배운 것을 실제로 조직이 처하는 상황에 적용시킨다.

3. 집단간 발전(intergroup development)

앞의 두 단계가 주로 관리발전을 목표로 하는 반면에, 이 단계는 전반적인 조직발전의 시초로서 집단 간의 갈등상황을 확인, 분석한다.

---

26) R.R. Blake, J.S. Mouton, L.B. Barnes and L.E. Greiner, "Break-through in Organizational Development," *Harvard Business Review*(November-December 1964), p.134.

4. 조직목표의 설정

목표를 설정함에 있어서 구성원들을 참여시켜 그들의 참여의식을 제고시키고 목표의 설정에 공헌하도록 한다.

5. 목표달성의 노력

설정된 목표를 달성하려고 노력하는 단계인데, 여기서는 구성원들이 협동해서 주요한 조직의 문제를 토론하고 해결하도록 한다.

6. 안정화 단계

최종단계에서는 처음에 제시된 변화를 위한 지원이 이루어지고, 전반적인 프로그램에 대한 평가가 행해진다.

이상과 같은 6단계를 실행하는 데에는 3-5년의 장기간이 투입되고 있으나, 어떤 경우는 이보다 훨씬 적게 걸릴 수도 있다. 그리드 조직발전과정에서 변화담당자는 각 단계에서 세미나 강의를 비롯하여 문제해결집단을 지도하고, 집단간의 문제해결을 유도하며, 조직의 변화에 참여적 행동을 조성하는 등 여러 가지 개입역할을 수행함으로써 그리드 조직발전의 성패를 결정하는 중요요인으로 작용하게 된다.

이러한 그리드 훈련기법은 일반적으로 좋은 결과를 나타내기는 하지만, 방법론이 명확하지 못한 점에 대해서는 적지 않은 비판이 있다.

제 6 절 조직발전의 문제점

지금까지 조직에서 흔히 사용되고 있는 조직발전의 전략에 대해 살펴보았다. 이들 기법들은 1960년 이래 지금까지 오랜 기간에 걸쳐서 선진국의 사기업에서 주로 많이 활용되어 왔으며, 1980년대에 이르러서는 몇몇 선진국의 공공기관[27]과 우리 나라의 사기업에서도 시도되고 있다. 그러나 이러한 조직발전을 행정조직에 적용할 때에는 여러 가지의 문제점이 나타난다. 따라서 골렘비우스키(Golembiewski)는 다음과 같이 미연방정부가 조직개선에 OD를 적용할 때에 일어나는 문제점을 지적하고 있다.[28]

그러나 이러한 문제점 때문에 OD가 연방정부에 전혀 적용될 수 없다고 하는 것은

---

27) David H. Kiel, "An Organizational Development Strategy for Policy Implementation: The Case of North Carolina State Government," *Public Administration Review,* Vol. 42, No. 4(July-August 1982), pp.375-383.
28) Robert T. Golembiewski, *op. cit.,* pp.368-376.

아니고, 이를 극복하기 위해서는 행정학자를 OD의 훈련관으로 임명해야 한다고 주장하고 있다.

I. 제도적 측면에서의 문제점

사기업 조직에 비하여 정부조직은 대체로 다음과 같은 세 가지의 난점을 지니고 있다.

1. 복수적 접근(multiple access)

행정조직에는 정책결정처에 접근할 길이 너무나 많기 때문에 조직발전의 훈련효과를 사기업체 같이 얻을 수 없다는 것이다. 예컨대 입법부의 각 분과위원회, 매스 미디어, 이익단체, 특별히 보호받고 있는 행정관서들은 상호연관적인 영향력을 행사할 수 있다.

2. 이질적 다양성

행정기관에서 OD계획은 제각기 상반되는 이익, 보수제도, 가치체계를 가진 다양한 사람들 혹은 집단을 대상으로 해야 한다. 이것이 OD계획의 효과를 감소시키는 원인이 된다.

3. 명령계통(command linkage)의 다양성

미국 행정기관의 명령계통은 통일성이 결여되어 있어 OD의 집행에 적지 않은 장애가 된다. 특히 미국 행정부에서 정무관과 직업관료와의 연계가 약하여 OD가 크게 실효를 거두지 못하게 된다는 것이다.

II. 행정관례적 측면에서의 문제점

1. 부실한 권한의 위임

중앙집권적인 정책결정과 일선업무의 위임, 그리고 짧은 명령계통의 유지는 OD의 목적을 성취하는 데 장애요인으로서 고려될 수 있다.

2. 법률적 관례의 강조

행정업무는 다분히 법의 규정에 의거하여 집행된다. 또 공무원의 신분, 보수 등은 법에 의하여 규정되므로 OD의 목적을 성취하는 데 부적당하게 된다.

3. 공적 비밀의 유지

이는 개방성을 요구하는 상술한 OD의 목적성취와 위배될 수 있다.

4. 공무절차상 규칙성의 강조와 조심성

행정절차는 지나친 규제와 규칙에 따라야 한다. 이는 당연히 OD의 목적의 달성을 힘들게 한다.

5. 전문적 관리인(professional manager)

이 개념이 행정조직에는 아직 덜 발달되어 있고 인사정책에서도 그렇게 되어 있으므로 상술한 OD의 목적달성이 힘들게 된다.

제 7 절 조직발전의 성공을 위한 조건 및 조치

조직발전이 성공하기 위해서는 다음과 같은 조건과 기술 및 절차가 뒤따라야 한다.

첫째, 조직의 내부와 외부에서 조직 내 인간관계의 향상을 위한 강한 압력이 있어야 한다.

둘째, 조직의 장은 조직의 진단을 하기 위해서 외부에서 자문관을 초빙하여 조직진단을 받는 것이 좋다.

셋째, 조직발전의 방향은 조직장이 원하는 문제가 충족되도록 시도되어야 한다.

넷째, 조직발전은 주요 고객집단과 자문관의 협동으로 이루어지나 역시 조직의 상부부터 착수를 해야 한다. 그리하여 먼저 조직의 문화(분위기)의 개선에 주력하여 조직의 하부구성원들이 조직의 목표달성에 적극 협조하도록 하여야 한다.

다섯째, 조직의 장을 포함하여 2-3명의 관리층 인사가 먼저 실험실식 훈련(T-group)을 받는 것이 효과적이다.

여섯째, T-group의 참여는 제한 없는 자원방식으로 한다. 관리층 인사에 대해서는 강제가 잘 들어먹지 않는다. 그리하여 새로 승진하여 관리층 인사가 된 사람들을 T-group훈련에 불러들이면 효과적이다.

일곱째, 팀(team) 형성훈련에 관리층 인사와 조직의 장을 같이 참여하게 한다. 훈련은 조직의 상층부부터 착수하는 것이 이상적이다.

여덟째, 조직이 매우 큰 기업체로서 인사담당관이 있는 경우에는 이 인사담당관 혹은 인사담당 부사장이 먼저 이 훈련에 참여토록 한다. 이렇게 함으로써 이들에게 나중에 설득력이 생긴다.

아홉째, 조직발전을 조정하기 위하여 두 종류의 조직관계가 형성된다. 하나는 인사담당관과 협조하는 조정관이고, 다른 하나는 조직장에게 보고하는 조정관이다. 이 같은 조정관은 다른 종류의 활동을 조정하는데 좋은 위치에 서게 된다.

열째, 보수제도를 관장하는 인사담당관이 OD사업을 맡는 것이 중요하다. OD담당관은 급격한 조직의 변화를 촉진하는 중재인의 역할을 한다. 만일 OD집단과 인사 혹은 노동담당관과의 갈등이 있을 때에는 이를 해소하여야 한다.

열한째, 조직장의 요청에 의한 팀 형성훈련은 점차 하부조직으로 내려가며 전개되어야 한다.

열두째, 이상적으로는 OD사업이 성숙함에 따라 인사담당관과 계선조직장이 스스로 내부 및 외부인사의 도움으로 사업을 추진해야 한다.

열셋째, OD자문관도 수시로 자신의 효율성과 진단술 등을 검토해야 한다. 그렇게 해야만 그들의 설득력이 향상된다.

열다섯째, 이것을 하기 위해서는 언제나 OD의 결과에 대한 분석, 평가를 해야 한다. 특히 당초 발견한 조직의 문제가 해결되었는지의 여부를 검토해야 한다. 또 조직구성원의 태도상에 얼마만큼 변화가 이루어졌는지도 평가해야 한다.

열여섯째, 그리하여 보수제도 기타 인사절차가 조직발전의 결과에 따라 조정되어야 한다. 이 같은 보수제도에 상여제도가 수반되지 않고서는 OD는 소기의 목적을 달성할 수 없다.

제 8 절 한국행정조직에서의 조직발전 기법

OD의 기법이 과연 한국 행정조직에서 어떠할지를 검토하는 것은 그다지 쉬운 일은 아니다. 왜냐하면 아직껏 우리 행정조직에서 OD가 실행되지 않았으므로 그 효용을 왈가왈부할 수 없기 때문이다. 여기에서 우리가 할 수 있는 한국 행정조직과 정책형성의 특색을 가정하여 그에 기초한 OD의 효용을 예상하는 것이다. OD에 관하여 깊이 연구한 프렌치(French)교수는 OD의 성패는 조직이 지니고 있는 특성에 따라 다르다고 말한다. 예를 들어 생산위주의 기업체는 순전한 자동차조립공장보다는 OD가 성공할 가능성이 크다고 말한다. 그 이유는 전자가 보다 참여적이고 개방적이기 때문이라고 한다.[29] 따라서 한국행정조직의 특색, 특히 정책결정이 권위주의적이고 중앙집권적이며 폐쇄적으로 이루어지는 우리와 같은 상황하에서는 OD가 효용을 거두기가 사실상 곤란한 실정이다.

그러나 다음과 같은 점에서 한국에서도 조직발전 사업이 마땅히 실행되어야 한다고 본다.

1) OD제도가 처음으로 활용된 곳은 미국의 경우 켈리포니아 주정부와 코네티컷 주정부였다. 그런데 이 조직에서 OD가 처음으로 실시된 이유는 행정조직에서 OD의 필요성이 충분히 인정되었기 때문이다.

2) 실제 OD으 효용은 Esso회사를 비롯한 수많은 사기업체에서 입증 되었으나, 그것은 이러한 사기업체가 후하게 제공하였던 여러 가지 여건 때문이라고 본다. 우리 나라와 같이 갖가지 행정개선이나 행정역량의 향상을 위하여 애쓰고 있는 처지에서 OD는 행정기술 또는 관리기법과 마찬가지로 반드시 실험 및 실시해 볼 필요가 있다고 본다.

3) OD는 무엇보다도 계획된 조직변화라고 하는 측면에서 볼 때, 그 효용이 크게 기대된다. 다시 말해서 OD는 행정개혁보다 본질적으로 행정인과 그의 인간관계를 바꾸어 조직을 발전시키는 행정기술로 볼 수 있는 것이다.

그러나 조직발전제도(OD)를 한국에서 실시할 경우에 다음과 같은 조건이나 제도가 뒷받침되어야 하겠다.[30]

1) 한국 행정조직에서의 그룹의 중요성 또는 집단역학의 연구가 기루어져야 하겠다. 이는 단지 규범적인 면의 강조가 아니라 집단과 집단역학(dynamics)에 관한 실증적인 연구가 행해져야 한다는 것이다.

2) 조직이 보다 개방성을 띠어야 한다. 조직이 개방성을 띠기 위해서는 의사소통이 보다 상하, 좌우로 비교적 자유롭게 이루어져야 한다. 또한 상관과 부하 사이의 불신감이 없어져야 되겠다. 그리고 동료 사이의 불신도 없어야 완전한 의미의 개방적인 커뮤니케이션이 이루어질 수 있다. 이를 위한 제도적, 정책적 내지는

---

29) Wendell French, "Organization Development: Objectives, Assumptions and strategies," in N. Margulies and A. Raia, *Organization Development:: Values, Process and Technology*(New York: McGraw-Hill, 1972), p.33.

30) 유종해. "조직의 정책론적 개선방안: 조직발전의 개념 및 효용," 「연세행정론(제3장」(1976), 37-49면과 이봉기, "조직환경의 변화에 따른 조직발전의 연구,"(연세대학교 행정대학원 석사논문, 1985)

문화적인 시도가 필요하겠다.

3) 조직에 관한 사회심리학적인 연구가 이루어져야 하겠다. 이 경우에 서구 여러 나라에서 개발된 사회심리학적인 이론을 한국 행정조직에 적용할 수 있는 면과 없는 면으로 나누어서 연구를 실시할 필요가 있는 것이다. 그 이유는 서구사회의 사회심리학은 원칙적으로 개방사회를 가정하고 있는바, 우리의 경우 그들과는 정치문화면에서 많이 다르다고 보기 때문이다.

4) OD가 한국 행정조직에서 성공을 거두려면 무엇보다도 조직의 상층부, 관리층 또는 조직장의 이해와 협조가 가장 중요하다. 조직의 장이나 관리층이 서로 협조하지 않고서는 OD는 전혀 그 목적을 달성할 수 없는 것이다. 따라서 이들에게 OD의 필요성과 중요성을 계몽하는 것이 바람직하다.

5) 조직발전은 앞에서 말한 바와 같이 정책결정의 절차와 비슷한 절차를 따르고 있기 때문에 OD의 강조는 정책결정의 과학화와 같은 말이 된다. 따라서 우리 나라 행정의 정책결정이 과학화되기 위해서도 OD는 강조되어야 하겠다. OD가 궤도에 오르면 정책결정도 과학적 수준에 도달하는 것이 된다. 이와 아울러 정책과학 (policy science), 체제이론(system theory), 체계접근법(system approach)의 연구가 권장되어야 하겠다.

끝으로 OD계획을 정부가 추진하기 위해서 사회심리학의 배경과 행정학의 교육을 받은 사람을 OD담당관으로 행정자치부 같은 곳에 임명, 배치하여 OD의 기술을 배양, 계몽하는 것이 바람직하겠다.

8
행정윤리

제 1 절 행정윤리의 문제제기

행정윤리는 행정행위에 요구되는 가치기준으로서 공직윤리나 행정이념과는 거의 같은 개념으로 쓰이는가 하면 나아가서는 행정이론을 반영하는 개념으로까지 사용된다. 특히, 최근의 행정학의 흐름에서, 기존의 실증주의적 연구의 문제점과 한계문제가 지적되면서 새로이 규범적인 측면의 연구가 강조되는 것을 감안하면 윤리와 이념 및 이론은 분리해서 논의하기가 어려울 정도로 밀접히 관련되어 있는 것이라 볼 수 있다.

물론 윤리가 행동규범을 다루는 차원에서 보다 직접적이라고 할 수 있으며, 이에 반하여 이념은 사고방식을 다루는 차원에서 좀 더 간접적이라고 할 수 있다. 그리고 이론은 현실을 설명한다는 차원에서 좀 더 객관적이라고 할 수 있다.[1]

그러나 사고와 행동 그리고 이를 설명하는 이론은 별개의 것이 아니다. "나는 생각한다. 고로 존재한다"는 데카르트의 명재가 "나는 행동한다. 고로 존재한다"는 오리온 화이트의 명제는 그 어느 것도 부정할 수 없는 이론이기 때문이다.

그러나 행동과 사고와 이론은 각각 특이한 면을 갖는다. 윤리는 어디까지나 행동의 기준에 비추어서 판단되는 가치의 문제이고 이념은 이러한 가치 속에 특별한 이미지를 포함한다. 그리고 이론은 이러한 '사실'을 설명하는 것으로서 그 자체가 이러한 가치와 이미지를 함축하고 있다.

이러한 점을 염두에 두고 그동안 저자는 그간 행정에 있어서 윤리의 문제에 대한 연구결과들을 나름대로 축적하여 왔다.[2] 91년도의 저자의 논문을 통하여 행정학에서

---

1) 유종해, 「현대행정학(제3전정판)」(서울: 박영사, 1988), 168-180면.
2) 행정윤리에 대한 서설적 문제에 관해서는, 유종해, "행정학에서 윤리문제의 제기와 행정이념," 「사회과학론집 (연세대 사회과학연구소)」 제22집(1991), 35-56면을 참고할 것. 행정윤리의 소극적 측면인 부패문제에 관해서는 유종해, "행정윤리와 부패," 「사회과학론집(연세대 사회과학연구소)」 제23집(1992),65-82면을 참조.

윤리문제연구의 필요성, 행정이념과의 관계 등을 서설적으로 살펴보았으며, 92년도의 글을 통해서 행정윤리의 소극적 측면인 부패문제를 살펴보았다. 이러한 연구의 연장선상에서 본문에서는 행정관리의 맥락에서 행정윤리의 문제가 다루어져야 할 제도적인 측면을 체계적, 비판적으로 살펴보기로 한다.

현 시점에서 행정윤리의 제도적인 측면을 살펴보는 것은 다음과 같은 적실성을 갖는다. 즉, 문민정부 이후로 일어난 개혁의 바람은 공직사회의 근본적인 변화를 요구하게 되었고, 이에 새롭게 강화, 개편된 공직자 윤리법은 기존의 소극적, 역기능적 측면을 보완하여 새 모습을 갖추게 되었다. 이에 따라 일련의 재산공개 절차가 진행되었고, 그 어느 때보다 공직자의 올바른 윤리관 확립이 강조되고 있는 요즈음 공직윤리의 확보라는 적극적 측면의 여러 제도들을 살펴보는 것은 매우 의미 있는 작업이 될 것이다.

이에 다음에서는 우선 용어상의 혼란의 가능성이 있는 행정윤리와 공직윤리의 개념문제를 다루고, 이어 행정윤리 확보를 위한 제반 제도적 조치들의 형태를 알아보기로 한다. 이 과정에서 새로 보완된 공직자 윤리법의 내용을 검토하며, 선진국이라 할 수 있는 미국, 독일, 영국의 제도와 우리나라와 비슷한 여건을 가지고 있다고 할 수 있는 자유중국, 싱가포르, 필리핀, 인도의 제도를 간략하게 알아본 뒤, 그 결과를 토대로 행정윤리 확보를 위한 우리나라의 제도상의 문제점을 지적하고 바람직한 확보전략을 구상해 보기로 한다.

제 2 절 행정윤리와 공직윤리

공직윤리는 공무원의 직업윤리로서 비공무원의 직업윤리와 구별되는 개념이다. 비공무원의 직업윤리는 각 전문직업에 따라서 확보되어 있는데, 예컨대 의사의 직업윤리, 종교인의 직업윤리, 기업인의 직업윤리 및 전문기술자의 직업윤리 등이 그것이다. 그런데 공직은 거의 모든 전문직업을 망라해서 구성되어 있을 뿐만 아니라 국회의원이나 판사, 경찰, 소방관, 군인 등 민간에는 없으나 공직에만 유일한 전문직업이 대단히 많다. 따라서 공직윤리는 각 전문직업으로 구성되어 있는 공직에 공통되면서도 특유한 직업윤리를 바탕으로 요구되는 공무원의 행동 규범이다. 공직에 공통되는 요소는 공직이 바로 공익을 추구한다는 점이고, 이에 특유한 직업윤리는 한마디로 국가에 대한 충성과 국민에 대한 봉사라고 할 수 있다. 이러한 충성과 봉사의 구체적인 기준과 방법이 행정이념과 윤리로 표현되는 것이다.

여기서 우선 논의의 대상이 되는 공무원을 살펴보면, 넓은 의미에서 공무원은 군인(military service)을 포함하지만 좁은 의미에서는 통상 민간공무원(civil service)에 한정된다. 이는 다시 정부구조의 논리에 따라서 행정부 공무원 외에 입법부와 사법부의 공무원, 선거직 공무원과 임명직 공무원 그리고 임명직 공무원의 경우에 국가 공무원과 지방 공무원 등으로 구분된다. 이론상 공직윤리와 행정윤리는 이상에서 살펴본 모든 공무원에게 해당되는 것이지만, 논의의 편의상 좀 더 특수한 행동규범이 요청되는 군 공무원을 제외 시키기도 하고, 일반적으로는 주로 임명직 행정부 국가 공무원에게 초점이 맞추어지기도 한다.

공직윤리가 공직자에게 요구되는 행동규범이라면 행정윤리는 행정 외에 요구되는 가치기준이라고 할 수 있다. 그러나 양자의 차이는 행정의 개념정의에 따라 달라진다. 즉, 행정을 정부 이외의 일반조직에서도 나타나는 보편적인 현상으로 파악하면 공직윤리는 행정이론에 포용되는 개념이 되어야 할 것이다. 그러나 행정을 공공 또는 정부의 조직, 관리의 문제로 한정하면 양자는 같은 개념이 된다. 그리고 일반적으로는 정부의 조직관리 문제를 행정으로 표현하고 회사 등의 조직관리 문제를 경영으로 표현하고 있으므로 여기서는 공직윤리와 행정윤리를 같은 개념으로 사용하기로 한다.

제 3 절 행정윤리확보를 위한 법적 그리고 제도적 장치

정부는 행정목적에 부합되고 기여할 수 있는 공무원을 필요로 하고 있으며, 부관된 업무를 수행하고 공무원으로서의 품위를 유지하기 위하여 높은 수준의 윤리적 행동을 기대한다.

공직의 윤리적 기대는 공무원의 시민으로서의 자유와 권리를 제한하는 결과를 가져오므로 민주주의적 원리에 위배된다는 이론이 있으나, 공무원 관계의 특별권력 관계적 성격과 공직의 특수성에 의하여 현대 민주주의 국가에서는 일반적으로 공무원의 윤리적 기준을 법제화하는 현상을 보이고 있다. 그러나 공무원에게 부과되고 있는 윤리기준의 내용과 행동규범은 국가마다 다소 다르다.

공무원의 윤리적 행동을 확보하기 위한 통제수단은 복합적으로 채택할 필요가 있다. 이를 크게 법규적 수단과 자율적 수단으로 나눌 수 있다.

Ⅰ. 법규적 윤리확보 수단

행정윤리는 앞서 살펴본 민주성과 합리성 및 자주성의 행정이념을 기준으로 하여 이를 적극적으로 실현하고 고양하는 측면과 이를 소극적으로 위반하지 않는 측면으로 나누어서 살펴볼 수 있다.

행정윤리와 관련하여 일반적인 문제가 되는 부정, 부패, 부조리 및 직권남용이나 무사안일 등은 소극적인 측면에서 행정이념을 위반한 것이 된다. 이러한 측면에만 관심을 집중하면 부정적인 관점을 형성하고, 공직이 기여하는 긍정적인 측면을 무시하고 또한 행정이념을 구현하는 공직윤리의 적극적 측면을 간과하게 된다.[3]

행정이 소극적으로 민주성과 합리성 및 자주성의 행정이념을 위반하지 않는 것도 중요하지만, 적극적으로 이를 고양하고 실현하는 것은 더욱 중요하다. 특히 국가발전의 과제를 추진하는 중심역할을 하는 행정인으로서는 이러한 기준의 실현정도가 곧 발전의 척도가 된다고 하는 점을 주목하여야 할 것이다.

물론 민주화, 합리화 및 자주화의 문제는 행정뿐만 아니라 정치, 경제, 사회, 문화 등의 행정환경의 문제이기도 하며 모든 영역에서 계속 고양해 나가야 할 중요한 가치이다.

로어(J. Rohr)는 관료들이 재량권을 통해서 사회를 통치하는 과정에 참여하는데 민주사회에서 선거권자에게 책임지는 일 없이 통치한다는 것은 심각한 윤리문제를 제기한다고 하였다.[4]

그러나 공직윤리는 선거에 의해 선출되지 않은 공직자에게만 요청되는 것이 아니라 선거에 의해 선출된 공직자에게도 더욱 절실히 요청되며, 나아가서 공직윤리가 확립되지 않는 한 사회윤리 또한 기대할 수 없는 것이다.

이러한 차원에서 국가공무원법과 공직자윤리법 및 공무원의 취임선서나 윤리헌장 등의 법규와 시책에서 강조하고 있는 행정윤리의 구체적인 내용과 기능을 살펴보면 다음과 같다.

1. 국가공무원법

국가공무원법[5]에 의하면 공무원은 법령을 준수하고 민주적이고 능률적으로 창의와

---

3) O. Glen Stahl, *Public Administration,* 7th ed. (Harper & Row, 1983), pp.383-385.
4) John A. Rohr, 3Ehtics for Bureaucrats (New York: Marcel Dekker, 1978), p.15.
5) 국가공무원법 제56조-제66조.

성실로서 맡은바 책임을 완수하여야 한다는 성실의 의무, 협동의 원리에 기초한 소속 상관의 직무상의 명령에의 복종의 의무, 직무이탈금지의 의무, 친절·공정의 의무, 비밀엄수의 의무, 청렴의 의무, 품위유지의 의무, 영리업무·겸직·집단행위·정치운동의 금지의 의무를 규정하고 있다. 또 공무원이 외국정부로부터 영예 또는 증여를 받는 경우에는 대통령의 허가를 받아야 하는 것도 규정되어 있다.

국가공무원법에서 규정하고 있는 이러한 행동규범은 예컨대 복종의 의무나 품위유지의 의무 또는 비밀엄수의 의무 등과 같이 대체로 잘 지켜나가는 것도 있으나 반면에 청렴의 의무나 친절·공정의 의무와 같이 대체로 잘 지켜지지 않는 것도 있다. 그러나 이 규정은 대부분이 당위적인 규정으로서 공직에만 특이한 것은 영예 등의 수령 규제와 정치운동의 금지 및 집단행위의 금지 등이고, 대부분은 모든 전문직업에 공통되는 상식적으로 당연한 행동규범이라고 할 수 있다.

2. 부정청탁금지법

1997년 외국공무원들에게 뇌물을 주는 것을 방지하기 위하여 OECD에서 최초로 '국제상거래 에 있어 외국공무원에 대한 뇌물제공행위방지협약'을 제정했다. 세계적으로 반부패라운드가 조성되었고 국제적 반부패 기준과 투명성이 요구되었다. 우리나라도 이에 따라 1999년 '국제상거래뇌물방지법'을 제정해 국제적 부패라운드에 동참했다. 그러나 우리나라는 각종 관의 규제에 대해 인허가와 부정청탁이 판쳤고 연고주의와 레드테이프가 부패의 싹을 키웠다. 특히 선물문화라는 잘못된 관행이 수백 년 동안 내려왔다. 이와 같은 부패문화로 인하여 합리적이고 정상적인 국가행정이 발전할 수 없었고 부패 병은 치유할 수 없는 상태에까지 이르게 됐다. 이에 정부는 새로운 정부입법안을 제출했는데 그것이 김영란법 이라고 불리는 '부정청탁 및 금품 수수 금지법'이다.

이 법안을 보면 1회 100만원(연300만원)을 초과하는 금품을 수수하면 3년 이하의 징역이나 5배 이하의 벌금을 받게 된다. 100만 원 이하일 경우 직무관련성이 있을 때에만 금품가액의 2배에서 5배 이하의 과태료를 부과하도록 하고 있다.

가족의 경우에도 공직자직무와 관련하여 금품을 받을 경우에 처벌하도록 하고 있다. 공직자가 직무와 관련하여 100만원이 넘는 금품을 받은 사실을 알고도 신고하지 않으면 처벌받도록 하고 있다. 또한 공직자는 법에서 규정한 인허가, 처벌감경, 채용 승진 등 인사, 계약, 직무상비밀누설, 평가 감사, 단속, 징병검사 등의 부정청탁을 받아

직무를 수행하면 형사 처분 받도록 하여 반부패의 기초를 다졌다고 본다.

또한 이법은 공직자만이 아니라 언론사 종사자, 사립학교 유치원의 임직원, 사학재단 이사장과 이사가 직무관련성이나 대가성에 상관없이 본인이나 배우자가 100만원을 넘는 금품을 받으면 무조건 형사처벌 받도록 하고 있다. 법 적용대상은 가족범위를 배우자로 한정하여 법적용대상이 1800만 명에서 300만 명으로 줄어들어 과잉 입법논란을 불식시켰다.

그러나 이 법을 두고 여러 가지 논란이 있다.

첫째, 선출직공직자, 정당, 시민단체 등이 공익적 목적으로 제3자에게 고충민원을 전달하거나 법령개선을 제안하는 경우에는 적용을 배제하고 정치인에 대해서는 예외적인 조항을 만들었다는 비난이 쏟아지고 있다.

둘째, 사립학교 교직원과 언론사 종사자에까지 적용범위를 넓혀 규제하고 있는 것은 교육의 특수성이나 언론취재 활동의 위축을 가져올 수 있다는 논란이 제기된다. 이로 인하여 검찰권이 비대해지고 일부 비판언론에는 표적수사의 대상이 될 수 있다는 것이다.

셋째, 시민단체나 변호사,의사, 관세사, 변리사, 세무사, 회계사 등 전문직종사들이 부정청탁금지법 대상에서 빠져 있어 형평성논란이 제기되고 있다. 이들 직역종사자들은 관료나 정치권에 부정청탁이나 로비가능성이 있을 수 있는데 이들 직역 군을 제외시킨 것은 법의 상당한 하자라고 볼 수 있다. 최근에 선물수수범위를 5만원으로 정해 농림축산인 소상인에게 피해를 줄 수 있다고 경제단체들이 들고 일어났다. 이들은 부정청탁법시행령이 그대로 시행될 경우 소매업, 음식점업 등 소상공인 업계는 연간 2조6000억 원의 피해가 발생할 것으로 보았고 업체당 월평균 매출이 31만원 감소할 것이라고 주장했다. 또한 선물을 업종 구분 없이 일률적으로 규제하는 것은 선물 매출 중심의 농축수산물유통과 화훼, 음식점 업계 피해가 크다며 반발하고 있다. 결국 업계 주장대로 국민들의 소비심리 위축과 내수침체 가속화가 될 것인지 아직 판단하기 어렵지만 관련업계나 시민단체들의 합의를 통해 적절한 범위를 정해야 할 것이다. 또한 정치인이나 전문가를 제외시킨 것은 커다란 문제라고 본다. 이들을 포함시켜 법의 실질적 실효성을 제고할 수 있도록 해야 할 것이다.

이 법을 통해 부정청탁과 비정상의 대한민국 환부에 메스를 가할 수 있는 기폭제가 되길 바란다.

Ⅱ. 자율적 윤리확보수단

1. 공무원윤리헌장의 제정

전통적 윤리규범에 따라 정부수립 이후 최초의 공무원윤리규범으로서 1961년 9월 제정된 전문 7개 조항의 「공무원윤리강령」과 1969년 개정과 더불어 제정된 전문 3개 조항의 「공무원신조」는 그 내용이 너무 포괄적이고 추상적일 뿐만 아니라 정신적 이념과 역사관이 부족하여 공직윤리관을 정립하고 새 시대를 선도해가야 할 공무원의 나아갈 바를 제시하여 주기에는 미흡한 점이 많았다. 따라서 정부는 1980년 12월에 모두 공무원들의 생활신조이며 정신지표가 될 「공무원윤리헌장」을 제정, 시행하게 되었다.

공무원윤리헌장은 크게 전문·본문·신조로 구성되어 있으며 <전문>에서는 민족적·국가적 차원에서 공무원에게 주어진 사명과 공무원으로서 갖추어야 할 기본적인 덕목을 밝히고 있고, <본문>에서는 공무원이 겨레의 소명에 따라 준수해야 할 정신적 지표를 국가과업의 분류에 따라 항목별로 설정하고 있으며, 공무원의 <신조>에서는 위와 같은 철학적·정신적 이념을 실천하는데 필요한 행동지침·실천덕목을 제시하고 있다.6)

이와 같은 행정윤리의 내용은 법규와 선서 및 윤리헌장 등에서 반복하여 강조하고 있으나 거의 모든 내용이 추상적이거나 형식적인 차원을 벗어나지 못하고 있다. 그에 따라서 행정윤리를 확립하기는커녕 오히려 행정윤리와 이념만 모호하게 만들었을 뿐만 아니라 나아가서는 행정윤리와 이념에 대한 불신을 조성하는 결과를 초래하였을 뿐이다.

이와 같은 문제에 대하여 우리는 다른 곳에서 논의한 민주주의·합리주의·민족주의를 중심으로 하는 행정학의 이념과 윤리를 연구하고 정립함으로써 해결책을 모색하여야 할 것이다. 그리하여 소극적으로는 1948년 정부수립 이후로부터 지금까지 문제가 되고 있는 부정부패, 비리, 부조리 등의 공직과 관련된 비윤리적인 행태를 근절할 수 있을 것이며, 적극적으로는 보편적인 행정이론에 따라서 행정이 민주성과 합리성 및 자주성의 이념을 실천함으로써 그 사명을 다하도록 하여야 할 것이다. 특히 종래에 강조되었던 합리성의 이념에 따라 합법성, 경제성, 능률성 및 효과성 등의 가치를 더욱 강조하고, 이를 자주성의 바탕위에서 추구해야 하는 것이 변화하고 있는 행정환경에 효과적으로 대처하는 길이 될 것이다.

---

6) 공무원 윤리헌장의 전문은 총무처 발행, 「공무원의 길」1981년, 6면 참조

2. 인사행정적 조치

행정윤리는 공직을 구성하고 있는 공무원들의 가치규범으로 행정의 분과 중에서도 특히 인사행정적 측면과 밀접한 관계를 가지고 있다.

(1) 공무원의 신분보장

공무원에게 있어서 신분보장이란 공무원이 그의 의사에 반하여 퇴직을 당하거나 불이익한 처분을 받지 않는 것을 의미한다. 따라서 신분보장이란 공무원의 직업적 안정을 확보하여 근무의욕과 사기를 제고하고[7] 행정의 일관성과 전문성 및 능률성을 유지하고 향상시키며 공무원이 그에게 맡겨진 임무를 다하게 하고 창의적이고 능동적으로 일하게 하는 조건이 구비되었을 때 공직윤리는 확립될 수 있는 것이다. 그러나 신분보장이 너무 강하면 통제하기가 어렵고 신분보장이 미약하면 공무원은 자율성을 잃고 행정은 형식주의화 할 뿐더러 창의적이고 능동적인 역할을 기대하기가 어렵다.

우리나라의 국가공무원법에 '공무원은 형의 선고, 징계처분, 또는 법이 정하는 사유에 의하지 아니하고는 그 의사에 반하여 휴직, 감원 등 또는 면직을 당하지 아니한다'고 규정하고 있는바[8] 이는 공무원의 신분보장의 원칙을 선언한 동시에 그 한계를 제시한 것이다. 일반적인 공무원의 신분보장을 제한하는 제도는 징계제도, 감원제도가 있다.

징계제도는 가장 강력한 부정적 제재수단으로서 공무원의 신분과 중대한 관계가 있으므로 민주적 입장에서 행정능률, 사기의 향상에 기여하도록 법규를 정비하여 불필요한 조항은 폐지 또는 수정하여야 한다.

정년퇴직제도에는 연령정년제도, 근속정년제도, 계급정년제도, 선택적 정년퇴직제라 할 수 있는 명예퇴직제가 있다. 정부는 정년퇴직자에 대하여 최대한 인도적 배려를 하여야한다. 그럼으로써 공무원이 현직에 근무하는 동안 안심하고 직무에 전념할 수 있으며 결과적으로 공직윤리도 제고될 수 있는 것이다.

감원이란 정부조직의 사정변동이나 예산감축 등으로 일부 공무원이 필요없게 되어 퇴직시키는 것을 말한다. 감원은 공무원의 자발적 퇴직이나 비위에 의한 면직과는 구별되며 전적으로 정부의 사정에 의한 일방적이고 강제적인 퇴직이므로 정부가 책임을 지는 수단이 강구되어야 한다.

---

7) 안해균, 「현대행정학」(서울: 다산출판사, 1987), 606면.
8) 국가공무원법, 제73조 제2항.

(2) 보수수준의 현실화

보수는 공무원의 근무에 대한 대가이며 공무원의 생활수준을 결정하게 되는 보수가 생계를 유지하는 데 불충분하고 비합리적인 경우, 불공평하거나 공무원 근로의 재생산 비용을 보장하지 않는 경우 사기와 능률이 저하되고 인간관계가 악화되며 부정부패를 초래할 가능성이 높아진다. 특히 공무원윤리의식 실증조사에서 하급공무원의 부정부패의 가장 큰 원인으로 기본생계비의 부족을 들고 있음을 통해 알 수 있듯이 경제적 생활수단으로서의 보수가 극히 중요한 의미를 가진다.[9]

즉, 인간의 기본적 욕구인 생리적 욕구가 충족되지 않은 상태에서 공무원의 근무의욕과 사기는 저하될 수밖에 없고 부정과 부조리의 유혹에서 공무원이 벗어나기는 어려우므로 부정부패는 당연한 결과물이 되는 것이다.

제 4 절 외국의 공직윤리법과 제도

어느 국가를 막론하고 공직 내의 부정부패 현상은 정도의 차이는 있지만 거의 공통된 속성처럼 되어 있다. 그러나 특정국가의 특정한 시점에서 행정 내 부정부패의 현상은 독특한 것으로 나타난다. 이는 당해 국가의 정치·행정제도, 국민의 가치관 및 사회문화적 특성을 반영해 주고 있기 때문이다. 그리고 국가마다 사회문화적 배경과 역사적 전통이 다르기 때문에 부정부패를 보는 관점도 달라서 그 범위와 처벌의 강도에는 다소 차이가 있다.

외국이 경우를 보면 공무원의 부패방지 수단으로 구체적인 특별법을 정하고 있는 나라가 있는 반면 따로 제정하고 있지 않은 나라가 있다. 일반적으로 선진제국은 따로 특별법을 마련하지 않고 국가공무원법이나 형법에 부정을 저지른 공무원에 대한 처벌규정을 두고 있지만, 국민의 정치의식 수준이 높은 개도국에서는 각자 특별법을 제정하여 공무원의 부정방지에 노력하고 있는 경향을 볼 수 있다.

이러한 인식을 바탕으로 다음에서는 선진국이라 할 수 있는 미국과 우리나라와 비슷한 여건을 가지고 있다고 할 수 있는 중국·싱가포르·필리핀·인도의 제도를 간략하게 알아본다.

---

9) 김규정, 「행정학원론」(서울: 법문사, 1988), 601면.

I. 미국의 공직윤리[10]

미국에서 공공관료가 공익에 봉사하기 위한 행동준칙으로서의 윤리적 측면에 눈을 돌리기 시작한 것은 비교적 최근의 일이다. 물론 1924년 공무원의 윤리강령이 국제도시관리협회(ICMA)에서 처음으로 채택되었다. 그러나 이는 직업윤리로서라기보다는 그 당시 도덕개혁운동의 반부패와 반정치적 가치를 반영한 강령이었다. 이후 1958년 연방공무원의 윤리강령이 제정되었는데 그 내용은 우리의 그것과 대동소이하다. 다음에는 상호비교의 목적으로 중요한 사항 몇 가지를 간추려 보기로 한다.

첫째, 최고의 도의 원칙에 충실하여야 하며 개인이나 정당 또는 정부관계에 대한 충성에 앞서 국가에 충성하여야 한다.

둘째, 연방정부나 모든 지방정부의 헌법, 법률 및 법규를 준수하여야 하고 그를 회피하는 데 결코 가담하여서는 안된다.

셋째, 공무수행에 진지한 노력과 최선의 사고를 경주하여 전일(全日) 보수에 상당하는 전일 근무를 하여야 한다.

넷째, 더욱 능률적이고 경제적으로 과업이 성취될 수 있는 방법을 모색하여 이를 적용하도록 노력하여야 한다.

다섯째, 대가 유무를 불문하고 어떤 특정인에게 특별한 호의나 특정을 베푸는 불공평한 차별대우를 하여서는 안되며, 정상인이 공무수행에 영향을 미칠 우려가 있다고 해석할 만한 사정 하에서는 자신이나 가족을 위한 타인의 오의나 이익을 받아서는 안된다.

여섯째, 공무원은 누구나 공적 임무를 제약하는 사적 발언을 할 수 없으므로 여하한 종류의 사적 약속도 하여서는 안된다.

일곱째, 직접적이든 간접적이든 정부를 상대로 하여 공무원의 양심적인 수행과 양립할 수 없는 사업에 종사하여서는 안된다.

여덟째, 부패는 발견되는 대로 이를 폭로하여야 한다.

아홉째, 공직이란 공공의 신임에 의한 것임을 항상 명심하여 위의 모든 원칙을 준수하여야 한다.

이상의 윤리강령은 우리의 그것과 유사한 내용을 담고 있으나, 우리의 윤리헌장과 구별되는 중요한 특징이 있음도 곧 발견할 수 있다. 즉 실질적으로 공무원들이 지킬

---

10) 총무처, 「공무원의 길」, 1981, 3-6면.

수 있는 규정들이 많이 발견되는데, 이는 실용주의적 사고의 영향과 개인을 존중하는 민주주의 사상에서 기인하는 것이라 할 수 있겠다.

본격적으로 윤리문제가 거론되기 시작한 것은 정부윤리국(Office of Government Ethics)이 설치된 1978년부터이며, 이때에도 그 활동이 연방정부공무원의 윤리문제를 심사하는 데 그쳤다. 1980년 이후 몇 가지 사건들을 거친 후에 OGE의 활동은 전공무원을 대상으로 확대되었으며, 많은 행정가들 스스로도 행정윤리의 중요성을 인식하게 되었음이 설문조사를 통해 증명되었다.[11]

미국의 공직자 재산공개 절차는 앞서 언급한 OGE의 설치와 함께 제정된 정부윤리법(Ethics in Government Act, 1978)에 아주 까다롭게 규정되어 있다. 이 법은 '워터게이트 사건'으로 마련된 '워터게이트 개혁법안'에서 그 원형을 찾아볼 수 있으며, 1982년 1987년 그리고 1989년의 세 차례에 걸친 개정이 있었다.

미국 정부윤리법의 핵심적인 규정은 재산보고서의 제출의무이다. 이 법에서 규정하고 있는 신고대상자는 대통령·부통령과 연방 상·하 양원의원, 연방대법원 판사 및 연방의 판사직에 있는 자, 입법·행정·사법부의 고급공무원 및 고급무관, 대통령이 지명한 임용후보자들이다.

이들의 신고기한은 현직자의 경우 매년 5월 15일까지, 새로이 취임한 자는 취임 후 30일 이내에, 대통령·부통령 선거나 또는 상·하 양원의원 선거 입후보자는 선거전 30일 이내에, 그리고 상원의 승인을 거쳐 임명되는 관직에 지명된 자는 대통령이 지명의견을 상원에 송부한 날로부터 5일 이내에, 퇴직한 공직자는 퇴직 후 30일 이내에 재산보고서를 제출하여야 한다.

제출처는 대통령과 부통령은 정부윤리국에 대통령선거나 의원선거의 입후보자는 연방선거위원회에, 입법부의 보고의무자는 상원 또는 하원의 사무총장에게, 사법부의 보고의무자는 사법윤리위원회에 제출한다.

신고사항은 급여 이외에 전년 중에 수령한 근무소득이 모두 1백달러 이상인 경우, 강연 등에 대한 사례금으로 1백달러 이상을 수령한 경우, 친척 이외의 자로부터 제공된 2백 50달러 이상의 돈을 받은 경우 그리고 1개소에서 받은 선물이 합계 1백달러 이상인 경우도 포함된다. 사업경영, 투자, 이식을 위해 보유하고 있는 자산으로 1천달러 이상의 가치가 있는 것, 전년 중에 친척 이외의 자에 대한 부채가 1만달러를 초과

---

11) James S. Bowman, "Ethics in Government: A National Survey of Public Administration," PAR, (May/June, 1990).

하는 경우와 전년 중 1건에 1천달러를 초과하는 부동산, 주식, 채권, 상품, 기타의 매매교환을 한 경우에도 상세히 기록해야 한다.

그러나 이러한 상태에서 중요하게 살펴보아야 할 문제는 정부윤리법에서 규정한 자산공개라는 용어는 재원 내지 자산의 조달상태의 공개를 의미한다. 즉, 공직자의 재산규모에 대한 조사라기보다는 공직자가 공직에 있으면서 그 지위와 관련하여 재산을 취득하지 않았다고 하는 것을 공개하도록 하는 것이다.

보고서가 제출된 후 6년간 일반국민에게 공개하며, 공직자의 재산현황은 대외적으로 공표되지는 않으나 언론기관이나 일반국민들이 열람이나 복사를 신청하면 접수 15일 이내에 열람을 허용하거나 사본을 제출한다.

보고의무자가 보고서 작성상 고의적 조작을 가하는 경우 법무부 정관은 연방법원에 소송을 제기할 수 있으며, 허위작성 또는 고의적인 제출 기피시에는 연방법칙에 의거 인사조치하거나 또는 그 밖의 필요한 조치를 할 수 있다.

Ⅱ. 독일의 공직윤리

우리의 공직자윤리법에 해당하는 독일의 법규는 의원법 및 연방의회 윤리규칙이다. 직업, 기업의 임원으로서의 활동(의원 재직 전의 활동포함), 공법인의 임원으로서의 활동, 사단 또는 재단의 임원으로서 활동, 연맹 등 조직에서의 지위 또는 평가액을 기재해야 한다. 그리고 대리계약, 감정, 저술, 강연으로 인한 부수입, 회사경영의 참여, 미술품 또는 보석 등도 신고대상에 포함되지만, 월액 5백마르크 또는 연액 3천마르크의 한도액을 초과한 경우에는 수입액도 신고해야 한다.

연방의회의원 전원은 취임시 의장에게 신고함으로써 재산공개를 하도록 되어 있고, 이들 신고사항은 '의원요람'에 게재하여 공포한다. 만일 행위규범에 벗어나는 의심스러운 행동을 하게 되는 경우에는 의장이 조사를 행하고, 위반 여부를 인정하며, 위반 여부는 인쇄물로써 공표하게 된다.

Ⅲ. 영국의 공직윤리

영국의 경우에는 따로 특별법을 정하고 있지는 않으며 1974년과 1975년 두 차례 하원에서 '이해관계 등록제도'를 결의한 바 있다.

회사유급의 역직원, 수입이 있는 상업·매매업, 전문직 또는 전문업 등에 이해관계가 있는 의원으로서의 지위에 관련되는 개인적 서비스, 유급의 피고용관계 또는 직위, 의원으로서의 재정적 지원을 받는 경우, 해외여행 중 의원자신이나 공적자금 이외의 사유로 지출되는 금액 등을 신고해야 한다. 또한 외국의 정부단체 또는 개인에게서 받은 금전 또는 물질적 편의의 공여, 상당한 가치가 있거나 상당한 액수의 수입을 얻게 되는 토지 및 자산, 그리고 발행주직의 1/100 이상을 보유하는 회사명도 해당된다.

이러한 신고사항들을 하원에 있는 이해관계 등록관에게 등록을 해야 하고, 이렇게 작성된 이해관계 등록부는 국민들에게 열람되며 하원자료로서 인쇄·공표된다. 그러나 벌칙규정은 따로 제정하고 있지는 않다.

Ⅳ. 기타 여러 나라의 공직윤리[12]

우리나라와 비슷한 경제수준을 가진 다른 나라들의 공직윤리제도 또한 우리의 관심의 대상이다. 각 나라들은 그들 나라의 실상에 맞는 공직윤리제도를 가지고 있으며 체계적으로 입법화되어 구체적 실천단계에 들어가 있다. 다음에서 자유중국, 싱가포르, 필리핀, 인도의 공직윤리제도를 간략하게 알아본다.

중국의 공직윤리관계법은 '전난시기탐오치 조례'이다. 1973년도에 제정되었으며 공공재물절취, 권력남용, 권리개입, 중수회죄 등의 처벌대상을 규정하고 있다. 이 법의 특징으로는 사법공무원의 가중처벌, 6개월 이내 자수범죄의 감경조치 등이 있다.

싱가포르의 공직윤리관계법은 '부패방지법'이다. 1960년도에 제정되었으며, 뇌물, 중외 등의 처벌대상을 규정하고 있다. 이 법의 특징으로는 대통령이 부패사건 수사과장을 임명하며, 수사과장에 영장 없는 구속도 가능하다는 점 등이 있다.

필리핀의 공직윤리관계법은 '반중회 및 부패사건방지법'이다. 1960년도에 제정되었으며 직·간접 인척간의 개입, 뇌물수수 등의 처벌대상을 규정하고 있다. 이 법의 특징으로는 모든 공직자의 임명 후 30일 이내, 매년 4월 15일 이전 재산등록과 신고를 의무화하고 있는 점을 들 수 있다.

인도의 공직윤리관계법은 '부패방지법'이다. 일찍이 1947년도에 제정되었으며 횡령 등의 이권개입을 처벌대상으로 규정하고 있다. 이 법의 특징으로는 중앙과 각 주의 경계위원 구성, 부패사건수사를 의회에 보고하도록 한 점 등을 들 수 있다.

---

12) 김영종, "민주사회발전을 향한 행정부패의 방지전략,"「민주사회 성숙을 위한 공공행정」(한국행정학회 제1차 학술대회, 1988), 409면. : 유석영, "공무원 부패방지에 관한 연구,"「한국행정학보(제15호)」, (1981), 123-129면 참조.

제 5 절 우리나라 행정윤리제도의 문제점

위에서 살펴본 내용을 토대로 다음에서 우리나라 행정윤리제도의 문제점을 지적해 보기로 한다. 우선 미시적으로 구체적 실천지침으로써의 공직자 재산·등록공개제도의 한계, 운영상의 문제점을 살펴보고 나서 거시적으로 우리나라의 행정윤리 확보상의 제도적 문제점을 지적해 보도록 한다.

새 시대의 행정윤리제도의 중심은 개정된 '공직자윤리법'이다. 그러나 이 법의 핵심을 이루는 공직자 재산등록·공개제도는 법자체의 고유한 목적-공직윤리의 확립-을 달성하는 데 있어 궁극적인 문제점을 가지고 있음을 지적하지 않을 수 없다. 즉, 공직자 재산등록·공개제도는 공직사회 전체의 문제가 아닌 공직자 개개인의 문제로 시정대상 과제를 한정하고 있을 뿐만 아니라, 공직자 개인에 대해서도 그의 총체적 기량을 대상으로 하는 것이 아니라, 단지 그의 윤리세계만을 겨냥한다는 한계를 지닌다.[13] 처벌조항에서도 처벌대상발생의 원인과 결과에 대한 예방적·시정적 조치에 대한 고려 없이 일단 발생한 처벌대상의 구속에만 초점을 맞추고 있는 것이다. 결과적으로 공직자 재산등록·공개제도는 일종의 극단조치로서 구속적 역할을 할 수 있는 것이며 동일한 목적을 추구하는 여러 다양한 장치 등과의 상호보완의 과정을 거쳐야 그 궁극적인 목적을 달성할 수 있게 될 것이다.

재산공개제도는 깨끗하고 정의로운 공직풍토를 이룩하기 위한 제도적 장치이지만, 우리의 경우 현실적으로 효율을 극대화하도록 운영하는데는 많은 어려움 또한 있는 게 사실이다. 다음에서 몇 가지를 들어 보도록 한다.

첫째, 금융실명제 등의 실시로 공직자의 재산등록 및 공개가 실효를 거둘 수 있게 되었으나, 공직자의 부양을 받지 않는 직계존비속은 재산등록을 거부할 수 있도록 함으로써 자립능력이 있는 직계존비속에게 재산을 빼돌릴 여지를 완전히 배제하지 못하고 있다.

둘째, 실사전문요원의 부족을 들 수 있다. 그나마 행정부를 제외하면 입법부, 사법부 등 각 기관에 실사전문요원이 전무한 형편이다.

셋째, 부처 간 협력문제다. 모든 자료를 갖고 있는 건설부와 국세청 등 정부측이 타기관의 각종 자료요청에 얼마만큼 성실하게 협조·지원 할 것인가 하는 문제는 재산공개제도의 성패를 좌우할 만큼 중요한 문제이다.

---

13) 박재창, "공직자 재산등록·공개제도: 통제론적 접근," 「한국행정연구」(1993년 봄호).

넷째, 강화된 윤리위원회의 통제문제를 들 수 있다. 막강한 권한을 이용해 이권 등에 개입될 소지가 있으며, 윤리위원회의 활동이 남용될 경우 공직자 전체의 사기를 떨어뜨리고 위축시킬 우려가 있다. 또한 과반수를 외부인사로 선임하여 객관적인 심사를 할 수 있도록 했으나 기관별 특성을 얼마만큼 조화시키느냐가 관건이라 할 수 있다.

행정윤리제도의 구석구석에 미시적인 문제가 산재해 있다면, 행정윤리가 추상화되고 형식화되어서 행정윤리를 확립하기 보다는 오히려 행정윤리의 내용을 흐리게 하거나 행정윤리에 대한 불신을 조성하는 결과를 초래한 것이 이른바 거시적인 측면의 행정윤리제도의 문제라 할 수 있다.

행정이 양적으로 성장하고 질적으로 고도화된 오늘날의 행정국가 혹은 복지국가에 있어서 정치·경제·사회·문화의 모든 영역에 걸쳐서 행정의 역할과 책임이 강화될수록 행정윤리를 확립하기 위한 지속적인 노력이 다각적으로 이루어져 온 것이다. 그럼에도 불구하고 적극적으로 행정윤리를 확립하는 것은 말할 것도 없고 소극적으로 행정의 비윤리를 제거하지도 못한 이유는 무엇인가? 근본적인 이유는 행정과 환경의 두 가지 차원에서 파악할 수 있을 것이다.

첫째, 공직충원의 비윤리성과 무원칙성을 들 수 있다. 건국 초기에 반민족적 친일협력자를 대거 공직에 등용한 것으로부터, 얼마 전까지 존속해 왔던 소위 '유신사무관' 제도와 행정고시 선발인원이 사법고시의 선발인원보다도 훨씬 적은 것은 이를 단적으로 말해 주는 것이다.

둘째, 이러한 문제점을 지닌 행정에 대한 의회나 언론 등의 외부통제 기능의 약화를 들 수 있다. 최근까지의 사정은 행정이 의회나 언론의 통제를 받는 상황이었다.

셋째, 전통문화의 약체화와 새로운 가치관의 미정립 및 혼재를 들 수 있다. 전통문화 속에 서구문화가 밀려오면서 일어나고 있는 가치관의 혼돈 중에서 이중적인 가치구조와 행동양식이 보편화되고 이것이 행정윤리에도 그대로 반영되어 민주적인 형식에 권위주의적인 내용을 담고 있는가 하면 권위주의적인 가치가 합리적인 행동으로 위장되기도 한다.

넷째, 공무원의 낮은 보수수준이 행정윤리 확립의 저해요인으로 흔히 지적되고 있다. 부정부패추방 또는 서정쇄신 등의 노력은 늘 공무원의 처우개선과 함께 논의되어 왔다. 그러나 낮은 보수가 비윤리를 정당화하는 근거가 될 수는 없다.

다섯째, 정부 및 사회전체의 도덕적인 분위기와 타락을 들 수 있다. 정치분야에서 근본적인 정권의 정당성과 도덕성이 의심되는 상황에서는 행정도, 경제도, 그리고 기타 사회문화도 타락의 연장선상에서만 존속하게 되기 때문이다. 그리하여 급기야는 도덕의 최후의 보루인 종교집단에서도 비도덕적인 현상이 나타나게 되었던 것이다.

오늘날 우리는 정치·경제·사회·문화 등 모든 영역에서 대규모 조직의 지도자들이 비윤리적인 행위를 하는 것을 너무 많이 목격하고 있다. 전직 대통령의 비리들을 필두로 한 이러한 비윤리의 세계에서 오직 행정에만 윤리를 강조하는 것은 어불성설이다. 그러나 행정이 국가발전을 주도하여 온 우리나라에서는 이러한 비리가 모두 다 행정의 문제라고 해도 과언은 아닐 것이다. 회사가 상품을 제조하면서 공해를 배출하듯이 행정도 발전을 제조하면서 비리를 배출하였다고 표현한다면 그것은 매우 적절한 것이 될 것이다.

행정의 차원에서 윤리를 확립하는 방안을 살펴보면, 이는 근본적으로 바람직한 행동을 유도하기 위한 제도와 교육의 문제가 된다. 그런데 제도에 관해서는 앞에서 살펴본 바대로 불비차원의 문제가 아니라 그 제도가 단편적 관리기술에 그치는 것과 형식화의경향이 더욱 큰 문제이다. 따라서 새로운 제도의도입이나 개선보다는 제도의 축소조정을 통하여 형식과 실제를 일치해 나가는 방향이 강구되어야 할 것이다. 윤리교육도 부족한 것이 문제가 아니라, 문제는 오히려 형식적인 정신교육이나 윤리교육이 그 대부분인 데 문제가 있다. 이에 기존의 형식적인 교육을 폐지하고 행동에 일치하는 실질적인 교육을 강화시켜 나아가야 할 것이다.

제 6 절 행정윤리 확립을 위한 바람직한 전략

위와 같은 행정윤리의 문제들을 고려할 때 올바른 행정윤리의 확보는 매우 중요하다. 국가의 자원과 예산의 낭비를 초래하고 행정기능의 비능률화와 질서파괴의 부작용은 물론이요 나아가 공무원과 국민의 사기저하를 통한 전체적인 국가경쟁력을 약화시킬 수 있는 문제이기 때문이다. 이에 행정윤리 확보를 위한 전략이 포괄적 차원에서 검토되어야 할 것이다. 행정부 내에서 조직적, 정책적 차원의 전략이 수립되어야 하며, 행정부 외부환경의 긍정적인 변화도 필요하다. 그리고 무엇보다도 일선공무원 각자의 의식, 태도변화가 중요하다고 할 것이다. 이에 다음에서 행정윤리 확립을 위한 전략을 조직적 차원, 환경적 차원, 개인적 차원으로 구분해서 생각해 보기로 한다.

I. 조직적 차원

우선 인사행정의 합리화와 실질적인 신분보장이 이루어져야 한다. 인사행정은 환경적 여건의 변화에 대응하여 개선되어야 하며, 적절한 인사관리를 통한 신분보장확립이 있어야 할 것이다. 이에는 공무원의 보수현실화도 포함되는데, 우리나라 공무원의 보수는 기실 민간기업체는 물론 국영기업체에 비하여도 현저히 낮은 수준이다. 그리고 이는 공무원들을 대상으로 설문조사한 바에 의해서도 여실히 드러나고 있다. 그리고 하급공무원의 부정부패의 원인을 묻는 응답으로 가장 많은 비율을 차지하는 것도 기본생계비의 부족 때문이라는 것이므로, 보수의 현실화 없이는 건전한 공직윤리 확립은 불가능하다는 것을 알 수 있다. 따라서 정부는 과감하게 인식을 전환하여 공무원의 보수수준을 민간수준에 의거하여 결정하여야 하며 정치적 고려에 의해 흥정대상으로 삼아서는 안 될 것이다.

인사행정의 합리화와 관련하여 생각해 볼 수 있는 전략으로 공무원단체의 인정을 들 수 있다. 공무원들이 스스로를 전문직업인으로 자각하고 전문직업인으로서의 건전한 직업윤리를 가질 수 있도록 하는 데는 공무원단체 인정을 통한 자율적인 통제의 활성화를 이루는 방법이 고려할 만하다.

II. 구조적 차원

관료제의 대표적 병리 중의 하나로 번문욕례(red tape)가 지적되듯 이 행정절차의 복잡화로 인한 불만은 누구에게서나 지적되는 문제다. 이에 행정절차의 간소화는 건전한 행정윤리 확보를 위해 필수적인 문제이다. 행정절차의 전산화 및 간소화를 통한 시민편의 확보와, 이른바 '급행료'나 '기름치기'가 없는 건전한 행정기능수행이 이루어질 수 있을 것 같다. 이 외에도 각종 관료제의 병폐들-선례의 맹목적 답습, 구태의연, 법규만능, 창의력 결여, 비밀주의, 무사안일, 태만, 책임전가, 아첨, 획일주의-도 행정절차의 간소화를 통해 어느 정도 해결될 수 있을 것으로 생각된다.

바람직하지 못한 행정윤리의 원천인 관료제의 병폐를 해결하는 또 다른 방법으로 규제 중심의 행정탈피를 들 수 있다. 행정기능의 하부기관 또는 지역관서로의 과감한 이양, 행정업무의 처리방식을 대면접촉방식에서 벗어나 우편 등의 간접접촉방식 사용 등이 세부사항이 될 수 있는데, 사실 행정업무상 인, 허가 등 행정규제의 수준과 행정의 부패부조리는 높은 상관관계를 지니고 있으므로, 이에 대한 보다 적극적인 제도

(특별 임시위원회 설치 등)가 검토되어야 할 것이다.[14]

Ⅲ. 환경적 차원

건전한 행정윤리제도가 확립되는 데에도 행정문제 전반에 직접, 간접으로 영향을 미치는 행정환경의 중요성도 간과될 수 없다. 개방체계로서의 행정은 환경과 밀접한 관련성을 지니고 있으므로 행정을 둘러싸고 있는 환경의 특성은 행정윤리의 제고에 중요한 역할을 할 것이다.

우선 정치의 민주화가 안정적으로 정착되어야 한다. 정치가 부패하면 행정은 정치의 시녀로 전락하고 공무원의 신분보장과 그 정치적 중립은 흔들리게 된다.

국민의식수준과 사회 전체의 민주화도 행정윤리 확립을 위해서 중요하다. 사회 전체의 도덕적 분위기의 타락이나 가치관의 혼란은 각계의 협력으로 극복되어야 할 우리 전체 사회의 과제인 것이다. 즉 공무원의 제도이탈에 대한 최후 보루는 국민의 눈 밝은 감시기능이다. 따라서 국민들과 사회 전체의 윤리의식이 정화되고 제고되어야 한다.

이에 행정은 교육, 언론, 문화, 종교 등의 자율적인 국민윤리의 향상 노력을 해야 할 것이며 종래와 같이 행정이 국민윤리를 일방적으로 주도하는 방법을 지양해야 할 것이다. 그리고 정치, 경제 등 각 분야의 발전이 자율적으로 이루어지도록 종래와 같은 간섭을 배제하여 이들 사회 각 분야가 책임 있게 자율성 확보를 기하도록 하여야 한다.

그리고 헌법을 비롯한 기타 법규를 통한 공식적 통제도 중요하지만 추상적이고 형식적일 우려가 있으므로, 행정기관에 예속되지 않은 이익집단과 시민의 참여를 확보할 제도적 경로를 갖추어야 한다. 따라서 행정이 항시 유리병 안의 행태들로 외부에서 항시 감시가 가능하게 하는 장치가 고려되어야 할 것이다.

소극적인 측면이기는 하지만, 공무원의 부정부패를 방지하기 위한 제도적 장치로 부정고발 핫라인제도(Fraud Hotline System)를 신설하는 것을 검토할 수 있다. 민원인을 포함한 시민들로 하여금 공무원의 부정부패의 사례를 전화, 팩시밀리를 비롯한 빠른 통신수단을 이용하여 고발하도록 하는 시스템이다. 한 예로 미국의 회계감사원(GAO)이 1979년 부정조사 특명반을 설치하고 운영한 부정고발 핫라인제도는 성공적인 모형으로 평가되고 있다.

---

14) 김번웅, "행정부조리, 조직의 민주화 및 간접유도행정,"「조직과 복지사회(유종해 교수 회갑기념논문집)」(서울: 박영사, 1991), 70-72면 참조.

미국에서 사용된 이 핫라인 제도는 첫째, 공무원의 권한남용 및 오용, 부정에 대한 전신전화신고를 접수하고, 둘째, 이를 관계기관의 자체감사관이나 연방수사국 등에 조사를 의뢰하며, 셋째, 의회는 물론 중앙정부와 지방정부가 의뢰해 온 공무원의 부정과 예산낭비 등에 관하여 의견을 제시하고 자문하며, 넷째, 신고내용에 관한 관계기관의 조사결과를 확인 또는 분석하는 기능을 지닌다. 이 고발시스템은 상당히 효과적으로 운영되었으며, 예산을 낭비한 사실이 밝혀지고 당해 공무원들에게 징계 등의 인사조치가 가해지고 범죄사살이 드러나 관계자들에게 벌금형의 사법적인 조치가 내려진 바 있다.

우리나라 시민의 고발정신은 미국 등의 서구제국에 비해 상대적으로 취약하고 공무원의 생계형 부조리 형태에 관해서 비교적 관대한 것이 사실이나 정부의 감사기관이 아닌 반관반민 형태의 위원회에서 이 제도의 운영은 상당히 효과적일 가능성이 크다. 그리고 행정의 부정부패 부조리에 연관된 민원사항, 즉 공무원의 행태, 관행, 민원인의 의식, 행태, 그리고 요구에 관한 정보의 수렴, 분석 등 모니터링 기능을 이 시스템에서 수행하여야 한다. 이 외에 내부고발자(whistle blower)의 철저한 보호가 제도적으로 보장되어야 할 것이다.

Ⅳ. 개인적 차원

합리적인 정책결정과 계획수립의 과정이 정착되어 있고 능률적인 조직이 구성되어 운영되고 있다 하더라도 조직 속에서 정책과 계획을 집행하는 관료들의 가치관이나 태도, 즉 의식구조가 공익성과 윤리성을 외면한다면 행정은 소기의 목적을 성취할 수 없다. 이러한 윤리성은 우리의 의식구조에 내재되어 있어 필요한 결정 또는 행동에 영향을 미치게 된다. 따라서 윤리성의 확립은 의식구조의 개혁을 통해서만 가능해진다.15) 단순히 부정부패 해소라는 차원이 아닌 보다 적극적으로 행정윤리를 확립하고자 하는 가치지향적 개조의 노력이 행정인 개인뿐만 아니라 조직, 환경측면에서 모두 요청되는 것이다.

이는 우리 사회가 급속한 경제성장 과정에서 발생한 사회적 모순의 심화, 정보사회로의 진입, 국제화 등의 국내외적 환경변화를 겪고 있고 이에 보다 능률적이고 민주적인 행정체제의 역할정립과 급변하는 환경에 적응할 수 있는 새로운 행정역량이 요

---

15) 박응격, "공무원 윤리관 확립과 의식개혁," 「행정문제논집(제3집)」(한양대학교 행정문제연구소, 1982년 12월), 141면.

구되고 있는 형편을 감안할 때 우리에게 시사해 주는 바가 크다. 선진국의 행정윤리 제도를 간략하게 검토함으로써 우리의 제도는 비교적 구체적인 면이 결여되어 있음을 알 수 있었고, 우리의 제도에 관한 자세한 검토를 통해 공직자윤리법 등의 법안이 공직자의 공적 책임을 보장하기 위한 다양한 제도적 장치 중의 하나일 뿐이라는 것도 알 수 있었다. 이에 이런 법제정이 행정의 윤리를 확립하는데 만병통치약이 될 수 없고, 이보다 앞서 논의한 다차원적인 공직윤리 확보전략을 통해 상호보완적으로 활용되어야 실질적인 공직윤리 확보에 도움을 줄 수 있으리라는 것도 확인하였다.

무엇보다도 공직의 구성원인 공무원들은 조직을 통하여 자기자신의 목표를 실현하고, 동시에 조직은 이들을 통해서 그 목표를 실현하는 관계에 있음을 상기하고, 공직의 원활한 관리와 보다 바람직한 공직활동 수행을 위해, 건전한 공직윤리 확보를 위해 조직구성원이 의식, 가치관에서의 개혁이 선행될 때 한 단계 차원 높은 민주적, 능률적 행정은 가능할 것이라고 확신하는 바이다.

9
리더십

제 1 절 현대사회의 리더십

현대사회에 있어서 리더십(leadership)은 어디서나 그 필요성이 인정되고 있으며, 이에 관한 현상은 지도, 통솔, 영도, 관리 및 감독 등의 여러 개념 속에서 문제를 제기하고 있다. 이에 반하여 종래의 행정학에 있어서는 지도의 문제가 거의 관심을 끌지 못하였으며, 이에 관한 연구도 별로 이루어진 바가 없었다. 그 원인은 크게 두 가지로 나누어 볼 수 있는바, 첫째로, 과학적 관리법이 지배하던 시대의 인간관, 조직관에서는 인간의 모든 행동은 지시명령에 따라 이성적, 합리적으로 움직인다고 생각했기 때문이며, 둘째로, 지도의 존립 및 이의 중요성이 인간관계 시대부터 인식되기 시작했으나 정치, 행정학도는 이에 대한 관심 및 연구를 의식적으로 피해 왔기 때문이라고 생각된다.

최근에 와서 리더십에 관한 경험적 연구가 진전됨에 따라 리더십의 중요성은 더욱 인정을 받게 되었고, 사회의 여러 가지 다른 요소를 사회가 나아가야 할 방향으로 동원하려면 리더의 역할이 중요하며 더구나 우리와 같은 개도국의 경우 지도자의 역량, 역할이라고 하는 것이 신속한 국가발전에 그 비중이 더 큼을 인식하게 되어 리더에 관한 가치관, 역할인지, 행태 등을 밝혀내는 것이 조직관리론의 중요한 과제가 되었다.

제 2 절 리더십의 개념

Ⅰ. 리더십의 의의

리더십(leadership)은 행정조직이나 기업조직 혹은 군대조직을 막론하고, 그 조직을 동작화 하는데 있어서 중요한 변수로 작용하고 있음은 말할 나위가 없다. 그럼 여기서 이 리더십에 관한 여러 개념규정에 대하여 살펴보기로 하겠다.

리더십이란 희구되는 목표를 달성하기 위하여 개인 및 집단을 조정하며 동작케 하는 기술을 뜻한다[1]고 볼 수 있겠으며, 집단구성원으로 하여금 규정된 목적을 열성적으로 수행할 수 있도록 설득하는 능력 내지 영향력을 말한다고 본다.[2] 또한 주어진 상황에서 목표달성을 위해 노력하는 개인 및 집단의 활동에 영향을 주는 과정이다[3]라고 규정할 수도 있다. 이상을 종합하여 리더십이란 조직구성원으로 하여금 바람직한 조직목적에 자발적으로 협조하도록 하는 일종의 기술 및 영향력으로 보며, 리더가 추종자로 하여금 소망스러운 상태로 행동시키는 과정이고, 목표설정에서 목표달성에 이르기까지 이를 위하여 노력하는 조직적 집단활동에 영향을 미치는 행위라고 본다.

여기서 리더십의 특징을 파악하면서 그에 따라 네 가지로 여러 학자들이 정립한 개념을 규정지어 보겠다.

첫째, 리더십의 개념을 리더가 갖는 개성(personality)이나 특성에 근거를 두고 설명하려는 것으로, 피고스(P. pigors)는 리더십이란 특정한 개성의 소유자가 공통의 문제를 추구하는 데 있어서 그의 의지, 감정 및 통찰력 등으로 타인을 이끌고 다스리는 특성이라고 말한 것이 그 대표적인 예이다.[4]

둘째, 집단목표의 달성이나 집단유지를 위하여 집단구성원의 자발적인 행동을 유도하는 데 리더가 발휘하는 영향력에 중점을 두고 개념 지우려는 학자가 있는데, 그들 중 알포드(L.P. Alford)와 비틀리(H.R. Beatley)는 리더십을 집단구성원으로 하여금 자발적이고도 바람직한 행동으로 집단목표에 도달할 수 있게 하는 것이라고 하였다.[5]

셋째, 리더십을 리더와 부하의 행동방향의 공통성과 이해의 일치를 전제로 하는 인간관계와 상호작용의 문제로서 다루려는 것으로, 사전트(S. Sargent)는 리더십이란 집단의 어떤 특정개인 및 성원들과의 사회적 상호작용의 형태이고, 리더와 부하와의 역할행동이라고 하였다.[6]

넷째, 집단에 어떤 변화를 가져오는 집단상황을 강조하는 입장에서 규명하는 것으로서, 알포트(F.H. Allport)는 리더의 영향력과 구성원 사이의 인간관계를 중심으로 하여 집단상황에 크게 변화를 가져오는 활동이라고 하였다.[7]

---

1) J.M. Pfiffner and R.V. Presthus, *Public Administrations*(New York: Ronald, 1960), p.92.
2) Keith Davis, *Human Relations at Work*, 3rd ed.(New York: McGraw-Hill Book Co., 1967), p.6.
3) Paul Hersey & Ken Blanchard, *Management of Organizational Behavior*, 4th ed. (Englewood Cliffs, New Jersey: Prentice-Hall, Inc., 1982), p.83.
4) P. Pigors, *Leadership or Domination*(Boston: Houghton Mifflin Co., 1953), p.12
5) L.P. Alford and H.R. Beatley, *Principles of Industrial Management*(New York: Ronald Press Co., 1965), pp.109-111.
6) S.S. Sargent, *Social Psychology*(New York: the Donald Press Co., 1950), p.305.

이상과 같이 리더십의 개념을 여러 가지고 살펴보았으나, 어느 한가지 입장만으로 규정짓기가 곤란하다는 것을 알 수 있다.

Ⅱ. 리더십 연구의 의의

리더십 연구의 의의는 사회적인 면과 이론적인 면으로 나누어볼 수 있는데, 리더십 연구에 대하여 의도적인 관심을 갖게 된 것은 19세기에 들어와서이다. 산업의 발달과 각국의 근대화 및 제1차 세계대전 후의 정치적 불안정과 경제공황, 정치제도의 발달, 사회의 대규모 및 복잡화 등으로 말미암아 보다 우수한 리더가 요구되었으며, 리더는 조직의 성공을 위한 하나의 필수적 자원으로서 인식되기에 이르렀으며, 이에 따라 리더십 연구의 필요성이 대두되었다.

비단 사회적인 면뿐만 아니라 이론적인 면에서도 발전을 보았는데, 사회학뿐만 아니라 기타 사회과학에서도 인간관계의 개선이나 조정방법을 이론화하고, 이에 따라 사회집단이 갖는 잠재능력을 최대한으로 발휘할 수 있도록 하는 데에 큰 관심이 집중되어 학문적인 면에서도 리더십 연구는 주목할 만한 가치가 인정된 것이다.

Ⅲ. 리더십(leadership)과 헤드십(headship)의 구별

리더십과 헤드십은 모두 권위(authority)를 근거로 하나, 그 권위가 어디서 나오느냐에 차이가 있다. 한 마디로 말하면 헤드십은 과장 또는 국장이라는 공식적인 계층제적 직위의 권위를 근거로 하는 데 비하여, 리더십은 그러한 직위와는 관계없이 일정한 사람 자체의 권위를 근거로 한다는 데에 차이가 있다.

따라서 헤드십은 일방적, 강제성을 그 본질로 하는데 비하여, 리더십은 상호성·자발성을 그 본질로 한다. 또한 헤드십은 조직구성원과의 심리적 유대가 적어 공통감정이 희박한 데 비하여, 리더십은 지도자와 피지도자 사이에 심리적 공감(empathy)이 있어 구성원 사이의 일체감이 강하다.

Ⅳ. 리더십의 정의

리더십에 관한 정의는 학자의 입장이나 관점에 따라 여러 가지로 내려지고 있으나 크게 두 가지 범주로 분류할 수 있는데, 그 하나는 리더를 위주로 하는 입장이고, 다

---

7) F.H. Allport, *Social Psychology*(Boston: Houghton Mifflin Co., 1924), p.419.

른 하나는 리더와 부하와의 관계에서 보려는 입장이다. 첫 번째 것은 지휘기술성을 강조하는 것과 지배성을 강조하는 것으로 나누어지며, 두 번째 것도 부하에게 주는 영향력이라고 보는 것과 리더와 부하와의 상호관계라고 보는 입장으로 세분된다. 이러한 의미의 리더십은 다음과 같은 공식으로 요약할 수 있다.

L=f(l, f, s)[여기에서 L은 리더십, l은 리더(leader), f는 부하(follower), s는 상황(situation)의 변수를 가리킨다]

제 3 절 리더십 이론의 접근방법

리더십 이론에 관한 연구는 그 개념의 복합성·다차원성·중요성 등으로 여러 가지 측면에서 다양하게 이루어져 왔다. 이러한 이유 때문에 리더십에 관한 연구들의 배경과 흐름을 체계적으로 파악하는 것이 중요하다. 따라서 리더의 영향, 행동, 리더십 상황, 그리고 구성원의 특성 등 리더십 과정에서 작용하는 모든 요소들을 중심으로 하여 리더십 이론의 흐름을 살펴보기로 한다.

리더십 이론은 연구방법에 있어서 어느 측면을 중요시하느냐에 따라서 다음과 같이 크게 3가지로 나누어진다([표8-1] 참조).

[표8-1] 리더십 이론의 접근방법

접근방법 ＼ 내용	연 구 모 형		강 조 점
자질이론 (1940년대– 1950년대)	개인적 자질 →	리더·비리더 구별	성공적인 리더의 지능적·성격적, 그리고 육체적 특성이 존재한다.
행태이론 (1950년대– 1960년대)	개인적 자질 →	· 성과 · 조직구성원 · 유지	리더와 부하와의 관계를 중심으로 리더의 행태 스타일을 집중 연구한다.
상황이론 (1970년대)	개인적 자질 →	· 성과 · 조직구성원 · 유지	효율적 리더십에 작용하는 환경적 상황요소를 강조, 상황으로는 리더와 부하의 특성, 과업성격, 집단구조, 조직체의 강화작용 등이 있다.

즉 (i) 자질이론(trait theory), (ii) 행태이론(behavioral theory), (iii) 상황이론(situational theory)이 바로 그것인데, 이들 이론에 관하여 요약하면 다음과 같이 설명

할 수 있다.

리더십에 관한 초기의 연구들은 대부분 리더가 지니고 있는 특성을 설명하는 데 관심을 집중시켜 왔다. 이것을 리더십의 자질이론(trait theory)이라 하는데, 사회나 조직에서 인정되고 있는 성공적인 리더들은 어떤 공통된 특성을 갖고 있다는 전체제 하에 이들 특성들을 집중 연구하여 개념화시킨 이론이라 할 수 있다. 리더가 지니는 특성이 과연 무엇인가 하는 점에 대해서는 학자마다 논의하는 바가 다르다. 가령 바나드(C.I. Barnard)는 (i) 박력과 인내력, (ii) 결단력, (iii) 설득력, (iv) 책임감, (v) 지능 등을 들고 있으며,[8] 데이비스(K. Davis)는 (i) 지능(intelligence), (ii) 사회적 성숙도와 폭(social maturity and breadth), (iii) 내적 동기와 성취의욕(inner motivation and achievement drive), (iv)인간관계에 대한 태도(human relations attitude) 등을 들고 있다.[9]

그러나 이러한 자질이론도 행태주의적인 심리학의 등장과 함께 근본적인 비판을 받게 된다. 이러한 비판은 주로 인간의 자질이란 본래 나면서부터 가지고 태어난 것이 아니라는 것이며, 이와 아울러 실제로 인간의 어떠한 자질이 바람직한 리더상에 해당되는지를 설명하고 측정하기 어렵다는 데 집중되고 있다.

리더의 특성을 연구했던 1940년대에서 1950년대까지의 리더십 연구경향은 점차 사라지고, 1950년대 이후에서 1960년대까지는 리더의 행태를 관찰하는 방향으로 진행되었다. 따라서 성과와 이러한 성과를 달성하는 리더의 지속적인 행태양식, 즉 리더십 스타일 사이에 관계하고자 하는 연구들이 이루어지게 되었다. 이러한 접근방식을 행태적 이론이라고 부른다. 리더의 행태적 스타일은 연구의 성격에 따라서 학자들의 견해가 다르다. 즉 의사결정 행태를 중심으로 (i) 독재적, (ii) 민주적, (iii) 자유방임적 스타일로 구분할 수 있고, 또한 리더의 목표지향성에 따라서 조직의 목표달성을 중요시하는 과업중심적 스타일과 구성원의 욕구충족을 중시하는 종업원 중심적 스타일로 구분할 수도 있는 것이다. 그렇지만 이러한 연구추세도 어떤 스타일의 리더가 가장 성과가 높은가에 대한 규명을 제대로 하지 못하였기 때문에 완전하게 리더십의 이론으로 정립될 수 없었다.

따라서 리더십에 관한 현재의 연구경향은 리더십 행태연구의 한계점이 인식됨으로 인하여, 리더십 과정에서 적용되는 여러 조직의 상황을 연구하는 상황이론(situational

---

8) C.I. Banard, *The Functions of the Executive*(Cambridge, Mass.: Havard University Press, 1938), p.260.

9) Keith Davis, *Human Behavior at Work*, 4th ed. (New York: McGraw-Hill, 1972), p.103.

theory)을 전개하게 되었다.

리더십 이론에 관한 상황론적 접근법이란 리더나 그를 따르고 있는 추종자들의 행동, 혹은 이들이 처하고 있는 상황에 따라 리더십을 규정하는 방법을 말한다. 이 접근법은 집단과 리더 사이에 상호작용이 존재한다는 사실에 착안하여 사람들이란 자기의 개인적 욕망을 충족시켜 주는 사람을 따르려는 경향이 있다는 이론을 제시하고 있다. 리더란 이러한 욕망을 인식하여 이것을 달성하려는 최대한의 노력을 경주하는 사람이라고 하겠다. 행동과 환경을 강조하는 이 접근법은 여러 가지 상황에 따라 리더의 행동양식을 적응시키도록 하는 가능성을 제시해 주고 있다. 따라서 이 접근법에서는 누구든지 교육이나 훈련 혹은 발전을 통하면 리더십 역할에서 효과성을 증대시킬 수 있다고 믿고 있다. 이러한 점에서 이 접근법은 관리의 이론과 실제에 커다란 의미를 부여해 주었다고 볼 수 있다.

제 4 절 리더십의 유형

앞서 설명한 리더십 이론의 접근방법에서 살펴본 바와 같이 리더란 그 개념규정에 따라 정의하기가 퍽 용이하지 않음을 알 수 있다. 따라서 우리는 이 절에서 리더십에 관한 유형을 여러 가지 학파의 연구물들과 관련하여 논의해 보고자 한다.

I. 권위에 근거한 리더 유형

리더 유형에 관한 초기의 저작물들은 대부분 리더가 행사하는 권위에 따라 리더십을 분류하고 있다. 첫 번째 유형의 리더는 전제형(autocratic) 리더로서 명령에 따른 복종을 강요하고, 독선적이며 보상과 처벌을 동시에 장악하고 있는 리더를 말한다. 두 번째는 민주형(democratic) 혹은 참여형(participative) 리더로서 제안된 행동과 결정에 따라 부하의 자문을 구하고 그들의 참여를 권장하는 유형의 리더이다. 세 번째 유형의 리더는 방임형(Laissez-faire style) 리더로서 권력을 거의 행사하지 않고 부하에게 상당한 정도의 자발성을 부여해 주는 리더를 말한다. 이러한 유형의 리더는 자신의 목표나 이것을 달성하는 수단에 있어서 부하에게 크게 의존하고 있으며, 부하들에게 정보를 제공해 주거나 집단 외부의 환경과 접촉하는 것으로 자신의 역할을 인식하고 있다. 물론 권위에 의한 리더의 유형은 이와 같이 세 가지로 단순히 분류되는 것은 아니다. 가령 전제형 리더의 경우도 다시 세분하여 보면 'benevolent autocrats' 등으로 분류되기도 한다.

Ⅱ. 미시간 대학의 리더십 연구

미시간 대학의 연구 조사소에서 실시한 초기의 연구는 리더십과 효과성과의 관련성에 관한 여러 가지 사실을 밝혀낸 바 있다.[10] 이 연구에서는 특히 리더십과 효과성에 관한 종업원지향(employee orientation)이라는 개념과 생산지향(production orientation)이라는 개념을 창출해 냈다. 종업원지향의 리더란 일에 있어서 인간관계를 중시하는 리더를 말한다. 이들은 종업원들도 모두 다 중요한 하나의 인간이라는 점을 믿고 있으며, 그들의 개성과 개인적인 욕구를 중시한다. 반면 생산지향의 리더란 생산이나 작업에 있어서 기술적인 측면을 강조하는 리더를 말하며, 종업원들을 조직의 목표를 달성하기 위한 도구로서 보고 있다. 이러한 두 가지 개념은 전술한 리더의 행동연속선상의 권위적 리더와 민주적 리더라는 개념과 상당한 유사성을 가지고 있다.

Ⅲ. 오하이오 대학의 리더십 연구

오하이오 대학의 경영연구소에서 실시한 리더십에 관한 연구는(1945년에 시행됨) 리더의 행동에 관한 여러 가지 차원을 분석해 내게 되었다.[11] 이 연구에 의하면 리더의 행동이란 어떤 집단에게 목표달성을 지휘하게 될 때 크게 두 가지로 나누어진다는 것이다. 이 연구에서는 이것을 각각 '추진력'(initiating structure)과 '고려'(consideration)라고 부르고 있다. '추진력'이란 리더와 종업원 사이의 관계를 명확히 밝혀주고, 조직의 유형이나 의사전달의 통로 혹은 절차 등을 잘 정리할 수 있는 리더의 행동을 말한다. 반면 '고려'란 우호적인 분위기, 상호신뢰, 존경, 따뜻한 정 등을 리더와 종업원 사이에 마련해 주는 리더의 행동을 의미한다.

오하이오 대학의 연구조사팀은 리더의 행동에 관한 자료를 수집하기 위해서 리더가 앞서의 행동을 수행하는 방법을 알 수 있는 리더의 행동기술설문서(leader behavior description questionnaire; LBDQ)를 만들어 내었다. 이 LBDQ에는 '고려'와 '추진력'에 관한 항목이 각각 15개씩 있고, 연구조사자들은 이 항목을 바탕으로 하여 리더가 행사하는 행동의 유형에 관한 빈도수를 검토하였던 것이다. 이렇게 하여 이 연구에서

---

10) Hersey and Blanchard, *op. cit.*, p. 87.
11) Roger M. Stogdill and Alvin E. Coons(eds.), Leader Behavior: *Its Description and Measurement*, No. 88(Colimbus, Ohio: Bureau of Business Reserch, The Ohio State University, 1957).

는 '추진력'과 '고려'는 전혀 별개의 것이며, 리더의 행동은 이들 '추진력'과 '고려'의 혼합에 의해서 이루어진다는 것을 밝혀 내게 되었다. 따라서 이 연구에 의하면 리더의 행동이란 하나의 단일연속선상에서 이루어지는 것이 아니라, 양축을 바탕으로 한 2차원상의 어딘가에서 이루어진다는 것이다. [그림8-1]는 이러한 리더의 행동유형이 2차원상의 어딘가에서 행해진다는 것을 보여주는 평면도식의 기본형이다.

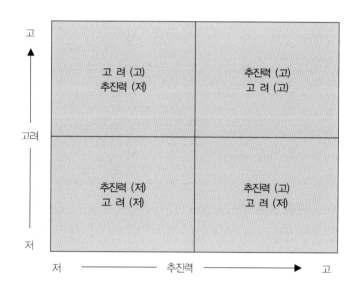

[그림8-1] 리더의 행동유형 평면도

Ⅳ. 아지리스의 성숙-미성숙 연속선

아지리스(Chris Argyris)는 개인이나 조직의 욕구가 상호공존할 수 있다는 문제에 깊은 관심을 표명하고 있다. 그는 인간에게는 강한 자기실현욕구가 있다고 믿는 다른 행태과학자들의 견해에 동의를 표하면서, 결국 조직의 통제란 종업원을 소극화시키고 수동화시킨다는 요지를 밝히고 있다. 아지리스는 대규모 조직의 활동기법에서는 종업원들의 사회적 및 이기적 욕구를 무시하는 경우가 많다는 사실을 지적한다. 개인의 욕구와 조직의 욕구 사이에 갭이 커지면 커질수록 종업원들의 불만은 더욱 커지게 되고, 갈등이나 긴장은 더 늘어나게 된다는 것이다. 결국 이러한 상황 하에서 종업원들에게 동기를 부여할 수 있는 기법이란 훈련을 통해서 종업원들에게 보다 많은 직업에의 도전과 기회를 베풀어주는 것이라 하겠다. 이러한 입장에서 아지리스는 종업원들을 미성숙·종속의 상태에서 성숙의 상태로 끌어올리는 것이야말로 진정한 의미의 가장 효율적인 리더라고 한다. 만약 조직이 종업원들에게 성숙할 수 있는 기회 혹은 성숙한 인간으로서 인정받을 수 있는 기회를 베풀어 주지 못한다면, 그들은 좌절하게 되고 조직의 목표달성에도 역기능적인 역할을 수행하게 될 것이라고 한다.

V. 관리망(managerial grid)이론

이상에서 언급한 제논의는 크게 두 가지, 말하자면 과업조성을 강조하는 리더십이냐 아니면 인간관계를 중시하는 리더십이냐 하는 이론적 개념으로 집약할 수 있다. 일반적으로 리더십의 유형을 극적으로 종합한 가장 알려진 접근으로는 블레이크 (Robert Blake)와 머튼(Jane Mouton)의 관리망(managerial grid)을 들 수 있다.12) 이하의 논의는 블레이크와 머튼이 제시한 'managerial grid'13)를 중심으로 전개하고자 한다. 이들은 생산(과업)과 인간(관계)에 바탕을 두어 리더십에 관한 다섯 가지 유형을 정사각형 안에 제시하는'managerial grid'를 고안해 내고 있다.

이 그리드(grid)는 두 개의 차원으로 나누어져 있는데, 수평축은 생산에 관한 것이고, 수직축은 인간에 관한 것이다.

각 축은 도식에서 새겨진 숫자의 비율이 높을수록 리더에게는 중요한 것으로 되어 있다. 우리는 이 도식에 의해 다음과 같은 다섯 유형의 리더십을 제시할 수 있다.

(1) 무기력형(impoverished)
작업에 필요한 노력이 최소한의 수준에 머무르는 리더십.

(2) 사교형(country club)
종업원들과의 관계를 원만히 하기 위해서 안락한 분위기와 포근한 작업템포를 기하는 리더십.

(3) 과업지향형(task)
인간적 요소를 최대한으로 줄이고, 오로지 업무의 능률만을 위해서 조직의 모든 조건을 정비하는 리더십.

---

12) Robert Blake and Jane Mouton, *The Managerial Grid*(Houston: Gulf Publishing Co., 1964).
13) managerial grid에 해당하는 적절한 우리말 표현이 없어 우리는 원어 그대로 사용하기로 한다.

(4) 절충형(middle of the road)

작업과 인간관계를 만족수준에서 조절하여 적절한 조직의 성과를 달성하려는 리더십.

(5) 단합형(team)

상호신뢰와 존경을 바탕으로 하여 독립심을 최대한으로 보장하고 업무의 달성을 최대한으로 높이려고 하는 가장 바람직한 유형의 리더십.

이상과 같이 블레이크와 머튼이 제시한 'managerial grid'는 리더십 유형을 설명하고 분류하는 데 매우 유용한 도구라고 할 수 있지만, 그렇다고 해서 이 관리망이 모든 리더십 유형을 다 설명해 주는 것은 아니다. 말하자면 리더란 그들의 능력이나 훈련정도, 기업의 환경, 여타 다른 상황에 의해서 크게 달라질 수 있다는 것이다.[14] 상황적응적 리더십 모형이 등장하게 된 이유도 여기에 있다.

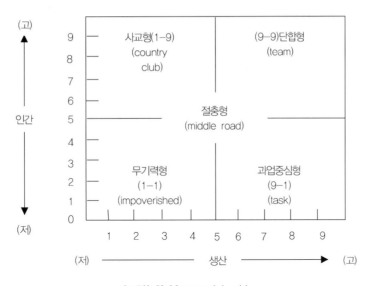

[그림8-2] Managerial grid

Ⅳ. 상황적응적 리더십 모형

1. 피들러의 모형

리더의 행동에 관한 최근의 연구물들은 어떠한 상황에서나 통용될 수 있는 최선의 리더 유형이란 사실상 존재하지 않는다는 점에 의견의 일치를 보이고 있다. 말하자면

---

14) Koontz, O'Donnell and Weihrich, *Management*, 7th ed.(New York: McGraw-Hill, 1980), pp.675-676.

이것은 상황의 중요한 요소에 따라 여러 가지 리더의 행동유형이 효과적일 수도 있고 효과적이 아닐 수도 있다는 말이 된다. 따라서 효과적인 리더의 행동유형은 단일한 요소가 아니라 상황과 환경의 특성에 좌우되므로, 리더는 상황과 부하의 욕구에 따라 그의 행태를 적응시킬 수 있는 능력을 소유하여야 된다는 것이다.[15]

피들러에 의하여 발전된 상황적응적 리더십 모형에 따르면, 주어진 상황이 리더에게 우호적이 될 수 있느냐 없느냐 하는 것을 결정해 주는 변수는 크게 다음과 같은 세 가지로 분류된다고 한다.[16]

첫째는 종업원들과의 인간관계를 나타내는 리더-종업원관계(leader-member relations)이고, 둘째는 리더가 배당받은 업무의 구조정도를 가리키는 작업구조(task structure)를 말하며, 셋째는 리더의 지위가 부여하는 권력과 권위의 정도로서 지휘권력(position power)을 말한다. 그런데 리더-종업원관계는 전술한 관계(relations 혹은 인간)라는 개념과 매우 유사성을 지닌다고 볼 수 있으며, 상황을 측정하는 것과 관련성이 깊은 작업구조와 지위권력이라는 개념은 과업이라는 개념과 매우 유사성을 지닌다고 볼 수 있다. 피들러는 한 상황의 우호성이란 그 상황이 리더에게 집단에 대해서 영향력을 행사하게 되는 정도라고 정의하고 있다.[17]

과업 지향형 (task-oriented style)	인간관계 지향형 (relationships- oriented style)	과업 지향형 (task-oriented style)
←————————→ 우호적인 상황	—————————— 우호성이 중간 정도인 상황	————————————→ 비우호적인 상황

[그림8-3] 여러 가지 상황에 적절한 리더십 유형

이 모델에서는 이 세 가지 상황변수를 가지고 여덟 가지 조합을 가능하게 할 수 있다. 이 중 리더에게 가장 좋은 상황은 종업원들에게 가장 사랑을 받고(good leader-member relations), 강력한 지위를 누리며(position power), 정교하게 마련된 작업을 지휘하는(high task structure)상황이다. 반면 리더에게 가장 불리한 상황은 종업원들이 리더를 싫어하고, 지위권력도 미미하며, 작업구조도 마련되어 있지 않은 상황이다.

15) Hersey, *op. cit.*, p. 15.
16) Fred E. Fiedler, *A Theory of Leadership Effectiveness*(New York: McGraw-Hill, 1967) 참조.
17) *Ibid*, p. 13.

이러한 각각의 상황을 위한 모델을 발전시키면서 피들러는 이러한 여덟 가지 각각의 상황에 맞는 가장 효율적인 리더십 유형이란 과연 어떤 것인가 하는 것을 정하고자 하였다. 이러한 노력 끝에 피들러는 과거의 리더십 연구와 새로운 연구분석을 재검토하여 다음과 같은 결론을 얻어내게 되었다. 첫째, 과업지향 리더는 리더에게 아주 우호적이거나 혹은 아주 비우호적인 상황에서 가장 큰 기능을 발휘하는 경향이 있다. 둘째, 관계지향 리더는 우호성이 중간정도인 상황에서 가장 큰 기능을 발휘하는 경향이 있다.

이상과 같은 피들러의 모형은 리더에게는 매우 유용할는지 몰라도, 리더십의 유형을 과업지향이니 인간관계지향이니 하여 단일선상으로 파악하였다는 점에 있어서는 문제가 있다 하겠다. 또한 리더십에 관한 대부분의 연구도 단일선상의 리더십 유형보다는 각각의 축으로 한 리더십 유형을 제시하고 있는 형편이다.

2. 리더십의 경로-목표이론

(1) 경로-목표이론의 개념

또 하나의 리더십의 상황적응적 이론으로 경로-목표이론(path-goal theory)을 들 수 있다. 이 경로-목표이론은 하우스(R.J. House)가 개발하였는데, 모티베이션 이론의 하나인 기대이론(expectancy theory)에 기반을 두고 리더의 노력-성과, 그리고 성과-보상에 대한 기대감과 유인의 관계를 중심으로 리더십 과정을 말해 주고 있다.([그림8-4] 참조).[18]

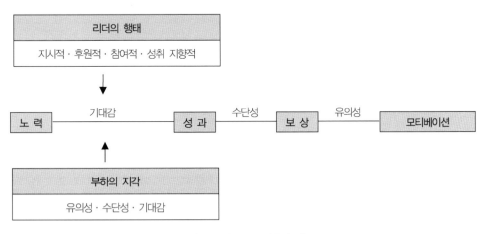

[그림8-4] 경로-목표이론의 개요

---

18) Robert J. House, "A Path-Goal Theory of Leader Effectiveness," *Administrative Science Quarterly*, Vol. 16(September 1971), pp. 321-338.

경로-목표이론에 따르면 리더는 목표달성에 대한 경로를 명확히 하는 데 도움을 주기 때문에 종업원들의 행동에 도움을 줄 수 있다. 즉 리더의 행동은 리더 행동의 결과에서 기대되는 만족감에 따라서 결정된다는 전제 하에 경로-목표이론은 리더의 기대감과 리더 행동에 작용하는 상황적 요소들을 연구하는 데에 초점을 두고 있다. 따라서 부하들의 과업성과에 대한 유의성을 높이고 과업성과를 달성하는 데에 필요한 모든 상황적 조건을 조성함으로써 과업달성에 대한 기대감을 높이는 것을 리더가 수행해야 할 기능으로 본다. 이러한 경로-목표이론은 어떤 리더가 특정상황에서 보다 효과적인가 하는 것을 설명하고 있다는 점에서 다른 리더십 이론에서 한 단계 진보한 이론이라 할 수 있다. 따라서 여기에서는 네 가지 다른 리더십 형태의 특성을 검토하고, 그러한 특정행태에서 효과적이라 할 수 있는 상황조건을 알아보기로 한다.

(2) 리더 행태의 유형

하우스와 미첼(T.R. Mitchell)은 리더의 행태를 (i) 지시적 리더(directive leader), (ii) 후원적 리더(supportive leader), (iii) 참여적 리더(participative leader), (iv) 성취지향적 리더(achievement-oriented leader)로 분류하고 있다.[19]

지시적 리더는 구조주의적 측면을 강조하는 리더로서 부하들의 과업을 기획하고 조직하여 적극적으로 지시·조정해 나가는 리더십 유형을 말하며, 후원적 리더는 고려측면을 강조하는 리더로서 부하들의 욕구와 이들의 복지문제, 그리고 우호적이고 친밀감 있는 집단분위기에 많은 관심을 나타내고, 참여적 리더는 부하들과 정보자료 등을 많이 활용하여 부하들의 의견을 의사결정에 많이 반영시키는 리더십 유형을 말하며 이를 집단관리라고 불리어진다. 또한 성취지향적 리더는 높은 수준의 목표설정과 의욕적인 목표달성을 강조하고 부하들이 최대한으로 능력을 발휘할 것을 기대하며, 성과에 대한 책임을 질 수 있는 부하의 능력을 상당히 신뢰하는 리더십 유형을 말한다.

이들 리더십 유형은 상호배타적이 아니라 리더 행동에 복합적으로 나타날 수 있다. 따라서 상황적응적(contingency) 이론의 단일연속선 개념과는 달리 경로-목표이론은 복수연속선 개념 하에서 리더의 행동을 유형화하고, 리더십 상황에 따라서 이에 요구되는 효과적 리더행동을 분석하고 있다.

---

19) R.J. House and T.R. Mitchell, "Path-Goal Theory of Leadership," *Journal of Contemporary Business*, Vol.5(1974), pp. 81-97.

(3) 상황적 요소와 효과적 리더십

경로-목표이론은 리더십과정에서 작용하는 중요한 상황적 요소들을 부하들의 특성과 과업환경 요소로 구분하고 있는데,[20] 첫째로 부하들의 성격은 리더에 대한 태도형성에 많은 영향을 준다. 즉 부하들은 리더의 행태가 자기들에게 어떠한 만족감을 주고 있는지, 또는 앞으로 줄 것인지에 대한 지각과 기대감에 따라서 자신들의 행동을 형성하게 된다. 또한 부하의 특성과 더불어 과업환경의 여러 가지 요소들도 리더십과정에 중요한 역할을 하는데, 부하의 과업, 집단의 성격, 조직요소에 따라 이에 요구되는 효과적 리더 행태가 다르다. 따라서 리더는 부하들의 특성 및 과업의 환경적 요소들과 상호작용을 하면서 적절한 리더 행태를 통하여 부하들의 목표에 대한 유의성과 기대감에 영향을 줌으로써 이들의 동기수준과 노력, 그리고 성과와 만족감을 높일 수 있다.

(4) 경로-목표이론에 대한 평가

경로-목표이론은 여러 연구 결과를 통해서 리더십 상황과 효과적인 리더 행태에 대한 이론내용을 많이 입증했다. 특히 과업성격과 리더 행태에 있어서 일상적이고 구조적인 과업상황에서는 후원적 리더가 효과적이고, 비구조적인 과업상황에서는 지시적 리더가 효과적이라는 것이 밝혀졌다. 또한 리더는 모티베이션의 요소인 유의성·수단성·기대에 대한 부하들의 지각을 강력하게 해 줌으로써 부하들의 행동에 영향력을 행사할 수 있다.

그러나 경로-목표이론에는 복잡한 일단의 변수들이 포함되기 때문에 이를 검증하는 것이 어렵다는 한계점을 갖고 있다. 기대이론이 검증에 있어 곤란이 있었던 것과 같이 경로-목표이론도 타당성을 검증하는 데에 어려움이 있다. 이 이론의 또 하나의 한계점은 리더들이 여러 리더십 상황에 맞게 그들이 리더 행태를 바꿀 수 있다는 가정 문제이다. 이를 리더의 개인적인 특성이 이 가정을 현실적으로 어렵게 할 수도 있다는 점을 무시하고 있다.[21]

---

20) A.D. Szilagyi, Jr. and M.J. Wallace, Jr., *Organizationa Behavior and Performance*, 3rd ed. (Glenview, Illionis: Scott, Foresman and Co., 1983), p. 285.

21) K.H. Chung and L.C. Megginson, *Organizational Behavior: Deveolping Managerial Skills*(New York: Harper and Row Publishers, 1981), p. 300.

제 5 절 리더십의 측정

1. 유리스의 측정방법

유리스(A. Uris)는 다음과 같은 테스트(test)로 리더십을 측정하고 있다.[22] 즉 리더로서 필요로 하는 기본요건은 객관성·이해심·융통성·커뮤니케이션·지식 및 권위의 이용 등으로 나누어 문제마다 다른 면을 측정하고 있다.

2. 블레이크의 측정방법

오늘날 리더 유형의 새로운 측정이론은 인간적 차원과 목표달성이라는 2개 차원의 함수관계로서 파악할 수 있다. 왜냐하면 인간적 차원과 목표달성이 모든 조직이나 집단에 있어서 가장 기본적이고 공통적인 요인이라는 것은 궁극적으로 리더는 부하의 노력을 종합하여 집단의 목표를 달성하고 구성원의 욕구충족을 도모하기 때문이다. 따라서 리더가 인간적 차원과 목표달성의 두 가지 차원 중 어느 요인에 중점을 두느냐 하는 것은 바로 리더의 기본적 태도와 사고방식을 나타내 주는 것이라고 볼 수 있다.

그러므로 리더십을 $L=F(J.F)$[23]로 표시할 수 있다.

우리는 이러한 리더 유형을 인간적 차원을 종축으로 하고 목표달성을 횡축으로 하는 도표서 표시할 수 있으며, 이것은 리더들이 지니는 기본적 태도의 유형을 나타내 주고 있다. 이와 같은 각 도표에서 표시하고 있는 높고 낮은 정도는 얼마만큼 이에 관심을 가지고 또는 강조하고 있느냐 하는 정도를 척도화한 것으로 보아야 한다. 또한 척도는 1에서 9까지로 표시되어 있는데, 1은 무관심을, 9는 매우 높은 관심을 가지고 있다는 것으로 표시되고 있다.

이상과 같은 개요에 의하여 실제측정은 다섯 가지 응답 중에서 자기의 태도나 행동의 특징을 가장 잘 나타내고 있다는 것을 하나씩 선택해 나가면 된다는 것이 블레이크(R. Blake)의 측정방법의 개요이다.

3. 허시와 블랜차드의 측정방법

3차원적 리더의 효과성유형의 측면에서 리더의 행태에 관한 자료를 수집하기 위하여 허시(P. Hersey)와 블랜차드(K.H. Blanchard)에 의해 리더의 효과성과 적응성의

---

22) C.L. Graeff, "The Situational Leadership Theory: A Critical Review." *Academy of Management Review*, Vol. 8, No. 2(April 1983), pp. 285-291.
23) *L*=leadership, *F*=function, *J*=job, *F*=follower.

기술(the leader effectiveness and adaptability description; LEAD)이라는 측정방법이 개발되었다. 여기에는 LEAD-Self의 방법과 LEAD-Other의 방법 등 두 가지가 있다.

LEAD-Self의 방법은 (i) 리더십 유형(style), (ii) 리더십 유형의 규범(style range), (iii) 리더십 유형의 적응성(style adaptability)의 3가지 측면에 대한 리더 자신의 인지 정도를 측정하는 방법이다.

LEAD-Other의 방법은 조직에 대한 지속적 개입을 전제로 리더십 유형에 대한 정보를 수집하는 것을 목적으로 개발된 것이다. LEAD-Other의 방법은 리더의 부하·상관·동료들에 의해 이루어진다.

제 6 절 한국에서 요청되는 리더십

우리 나라는 지금 개발도상에 있는 국가인데, 개발도상에 있는 나라는 국가발전에 대한 목표를 수립하고 그것을 추진하며 목표를 달성하기 위하여 가장 중요한 변수의 하나가 리더십이라 하겠다. 여기서 한국이 오늘날 당면하고 있는 문제의 해결과 관련하여 리더십의 유형을 모색해 보자.

1. 민주적 리더십

우리 나라 행정에 있어서의 리더십으로는 전통적으로 권위적·강제적 리더십이 지배하여 왔다. 이것은 인격평등주의라는 횡적인 인간관계를 기반으로 하고 있는 서구 사회와는 다른 사회풍토를 반영하며, 인격우열주의에 입각한 종적인 인간관계가 행정 조직 내에도 반영되어 은연 중 리더십도 권위적·강제적 경향을 띠게 되었다.

그러나 이제 전통적 사회구조에서 탈피하여 행정의 민주화와 능률화, 그리고 효율성을 높일 수 있는 행정발전을 위해서 행정조직 전체에 깔려 있는 권위적·강제적 리더십 일변도에 편중된 현실에서 벗어나 민주적인 리더십의 발전이 시급하다.

2. 쇄신적·기업가적 리더십

발전도상국가에 있어서 관료제도 및 행정조직의 잘못된 타성의 하나는 쇄신이나 기업가적·창조적 요소들을 증오 내지 추방해 버리는 것인데, 이러한 현상을 타파하고 쇄신적이고도 기업가적인 창조적 방향으로 행정을 이끌어가야 한다는 점에 리더십의 존재이유가 있는 것이다.

3. 지속적 변화대응력을 가진 리더십

발전이란 변화대응력의 향상을 의미하는데, 사회변동과 요구에 적절히 응답하여 정책과 목표를 세우고 그것을 구체화할 때에 행정발전은 이룩된다. 사실 환경의 변화에 적절하고도 민감한 반응을 보이는 것은 지도자에게 요구되는 결정적 요건이며, 행정계층제의 경직성에 대한 자극인 것이다. 이러한 지속적인 변화대응력의 근원과 구심력은 그것을 발휘하는 자의 리더십에 달려 있는 것이다.

4. 발전목표를 창도하고 신념의 추진력을 가진 리더십

행정지도자는 발전목표를 창도하고 그가 현재 주장하고 있는 목표가 보다 큰 국가발전을 이룩할 수 있도록 지속적인 신념을 추구해야 한다. 따라서 그는 미래를 투시하는 통찰력을 가져야 하며, 그에 대한 특별한 신념을 소유해야 한다.

5. 동원과 상징적 조작력을 가진 리더십

발전목표를 달성하는 데 필요한 자질과 인력을 동원하고 상징조작을 할 수 있는 리더십이 요구된다.

6. 정보분석기능을 가진 리더십

행정지도자는 정책결정 및 의사결정자로서 행정의 발전목표를 결정하고 그것을 구체화하는 방법을 선택하는 데 있어서 합리적인 정보관리체제를 활용할 수 있는 능력을 가져야 한다.

7. 청렴도가 높은 리더십

남을 지도하는 사람은 무엇보다 철저한 윤리관으로 무장하여 청렴·결백해야 한다. 우리 나라의 지도자는 더욱 이점이 강조되어야 한다.

이상에서 리더십의 일반이론, 즉 리더·부하·집단 및 상황 등 여러 측면을 살펴본 바와 같이 리더십이 이들 변수의 복합적 상호관계에서 성립됨을 알 수 있었고, 리더십의 역할(기능)이 매우 중요하다는 것을 인식했으며, 더욱이 발전도상국인 우리 나라의 경우에는 새로운 여러 가지 리더십이 절실히 요청됨을 알게 되었다.

지금까지 리더와 리더십의 정의·유형 및 기능 등의 고찰을 통하여 리더십에 관한 일반적인 문제를 구명하여 보았으나, 실제 리더십의 활용에 유용할 정도로 충분한 검토가 이루어졌다고는 생각되지 않는다. 이제 이 중에서 가장 중요한 세 가지 문제를 언급하며 이 장을 맺고자 한다.

첫째, 리더의 태도문제, 즉 리더는 과업중심과 구성원중심의 어떤 측면으로 지향하여야 할 것인지 하는 문제이며,

둘째, 바람직한 리더십의 유형과 이에 관련된 기술 및 방책의 문제이고,

끝으로, 리더십의 효과를 증대하는 문제라고 할 수 있다. 이들에 관한 계속적인 연구가 요청됨은 말할 나위도 없다.

10
경찰부패론

제 1 절 연구 목적

지난 1945년10월 미군정청에 경찰국이 창설되면서 국립경찰의 모태가 된 한국경찰은 국가 안보와 치안 유지에 많은 기여와 역할을 해온 것이 사실이다. 민중의 파수꾼이자 거리의 재판관이라고 일컫는 경찰조직은 신뢰와 공권력의 상징이고 지역주민의 커뮤니티폴리싱(community policing)을 구현하는 기능을 담당하고 있다.

그러나 최근 전진 경찰청장을 비롯한 경찰수뇌부, 경찰간부, 일선 경찰관들의 부패로 인하여 국민들의 불신을 가중시키고 있고 경찰서비스 이미지가 추락하고 있다고 본다.

실제 경찰조직사회 뿐만 아니라 정치 사회구조속에 풍토병(endemic)처럼 만연된 부패 괴물(monster)을 척결하지 않고서는 선진국 진입과 국가경쟁력 향상은 난망하여 국가체제까지 위협받게 될 것이다.

반부패를 통한 경찰행정의 선진화와 투명화를 강화하면 경찰의 권위주의적 행태나 불신구조를 상쇄시킬 수 있다고 보며 이와 같은 노력을 강화하는 것이 필요하다고 본다.

이와같이 조금도 소홀하게 다 룰 수 없는 경찰부패문제는 좀 더 깊이있게 연구하고 분석하여 경찰의 반부패정책이 생산적이고 효율적 집행이 가능 하도록 하여야 할 것이다.

본 연구는 부패 중에서도 가장 중요하고 주축이 된다고 볼 수 있는 경찰 부패의 원인과 방지방안에 초점을 두려고 한다. 경찰부패의 원인과 방지방안을 연구함에 있어서 여타 공무원 부패들처럼 유형이나 실태를 다면적이고 실증적으로 고찰하고 부패의 유착관계도 분석해야하지만 본고에서는 경찰부패의 원인과 대안에 국한해서 조명하고 유형에 따른 복합적인 유착관계는 추후 연구과제로 분석하고자 한다.

제 2 절 선행연구분석

먼저 연성진(1999)의 "경찰분야 부패방지 대책"을 보면 경찰의 부패행위에 대한 방지대책을 종합적으로 제시하였다. 이 연구는 경찰 조직 내적으로 볼 때 승진·전보 등 인사관련 부패와, 조직외적으로는 국민과의 접촉이 많은 교통단속·사고처리나 업소 단속 등과 관련한 부패문제에 초점을 맞추고 이에 대한 제도적 해결책을 모색하고자 하였다. 경찰부패는 제도적, 환경적, 인적 요인에서 복합적으로 파생하는 것으로 파악하면서도 특히 제도적 차원의 개혁에 초점을 맞추어 부패통제를 위한 시스템을 구축하고 개혁 패러다임의 방향을 제시하려고 하였다. 다만 경찰부패 범위가 횡단적으로 연구하여 종단연구의 기능이 미흡한 점이 아쉽다.

표창원(2001)의 "외국의 경찰부패방지제도 고찰"은 외국의 경찰부패제도를 연구하였는데 특히 영국경찰의 반부패제도를 분석하였다. 그는 경찰비리관련 첩보를 수집하고 내사하는 등 민원이 제기되지 않더라도 적극적으로 부패·비리 경찰관을 색출해 내는 기능을 신설, 운영하고 있다고 주장하고 있다. 하지만 영국경찰의 부정부패 방지제도의 특징은 역시 비리의 조직화와 일상성을 제거하기 위해 사전예방책과 구조적 건강성에 초점을 맞추고 있다는 것이다.

이황우(2007) 경찰부패란 경찰공무원이 자신의 사적인 이익을 위해 도는 특정 타인의 이익을 도모하기 위해 경찰력을 의돌적으로 오용하는 것이라고 주장하면서 경찰부패원인을 개인적 성향이나 자질만으로 설명할 수 없으며, 경찰환경에서 경찰공무원의 부패발생원인을 일률적으로 설명할 수 없다고 주장했다.

제 3 절 경찰부패의 개념

공무원부패의 부패 현상이 특정 국가·사회의 정치제도, 국민의 가치관 내지는 도덕성 그리고 사회적 경향을 반영하는 것이므로[1] 부패의 개념에 대한 연구자들의 견해는 매우 다양하며, 통일적인 개념 정의가 이루어지지 못하여 왔다. 특히 경찰부패

---

1) James C. Scott(1972), <u>Comparative political Corruption</u> (Englewood Cliffs, N.T. : Prentice -Hall), p. 3.

연구가 미약하여 이에 대한 개념정립이 이루어지지 못했다. 그래서 본고는 그간 정의된 공무원부패의 개념을 가지고 추론하고자 한다.

첫째, 경찰관이 공적직무의 전념이라는 측면에서 정의할 수 있다. 이는 금전이나 지위 획득 혹은 영향력의 확대나 사적 이득을 위해 법적·공공의 의무 규범에서 일탈하는 것을 말하는 것으로서 Bayley, McMullan, Nye 등의 정의가 이에 속한다. Bayley는 부패를 특히 뇌물 수수 행위와 관련해서 이익에 치중한 나머지 공권력을 오용(misuse)하는 행위를 총칭하는 개념으로 파악하였다[2] 이 경우 경찰공무원이 공무원으로서 자신의 지위를 이용하여 권한을 남용할 때 발생하는데 경찰공무원이 자신의 지위와 신분을 이용하여 시민으로부터 뇌물을 받는다든지 뇌물을 내놓으라고 강제적으로 압력을 행사 하는 경우 이다.

둘째, 경업유착구조의 정의이다. 시장이론을 기초로 한 경제학자들은 관료제가 경제에 대하여 광범위한 조정자의 역할을 수행하면서 공공의 이익을 분배함에 있어서[3] 부패 공무원이 자신의 지위를 개인의 이익을 극대화하는 수단으로 생각할 때 부패가 발생한다고 볼 수 있다.[4] 예를 들어 유흥업을 경영하는 업주와 유착하여 금품이나 향응을 대접받는 경우이다. 이때 업자는 세금을 탈세하게 마련이고 경찰의 보호나 묵인 아래 불법영업을 통한 막대한 검은 돈을 조성하여 건전한 시장경제가아니라 지하경제로 변질되게한다. 최근 경찰부패가 과거 생계형비리에서 축재형으로 변질되는 경우가 개인의 이익을 극대화하는 수단의 예라고 볼수 있다.

셋째, 경찰관의 공익중심보다 사익을 우선시 하는 개인적 특성의 정의이다. Carl Friedrich, Arnold A. Rogow, H.D.Lasswell이 대표적인 학자인데, 공무원의 범죄와 부패는 국민들의 다수의 이익과 행복을 위하여 노력하여야 할 공직자들이 그들의 공

---

2) David H. Bayley(1966) "The Effects of corruption in a Developing Nations," Western political Quarterly, Vol.12 N.4, p. 719.
　　劉鍾海(1992), 행정의 윤리, p. 187.
　　Daniel H. Lowenstein은 "Legal effort to Define Political Bribery"에서 부패라는 용어는 다음과 같은 네가지 조건을 포함하여야 한다고 주장한다. ① 부정한 행위를 하고자 하는 자의적 의향이 있어야 ② 공무원에게 이익이라는 가치가 생겨야 하며 ③ 공무원의 행위와 가치있는 사물간에는 관계가 있어야 하고 ④ 그 관계에는 공무를 수행함에 있어 영향을 주고 또는 받는 의향이 포함되어 있어야 한다고 주장했다. 金海東 외 공저, 「관료부패와 통제」, (서울 : 집문당, 1994), p. 24.
3) Nathaniel H. Leff, "Economic Dervelopment through Bureaucratic Corruption" in Heidenheimer, pp. 510~512.
4) Tilman은 부패를 강제적 가격모형에서 → 자유시장모형으로 Klaveren은 "The concept of corruption"에서 부패한 공무원은 자신의 직책수행을 하나의 사업으로 보고 그곳에서의 수입을 극대화하려고 한다고 주장. Jacob Van Klaveren, "The concept of corruption" in Heidenheimer.
　　Robert O. Tilman(1968) "Bureaucracy : Administration, Development and corruption in the New states", Public Administration Review Vol.28, no.5, pp 440-442

익적 책임을 위반하여 사익을 추구함으로써 파생하는 일탈이라 한다. 경찰공무원은 공공의 이익과 사회적 안녕에 최우선을 두어야 하지만 경찰업무상 재량행위의 여지가 많다.특히 수사 분야와 교통사고 조사시 경찰관 개인의 재량권으로 인하여 수사방향이 달라질 수 있기 때문에 시민들은 부패의 미끼를 던지고 경찰공무원도 뇌물관행에 오염되는 경우이다.

넷째,제도적 접근설로서 공무원 범죄와 부패는 주로 후진국가나 개발도상국가에서 발생하는 제도적 취약성이나 사회적 기강의 해이의 결과적 부산물이라고 Myrdal이 주장하고 있다.5)영국이나 미국 그리고 일본의 경찰이 후진국이나 개발도상국가에 비해 부패의 오염이 덜하다는 것은 경찰제도가 보다 합리적이고 투명한 조직체계에 기인한다고 볼 수 있다.

법학적인 개념의 경찰공무원범죄와 부패는 형법상의 범죄요건인 행위의 구성요건해당성 위법성 그리고 책임성의 3요소에 성립되며 국가가 보호하는 사회생활의 이익 가치를 침해하는 반사회적행위를 의미한다. 현행 7장에는 공무원의 직무에 관한죄로서 제122조(직무유기죄)에서 133조(증뇌물전달죄)에 이르기까지 상당히 광범위하게 규정하고 있다. 특히, 수뢰 횡령 사기 절도 직권남용 직무유기 등으로서 공무원들이 그들의 직무수행과정에서 발생하는 범죄라고 말한다. 이상과 같이 부패가 갖는 다양하고 복합적인 속성 때문에 경찰부패를 단일한 개념으로 일반화된 정의를 찾기는 어렵다고 할 것이다. 경찰부패 현상은 복합적이고 다면적 현상이며 주관과 객관의 세계가 혼합된 행정 현상이며, 경찰제도·경찰공무원 그리고 경찰의 특수한 문화적 환경의 주요 변수의 부적응에서 발생되는 일탈 행위이다. 따라서 부패 문제를 統合的시각에서 개념 정립화 되어야 한다고 보게 된다.6)

결론적으로 경찰부패는 "法을 집행하는 경찰관들이 법규를 남용하거나 재량권을 일탈하여 부정한 방법으로 재화 가치를 획득하거나 수수하는 행태"라고 본 연구자는 정

---

5) G. Myrdal(1968), Asian Drama (N.Y. : Pantheon Books), pp 200-210. J.P. Dobel은 The corruption of a state에서 "부패란 실질적인 공공복지에 이익이 되는 행동, 상징, 기구에 대해 합리적·이성적으로 사심없이 헌신하지 못하는 시민들의 도덕적 무능력"이라고 규정했다.

6) 김영종 교수는 부패 현상과 경제발전과의 관계를 경제학의 도움을 정치과정에서 부패 문제가 어떠한 영향을 미치는가는 정치학을, 부패 현상이 사회구조와 변동에서 차지하는 의미는 사회학의 지원을, 심리적 갈등이나 상태에서 도출되는 것으로 파악할 때는 심리학적 연구의 지원이, 부패 문제를 사회 규범을 일탈한 범죄의 행위로 보는 차원에서는 범죄학적 접근이 그리고 부패 현상을 법률적인 규범학과의 접목을 고려하여서는 법학적인 지원도 필요하다고 보았다. 그리고 부패의 실체를 종교적 차원의 죄(sin)까지 취급하게 될 경우는 종교학적 지원도 필요하다고 보면서 심층적으로 체계화, 분석화, 종합화 되어야 하며 이런 의미에서 Corruptionology의 성립을 가능하다고 주장한다. 김영종 "민주사회발전을 향한 행정 부패의 방지 전략", 「민주 사회의 성숙을 위한 공공 행정」, 한국행정학회 제1차 국제학술대회, 1988, p. 400.윤덕중,범죄사회학,(서울:박영사),p189

의하고자 한다. 그리고 이와 같은 부정 부패가 성립되기 위한 요건으로는 권한의 남용이 의도적이어야 하며 특정인에 귀속되는 사적 이익 또는 불이익이 있어야 하고 특정한 사적 이익 또는 불이익이 권한의 활용과 직·간접적으로 연결되어야 한다.

제 4 절 경찰부패의 원인분석

이황우(2007)는 경찰부패의 원인 연구한 로버그와 쿠이켄델(1993)의 경찰 사회의 연구서를 인용하면서 다음과 같은 두가지 원인을 주장했다.

첫째, 경찰부패의 개인적 성향에 기반을 둔 것으로 경찰공무원으로 채용되기 전에 부정직한 사람이 경찰조직에 와서도 부패경찰이 된다는 것이고 이는 개인의 윤리적 결함에서 그 원인을 찾았다.

둘째, 경찰공무원이 경찰활동중의 사회화과정에서 부패된다는 설명으로서 신임경찰관은 기성경찰관에 의해 이루어진 조직의 부패 전통에 따르게 된다는 것이다. 이는 경찰의 부패를 조장하고 묵인하는 구조적 체계적 환경속에서 경찰공무원이 사회화되고 그로 인해 부패 현상이 발생한다고 주장했다.

그러면 경찰부패의 원인을 경찰문화, 경찰제도, 경찰윤리적 측면에서 조명하고자 한다.

1. 경찰문화적 원인[7]

우리사회에서 아마도 유교적인 규범문화의 전통은 오랫동안 지배적인 통치 이데올로기로서 확립되었다는 점이 중요하다. 유교문화의 실제적행위 통제력은 물론 시대에 따라 집단에 따라 대상에 따라 다르게 나타날 것이다.

그러나 인간관계를 위계적으로 통제하고 합리화 시키는 유교문화의 힘은 우리사회에서 매우 막강했다고 할 수 있다. 이 문화가 현대 한국 사회에서 경찰권위주의의 등장을 한결 용이하게 했으리라는 점도 쉽게 수긍할 수 있을 것이다.[8] 동양의 유교문화권 국가의 사회규범으로 가족우선주의 의리중시주의 정실주의등이 있다. 그중 의리의식은 경찰사회에 커다란 영향을 미치고 있다. 부정사건의[9] 대소를 막론하고 많은 부

---

7) 일반적으로 사회문화적 환경의 측면에서 볼 때 그 국가가 갖고 있는 역사성이나 가치규범 특수성 그리고 시민의 행태 또는 정치문화적 특수성 등이 복합적으로 작용하여 부패현상을 유발시킨다. 따라서 이러한 부패소지는 결코 관료개인이나 집단의 자발적이고 고의적인 동기로만 일어난다고 볼 수는 없다. 말하자면 관료의 부패행위를 유인하는 환경적 변수가 더 강도성을 가질 때 일어나는 경우를 말한다.

8) 한상진, 「한국사회와 관료적 권위주의」, (서울 : 문학과 지성사, 1988), p. 93.

9) 관료문화의 측면에서 관료행태에 끼친 영향과 그 철학적 기초를 이룬 유교문화에 대하여 Henderson은 권위주의적 관료행태의 주요한 요인으로 보고 있으며 이러한 것은 관료부패의 주요 원인의 하나라고 지적한다.

패현상이 의리관계를 이용한 것들이다. 특히 경찰의 지나친 패거리적 가족주의관과 동료애를 강조하는 의리온정주의가 부패를 더욱 조장케 한다. 경찰의 폐쇄적이고 수직적인 의사체계라든지 경직된 경찰 조직구조 덜 민주화된 명령 만능주위가 문제라고 볼 수 있다. 또한 경찰 내부의 비밀 우선주의와 상급 기관의 무사안일한 행태도 부패를 발생케 할 수 있다.

오늘날에도 연말연시 등 전통적 명절이나 관혼상제시의 '떡값' 명목이나 '촌지'의 행태로 남아있다. 이러한 유교문화에 바탕을 둔 관행이나 행태는 공무원과 경찰부패의 토양이 되어 있는 것이다. 또 이 전통적인 유교문화는 관존민비와 권력 지향적 가치관으로 공직자들의 의식구조를 지배하게 되고 권위주의적 경찰행태가 권력오용과 남용이란 결과를 가져와서 역시 부패의 좋은 서식처가 된다는 것이다.[10] 한국 관료의 병리적 행정행태와 관련하여 볼 때 무엇보다 중요한 행정행태는 우리나라에 있어서 고질적인 권력의 집중화 현상이다. 이것은 관료의 의식면에서 볼 때 한국관료의 지나친 권력 소유 욕망으로 발생된 것이라 말할 수 있다.[11]

한국 관료들의 권위주의 성격과 강도는 영국이나 미국의 경우보다도 1.7배 가량 높은 것으로 보고 되고 있음을 볼 때 이러한 행정관료들의 권위주의적 관존민비 행태는 부패의 중요한 토양이 된다고 하겠다[12]. 경찰조직이 가지고 있는 대 사회적 기능이라고 할 수 있는 질서 유지적 기능과 봉사적 기능을 고려하고 또한 경찰이 다른 행정조직과 다른 특수성으로 지적되어지는 위험성, 돌발성, 기동성, 권력성, 조직성, 정치성, 고립성, 보수성과 같은 요소들 그리고 계층제, 통솔범위, 명령통일 및 전문화규제만능 등은 모두가 경찰문화의 특수성에서 그 요인을 찾을 수 있다고 보여진다.(이황우,2007,p375)

이렇게 보아 올 때 우리의 전통적인 유교 문화적 풍토는 오늘날까지의 행정부패와 경찰부패를 조장한 주된 사회문화적인 요인이 아닐 수 없다.

Henderson, Gregory, Korea : The Politics of the Vortex Cambridge : Harvard university Press, 1968, p. 921. 김영종 교수는 최고 지도자들의 장기집권의 병폐와 카리스마적 leadership 또는 권력 남용으로 인한 역기능이 관료부패의 주요 변수라고 주장한다.

10) 김영종, 상게서, p. 286.

11) 윤우곤, "현대 한국관료의 의식구조", 「계간 경향」, 봄호, 1988, pp. 210~218.

12) 허 범, "새로운 공공행정의 모색", 「민주사회의 성숙을 위한 공공행정」, 한국행정학회편(서울 : 고시원, 1988), pp. 103~105.

2. 경찰제도적 원인

(1) 경찰의 규제

우리나라는 경제활동과 국민생활에 대한 官의 규제와 인·허가가 기업과 주민의 활동을 얽메고 있다. 기업과 주민은 관의 규제의 그물을 뚫어야 하고 그러기 위해서 손쉬운 뇌물공세에 호소하려는 유혹을 받게 된다.[13] 문제는 규제의 단계마다 독점적인 권한을 가진 공무원들이 너무 많다는데 있다. 이들이 제각기 뇌물을 요구하다보면 기업이 부담하는 '추가세금'은 눈덩이처럼 불어난다. 각종 유흥업소의 풍속지도나 불법 탈법시설을 단속하고 규제하는 경찰 공무원에게 있어 업자와의 관계는 부패라는 공생관계로 변질될 수 있다.경찰서나 파출소가 운영비란 명목으로 방범위원 관내유지 고물상 전당포 자동차정비업소 운수회사 주차장 병원 각종유흥업소와 음식점등의 관내 대상업소에 협조명목으로 매월 정기적인 금품을 요구하는데 이는 경찰의 규제권이 있기 때문에 가능하다.[14]경찰 규제가 많으면 상납과 같은 조직적인 부패구조가 탄생하는 것이다. 부패가 규제를 줄이는 효과가 있더라도 부패한 경찰공무원들은 더 많은 규제를 만들어 이를 상쇄해 버린다. 일반적으로 뇌물에 능한 업자는 공정의 룰을 준수하는게 아니라 사회의 해악을 가져오더라도 탈법을 조장한다는 것이다.

법령 등에 의한 경찰 규제 기준이 철저하게 지켜질 수 있도록 기준의 설정을 현실화하여야 한다. 이상적인 기준을 설정할 경우 예산이나 人力이 뒷받침될 수 없다면 그 기준을 현실적 수준으로 맞추어야 한다. 또한 법규나 명령이 현실과 너무 유리될 때 부조리가 발생 하게 된다. 특히 경찰서 교통과의 경우 음주운전이나 교통 사고 처리시 경찰관에게 찔러주는 뒷돈이 많다고 한다.[15]경찰의 교통단속규제가 부정소지가 많은 것은 과학적인 조사원칙과 공정성이 중시되어야 함에도 재량의 여지가 있기 때문이다.

(2) 경찰 공무원 보수 및 신분의 불안정

우선 보수면에서 보면 경찰공무원에게 지급되는 보수 수준이 낮으면 부정이 야기되기 쉽다. 후진국 행정일수록 경찰의 보수는 최소한의 생계비에 미달하는 경우가 많다. 그래서 과거 우리나라는 생계형부패가 주종을 이루었다. 이런 상황에서 공무원은 부정에로의 유혹을 받기 쉬울 뿐만 아니라 부정과 연계되지 않는다 하더라도 보수수준

---

13) 중앙일보, 1996년 1월 1일 사설참조
14) 공무원 부패방지를 위한 처우개선 기본방안보고서,부정방지대책위원회,1993,p11
15) 김일곤, "부패공화국리포트",부정부패의 사회학,(서울:나남출판),p50

의 민·관의 심각한 격차로 인하여 우수인력의 경찰에로의 유치가 어려워지고 경찰관의 자질이 떨어졌던 것이 사실이다. 경찰공무원의 사기저하로 경찰능률과 경찰서비스의 質이 저하되게 되어있다.

이명박 정부 들어 수사개시권 등 재도개혁을 주장하지만 무엇보다도 경찰사기진작과 긍지라는 측면에서 처우개선이 우선과제라고 볼 수 있다. 경제사정이 나쁘지만 경찰봉급은 경찰부패근절의 확실한 담보가 되리라는 기대에서 앞으로도 계속적인 인상이 있어야 한다. 신분의 불안정도 부정부패를 낳는 원인이 되는데 안정성이 결여되면 직접적으로 자기에게 이해가 없는 업무에 대해서는 수동적인 태도를 취하게 된다. 자기가 맡은 직책에서 언제 물러날지 모른다는 생각은 사회일반의 금전만능사상의 작용을 받아서 그자리에 있는 동안 생활에 대한 최소한의 재정적인 기반만은 만들어 놓자는 생각을 하게끔 만들 수도 있다.

또한 승진도 시험위주보다는 능력과 근무성적을 중요시는 제도적 장치 마련이 시급하다. 경찰부패의 대다수가 간부보다는 하위직경찰관으로서 이들이 시험승진에서 탈락될 경우 사기저하와 부정심리가 싹튼다고 볼 수 있다. 시험승진보다 근무성적과 실적위주로 전환하여야 할 것이다.

(3) 감사기관의 비효율성

경찰공무원 부정에 대한 감사·수사체계가 허술해 공직사회의 고질적인 상납구조와 업자와의 유착이 계속 이어지고 있다. 지난 9월 사정기관의 감찰결과 경찰공무원은 모두 4천6백78명의 비위관련자가 적발되었다. 이당시 적발된 공무원은 8천1백8명으로 경찰은 전체의 58%에 달하였고(정부부처에서 가장 많았음) 추방된 숫자도 전체공무원 파면 해임 면직자의 62.7%에 이르렀다. 사정 감사기관의 지속적이고 반복적인 감찰에도 경찰부패가 줄어들지 못하는 이유는 무엇일까. 무엇보다도 감사원이나 경찰청 자체 감찰기관의 감사비효율성이라 볼 수 있다. 형식 감사 건수위주감사 처벌위주감사 등이 부정을 척결하는데 어려운 점이 있다. 또한 봐주기 감사가 많고 감사원 징계요청에 불이행이 많다고 한다.[16] 즉 경찰자체감사를 통하여 경찰공무원의 부정을 적발하고도 고발하지 않고 내버려둔다든지 징계사항을 미온적으로 처리했기 때문이다. 각급 기관에 대한 감사원 감사의 경우 서류대조 등으로 공직자가 세금이나 공금을 횡령한 사실이 드러났을 때만 당사자를 검찰 등 수사기관에 고발할 뿐 나머지 사항에

---

16) 서울신문,1998년10월22일24면

대해서는 대부분 행정처분에 그치고 있다. 또 고발을 받은 수사기관도 감사원이 통보한 비위사실을 재확인 할뿐 추가범죄나 상급자 관련여부 등을 더이상 캐지 않는 실정이다. 감사원이 93년 7월부터 1년 동안 4천5백44개 기관을 감사한 결산보고에 따르면 비위 공무원 8백8명에 대해, 징계 문책 또는 인사조치 하도록 했으나 수사기관에 고발한 경우는 10%에도 못미치는 70명에 지나지 않았다. 수사권이 없는 감사원으로서는 확대 수사할 수 없고 새로운 제도적 뒷받침이 없으면 현재의 부정관행의 발생은 계속된다.[17)

3. 경찰조직 내부특성

(1) 경찰조직윤리

윤리란 사회적 존재로서의 인간이 특정한 환경이나 상황에서 취하게 될 행동에 대한 도덕적 기준을 마련해 주는 것으로서 특정상황에서 인간의 행동을 규정하거나 금지하는 규범적 행동기준이라고 할 수 있다.[18)

정부조직은 윤리적 문제와 그 문제를 해결하기 위한 체계적 접근이 특별히 필요한 영역이다. 공직윤리는 정부조직에서의 공무원의 행동에 도덕적 원리를 적용시키는 것을 의미한다.[19)경찰조직은 전통적으로 개인책임보다는 소위 조직윤리를 강조한다. 조직윤리는 공무원이 조직내에서 구성원간의 친화, 승진 안전 공동의 이익을 공유하는 대가로 충성과 기관의 전술과 정책을 수용할 것을 요구한다.[20)이 윤리는 경찰공무원의 개인적 윤리나 동기와는 관계없이 충성심을 보여줄 것을 요구하는데 그것의 가장 정형화된 형태는 복종의 형태이다. 그 결과 경찰공무원은 조직에 대한 충성심을 가장 높은 차원의 도덕성으로 간주하게 되고 건설적인 이의제기나 반대는 위배되는 것이 되기 때문에 조직은 이를 허용하지 않게 된다. 조직윤리는 조직의 비공식 규범이 되고 조직구성원을 지배하게 되기 때문에 공무원은 이 윤리를 위배함으로써 자신의 지위와 수입을 잃게 되는 모험을 시도하려고는 하지 않게 된다. 사회분위기의 도덕적 타락은 경찰의 부정이 잉태되며 조직과 개인의 부패에 대해서 공무원 자신은 저항하지 않고 침묵한다. 전감사원 감사관 李文玉씨가 삼성그룹 감사중단 사실을 언론에 발표한 사실, 한준수 전 군수의 선거부정 사실을 공표한 것, 윤석양 이병이 보안사 민

17) 한겨레신문, 1994년 11월 28일자 참조.
18) 정헌영, "행정윤리의 성립가능성 및 확립방안", 「한국행정학보」, 24권 2호, 1990, p 837.
19) 박종두, "행정윤리에 관한연구", 「현대사회와 行政」, 제2집, 연세행정연구회, 1991, p 67.
20) Jong S, Jun, public Administration, 윤재풍, 정용덕 공역, 「행정학」, (서울 : 박영사, 1987), p. 458.

간인 사찰에 대한 양심선언을 한 것 등은 공무원이 자신의 의무를 다하기 위해서 조직윤리에 대항한 대표적 케이스라고 볼 수 있다. 그러나 대다수의 관료들은 침묵과 복종으로 행동한다. whistle-blower가 되기보다 조직윤리에 따른다. 그것이 전통적 미덕이고 조직윤리에 따르는 것이 올바른 처신이라고 대다수가 여긴다. 경찰공무원들이 국가의 이익을 위해 희생하기보다 조직 동료를 위해 패거리체제를 구축하며 오히려 내부고발은 동료들 사이에서 소외되고 정신병자로 취급된다고 여긴다. 이것이 더욱 부패원인이 되고 마는 것이다.

(2) 구조적 뇌물 관행

경찰부패의 경우 부패는 경찰관이 경찰조직에서 구조적 관행으로 정착화되거나 내면화된 병적 도벽 관료제(kleptocracy)[21]에 기인한다고 할 수 있다. 경찰은 경무 보안 수사 교통 정보 방범등의 전반에 걸쳐서 부패의 고리가 연결되어 있다. 심지어 고소고발 사건의 처리과정에서도 특정인을 비호하며 뇌물을 받기도 하고 인허가 업무과정에서 부적격자에게 부당한 허가를 내주면서 뇌물을 받는다. 처음 경찰에 입문한 경관이 청렴한 윤리의식을 가지고 공정한 업무수행을 하다가 중도에 부패해지는 것은 경찰과 우리사회의 광범하게 걸친 뇌물구조 시스템 탓으로 여기는 것은 무리일까. 최근 부산에서 윤락업소를 운영했던 경찰관이 구속되었는데 그는 여대생 등 2백여명을 1천 4백여명의 남성에게 윤락을 알선했다고 한다. 이제 유흥업소나 소매치기 폭력조직 등과 공생관계를 맺고 뒤를 봐주는 고전적 부패는 순진한 편에 속한다고 볼 수 있다.[22]공직자, 사회지도층, 시민 등의 다양한 계층에서 발생하는 부패행위는 그들의 비합리적이고 탐욕적인 욕구의 만족을 위한 일탈행위(deviant behavior)를 합리화하거나 정당화 또는 준공식화 하는 속성과 근성 등의 비윤리적 가치체계를 내면화(internalization)하는 사회조직구조나 개인들의 가치구조 탓이라고 지적할 수 있다.[23] 그러나 우리사회의 부패와 뇌물관행시스템이 워낙 정교하고 조직화 되어있어 경찰조직만의 책임이라고 하기에는 무리가 있다.

---

21) 전종섭, 「행정학 : 구상과 문제해결」, (서울 : 박영사, 1987), p. 230.
22) 동아일보,1996년1월16일
23) 김영종, "부패문화의 개혁정책론", 「부패학」, (서울 : 숭실대출판부, 1996), pp. 298~299.

제 5 절 경찰부패 방지를 위한 대안

1. 경찰의식 개혁

우리사회의 생활 전반에 관행화되고 일상화 되어 버린 경찰부패문화를 일소하는 첫 번째 개혁과제는 경찰의 의식전환이라고 볼 수 있다. 의식의 변혁이 없는 부정 부패 의 척결은 단지 형식적이고 일과성이 될 가능성이 크다. 아무리 철저하게 부정과 부 패, 그리고 비리를 찾아 내어 척결한다고 하여도 왜곡된 의식이 상존하는 한 그것은 계속적으로 부정 부패와 비리를 만들어 낼 것이기 때문이다.24)

국민들이 주지도 않고 경찰공무원 역시 받지도 않는 자세가 확립되는 의식개혁의 전환이 중요하다고 볼 수 있다. 지속적인 반부패교육을 통해서 경찰의 가치관과 의식 을 바꾸어야 할 것이다. 경찰관의 공복의식 도덕적 윤리관을 함양하고 반부패의식을 고취 시키기 위하여 경찰공무원교육의 변화가 중요하다.

2. 경찰의 민주성

한국의 행정문화와 행정행태는 관치행정적인 것이다. 전체적으로 그것은 권위주의로 특정지을 수 있다. 권위주의는 민본행정으로의 전환을 어렵게 하는 가장 심각한 장애 요소가 아닐 수 없다.25) 권위주의는 평 등의 관계보다는 수직적인 관계에서 지배 복종 의 관계를 강조하는 문화이다.26) 관 지배주의나 官 우월주의 또는 官尊民卑思想은 권위주의의 한 형태라고 할 수 있다. 이러한 권위주의는 일본식민지시대의 경찰문화에 서 발아됐고 1961년 이후 군부정권의 출범과 더불어 더욱 강화되었다고 볼 수 있다.

오늘날과 같이 국민의 욕구가 다양하게 분출되고 정치와 행정의 민주화가 이룩되고 있는 현실에서도 한국경찰기관의 권한남용과 관료제화 현상은 민원업무에서 심각하게 나타나고 있다.27) 경찰의 고압적인 자세, 업무처리 절차의 복잡화, 관례 默守的인 행 정처리방식(routinization), 봉사심의 결여 및 무사안일주의 등은 경찰행정체계가 아직 도 권위주의적 관료제화로 경직화되고 있다는 것을 보여준다. 국민에게 봉사하는 경 찰 모습을 보여주고 국민의 신뢰도를 고양시키기 위해 적극적인 행태변화가 중요하다. 사실 경찰활동은 법을 집행하는 규제행정의 성격이 강하여 강제와 권위의 모습으로

---

24) "의식개혁의 과제", 「의식개혁의 과제와 전략」, 공보처, 1995, pp. 8~21.
25) 허 범, "새로운 공공행정의 모색", 「한국민주행정론」, 고시원, 1988, p. 129.
26) 백완기, 「행정학」, (서울 : 박영사, 1995), pp. 213~214.
27) 조용효, "한국행정의 민주화 정착을 위한 모색", 「한국민주행정론」, 한국행정학회, 1988, pp. 56~58.

국민에게 인식되어온 것이 사실이다. 그러나 국민의 생명과 재산을 보호하는 경찰존 재의 본질적 이유를 생각하면 국민의 공복으로서 국민에 공정하고 신뢰성있는 경찰서 비스행정이 필수 불가결 하다고 본다.[28)

3. 경찰규제 완화

경찰규제는 현실성과 타당성을 고려해야 한다. 불 필요한 영업상의 규제는 반드시 풀어야 하며 단속일변도 보다 민간자율에 맡겨야 할 것 이다. 경찰 부패의 온상이 되 고 있는 교통조사나 영업 규제는 신뢰성, 공공이익, 비례의 원칙이 철저히 준수 될 수 있도록 하여야 할 것이다.사실규제 완화도 있지만 강화 해야할 부분도 있다. 즉 시민서비스의 수혜와 치안안전이라는 두가지 명제를 고려 해야 할 것이다. 경찰 행정 제도의 개선을 통하여 경찰규제 및 관리기준을 현실화하고 투명성을 보장 하는 제도 적장치가 시급하다. 이와 아울러 규제완화를 위하여는 경찰의 民에 대한 규제뿐 아니 라 검찰이나 상급기관의 불필요한 규제도 줄여야한다. 특히 최근 논의 되고 있는 경 찰의 수사권은 규제완화라는 측면에서 검토해볼 필요성이 있다.[29) 검찰의 경찰에 대 한 수사권규제와 통제는 경찰조직과 경찰공무원의 사기와도 직접 연결되기 때문이다.

4. 경찰 사기 제고 방안

경찰공무원의 처우는 국가 정책적으로 고려되어야 한다.경찰의 처우개선이 부패척결 에 도움이 된다는 국민적 합의의 도출 그리고 고용주로서의 정부의 윤리적 책임이 고 려되어야 한다.즉 경찰관은 국가와 국민의 대표자이고 봉사이며 실제로는 고용주는 정부로서 경찰의 처우개선은 윤리적으로도 책임이 있기 때문이다.[30) 따라서 경찰공무 원보수를 대폭 현실화하여 부정의 소지를 없애고 우수한 인력의 유입을 가져와야 할 것이다.싱가포르 정부는[31) 공직자들이 물질적인 유혹을 뿌리칠 수 있도록 상당한 처 우를 해준다. 총리가 월 5천5백만원, 장관급이 3천만원을 받는다고 한다. 일반 공무원 도 상당한 처우를 하고 있다. 미국이나 영국 경찰공무원의 처우 또한 우리나라와는 비교가 되질 않을 정도로 상당히 높다고 한다. 우리나라에서 경찰의 생계형 비리가 속출한 예를 보더라도 처우개선은 필수적이다. 또한 철저한 신분보장을 통해 정치권

---

28) 경찰백서,경찰청,1997년p392
29) 조선일보, 1994년 12월 6일, 조선일보, 1995년 12월 1일.
30) 공무원부패방지를위한 처우개선 기본방안,pp29-30
31) 조선일보, 1995년 10월 29일.

력의 압력으로부터 보호되어야 부정을 없앨 수 있다. 이와함께 또다른 불만요인이 되고 있는 숭진 체계를 새로이 마련하여 공직에 활력소를 불어넣도록 하여야 하며 기타 근무조건의 개선이나 직무환경 등이 고려되어야 할 것이다.

5. 부패방지 입법의 제정

무엇보다도 경찰부패나 공무원범죄의 효율적인 대처를 위해서도 부패방지법을 제정해야 한다. 현재 우리나라는 公務員에 관한 법령과 규칙이 상당히 있다. 형법, 국가공무원법, 경찰관 직무집행법,지방 공무원법, 공직자 윤리법, 공무원 범죄에 관한 몰수특례법, 공직선거 및 선거부정 방지법, 공무원 복무규정 특례법, 특정범죄가중처벌법 등이 산발적으로 규정돼 있어 이것을 체계적이고 일원화해 반부패에 대한 효율성을 높여야 한다.32) 따라서 이를 통하여 「공무원 부정부패 방지법」을 제정하여야 한다. 이 법의 주요내용에는 경찰공무원을 포함한 공직자들의 부패사범의 형량 강화 및 취업제한, 부정으로 증식한 재산전액 몰수 등을 규정하고 소액의 현금을 받았어도 파면 조치하는 등 엄격한 규정안을 마련해야 한다.

6. 경찰 감사 방안

현재 경찰공무원의 직무를 통제하는 감사원이 막강한 직무감찰기능을 가지고 있으나 여러 가지 제약으로 사후감사에 치중할 수밖에 없었으며 부정부패 방지기능은 미비했던 것이 사실이다. 직무감찰에 관한 局이 하나밖에 없고 인원도 적어 이들 인원으로 말단경찰기관까지 직무감찰을 완전히 하기는 어렵다. 따라서 공무원 부패를 전문적으로 감찰하고 조사하는 기구의 창설이 필요하다. 홍콩의 염정공서(Independent Commission Against Corruption)와 같은 조직을 설치 하는 것도 한 방법이다. 감사원은 직무감찰기능과 회계검사기능을 하고 있는데 효율적 부패방지를 위해서는 기능분리가 필요하다. 즉 회계검사원과 부패감찰(가칭)청의 설치가 되어야 할 것 이다. 회계원은 국회 소속으로 하여 독립성을 보장하고 회계검사에 주력하고 부패 감찰청은 대통령직속이나 총리실산하에 두어 강력한 반부패활동을 하도록 하여야 할 것이다. 공무원 범죄와 경찰부패를 척결하기위해서도 반드시 필요하다.부패 감찰청은 사정기관도 단속 할 수 있도록 권한을 부여 해야 할 것 이다. 또한, 부정부패에 대한 연구나 활동방향의 결정이나 집행에 자문을 할 수 있도록 국책 연구기관(부패방지정책연구원)

---

32) 김영종, 중앙일보, 1995년 11월 15일.

을 총리실 내에 설치하여 부패문제를 심도있게 연구하고 분석하여야 할 것이다.

7. 경찰부패의 사회통제기능

경찰부패를 발본색원하겠다는 최고 관리층의 의지가 무엇보다도 중요하다. 한 예로 미국 뉴욕시는 90년대 초까지 경찰관의 범죄에 골머리를 앓았다고 한다. 뉴욕의 대표적 사창가인 42번가의 실제운영자 30%가 경찰관이었다고 한다. 피해를 본 관광객들이 신고를 해도 제대로 처리될 리 만무했다. 이당시 루돌프 줄리아니 시장은 94년 당선직후 부패경찰관과의 전쟁을 선포하고 강력하게 반부패정책을 추진하였다. 엄청난 파문 끝에 42번가는 안전한 거리로 탈바꿈하고 늦은밤에도 관광객의 발길이 끊이지 않는 문화의거리가 되었다고 한다.이와같이 치안책임자나 통제권자가 강력한 의지를 가지고 반부패정책을 집행할 때 부패척결이 가능할 것 이다.그리고 경찰부패를 조금이라도 줄이고 근절하기위해서는 사회의 목탁이라할 수 있는 언론의 반부패감시기능이 매우중요하다고 본다.언론은 공정하고 객관적인시각에서 부패사실들을 보도하고 어떠한 압력이나 회유에도 굴하지말아야 할 것이다.

현대 언론은 정치, 경제, 사회, 문화의 제반영역에서 점차 문외한으로 저락해 가는 국민의 눈과 귀가 되고 냉철한 머리가 되어 정부나 사회에 대한 감시자, 비판자가 되길 주저하지 말아야 할 것이다.[33] 언론은 국민의 이익과 권리의 수호자임을 자처하고 국민의 알 권리를 충족시킬 사명을 지닌다. 특히 국민의 알 권리는 공공의 관심사와 깊이 관련되어 있기 때문에 각종 정부의 활동이나 경찰관의 행태도 언론의 주요 표적이 된다. 또한 공공부문에 대한 정부의 역할이 증대됨에 따라 언론의 기능 역시 정부의 권력남용과 오용을 감시, 고발하며 공무원들의 부정과 부패, 과오와 실정을 비판하는 일에 중점을 두어야 할 것 이다.[34] 언론은 경찰의 구석구석에서 일어나는 불법, 탈법 현상에 대한 감시의 눈을 한층 강화해야 할 것이다. 이 과정에서 외부로부터 가해지는 모든 종류의 억압과 회유로부터 독립적이어야 함은 물론이다.[35]

8. 경찰공직윤리의 제고

현대 자본주의 사회는 시장경제의 위력속에서 놀라운 발전을 이룩하였으며 체제 자체에 대한 우월감과 확신을 가져다 주었으나 한편으로는 우리에게 상품화의 문제를

---

33) 유재천, 「한국언론과 언론문화」, (서울 : 나남, 1988), pp. 107~109.
34) 최봉기, "행정오류의 진단과 시정에 관한 언론의 역할", 「한국행정학보」,제24권1호,1990,p350.
35) 양승목, "문민시대의 한국언론", 「신한국의 정책과제」, 한림과학원편, 1993, pp. 169~170.

남기고 있다. 생산과정에서의 소외는 인간성의 상실 즉 물화(reification)를 가져 왔으며 사회 전체적으로 금권만능사상이 지배하게 되었다. 금권 만능사상은 관료제 내에도 뿌리깊게 자리잡고 있으며 뇌물수수 등을 통하여 사부문에 대하여 지대추구행위를 조장하도록 하고 있다. 물론 탈상품화에 탈금권 만능사상의 문제는 체제자체의 구조적 문제임은 분명하지만, 뇌물수수와 공직을 이용한 부패등의 일탈적 행정현상은 우리에게 행정윤리의 정립을 시급히 요구하고 있다.[36]형식적인 윤리교육과 조직에의 충성심만을 앞세우는 경찰공무원 교육체계를 개선하여 윤리적 책임을 강조할 수 있어야 한다. 경찰공무원들에게 시민적 욕구에 대한 폭 넓은 이해와 공익규범에의 사회화를 이룰 수 있도록 공동체 의식을 심화시켜 주는 방향으로 교육체계를 새롭게 바꾸어 나가야 할 것이다.[37]교육훈련과정을 통해서 경찰공무원 자신의 윤리적 책임, 변화하는 상황에서의 윤리적 선택의 의미, 그리고 조직적 책임과 충성의 한계에 대해서 의문을 제기할 수 있는 능력을 가진 경찰공무원을 개발해야 한다.[38]경찰공무원의 윤리의식을 높이는 최상의 방법은 결국 경찰관 자신의 批判意識과 의식개혁을 시키는 일이다. 조직이 부패하지 않도록 자신과 조직, 그리고 국민에게 책임을 지는 경찰공무원이 될 수 있는 행동규범을 가져야 할 것이다.

제 6 절 결론

지금까지 경찰 부패의 원인 그리고 방지전략을 중심으로 논의하여 왔다. 먼저 부패의 개념과 원인을 조명하였다. 경찰부패가 발생하는 원인을 경찰문화적, 제도적, 경찰조직 내적 원인으로 대별해서 논의했다. 경찰문화적 원인으로는 유교문화가 논의되었으며, 제도적 요인으로는 경찰의 규제가 가장 큰 원인으로 나타났다. 경찰 공무원의 보수, 복잡하고 자의적인 법률의 집행, 감사기관의 효율적 통제미비도 큰 원인으로 나타났다. 경찰조직 내적 원인으로서 좋지 않은 조직윤리와 뇌물이 관행처럼 되어버린 구조적 메카니즘으로 나타났다. 그리고 경찰부패 방지전략에서는 경찰의 의식개혁,경찰규제완화, 언론의감시기능, 경찰윤리회복의 확보 등이 강조되었다. 경찰부패 현상은 공공의 안전과 국민의 신뢰성을 흔들어 놓는 괴물(monster)적 존재이며 국민의 기대

---

36) 고시연구, 1994년 8월호, p. 21.
37) 안병영, "전환기 한국관료제의 갈등과 발전 방향",「사상」, 제 2권 3호, 1989, p. 103.
38) 전종섭, "전문가의 역할과 윤리적 책임",「민주사회 성숙을 위한 공공행정」, 한국 행정학회편, 1988, pp. 466~467.

를 일탈하는 중대범죄라고 볼수 있다. 그런데 경찰의 부패추방은 구호만으로 되는 것이 아니라 부패의 정확한 실체를 먼저 규명하고 그 원인을 집중적으로 분석하여 체계적이고 통합적인 방지전략이 강구되어야 한다. 결론적으로 경찰부패를 방지하기 위해서는 경찰관개개인의 반부패의지가 중요하고 탐욕보다는 공익을 생각하는 숭고한 도덕적 의무, 봉사정신이 중요하다고 본다. 또한 어떠한 부패유혹에도 흔들리지 않도록 국가가 앞장서 처우개선 마련도 매우시급하다고 본다. 경찰관 소수의 부패로 대다수의 경찰공무원들의 사기를 저하시키고 국민들의 경찰에대한 신뢰를 추락시킬때 이것은 결국 정부공권력에 국민들의 심한 냉소주의를 가져오는 우를 범하게 된다.부패는 사회공적1호이고 국가를 파멸로 가게 하는 망국병이다.부패 척결없이는 경제회복도 국가개혁도 난망하다. 부정부패 척결에 성공한 나라들과 실패한 나라들의 경험을 살펴볼 때 부정부패척결이 국가발전에 필요충분조건이라는 사실을 알 수 있다.따라서 부패개혁이 경제발전과 국가발전의 필요충분조건이라는 데에 경찰공무원들의 바른 인식이 필요하다고 볼 수 있다.

11
수사권과 경찰의 사명

제 1 절 검경수사권 논리

문재인 정부 들어 권력분산을 위한 제도개혁을 가속화 하고 있다. 그중의 하나가 검경수사권조정문제이다. 그간 수사권쟁탈을 위한 검경의 싸움은 조직적이고 치열하였다. 과거 경찰과 야당 국회의원과의 개돼지 논쟁이 볼썽사나울 정도로 치열했다. 야당의원은 '사냥개 몽둥이'라는 표현으로 경찰의 수사태도를 비판했고 경찰 또한 조직적으로 대항하는 형세이다. 과거에는 볼 수 없던 경찰의 집단행태는 수사권조정시기에 나쁜 선례를 만들기 십상이다. 심지어 경찰은 "돼지 눈에는 세상이 돼지로 보인다"는 피켓 시위를 하며 발끈했다. 법을 집행하는 기관이 절차를 무시하고 시민단체처럼 행동해선 누가 지지하겠는가? 그렇다고 야당 대변인의 거친 험담은 일선에서 묵묵히 대민업무에 종사하는 경찰관들의 사기를 짓밟는 경우라고 본다. 야당도 경찰을 존중하는 자세가 필요하다. 청와대는 검찰이 가지고 있는 수사권을 폐지뿐만 아니라 무혐의 처분 등도 경찰이 하도록 한다고 한다. 경찰은 한해 처리하는 살인, 강도, 강간, 절도, 폭력 등 형사사건이 150만 건이라고 한다. 약 98퍼센트를 경찰이 초동처리하고 있다. 그러나 경찰은 최선을 다했어도 수사종결권이나 영장청구권이 없어 검사의 눈치를 보며 사실상 하청수사권을 발휘하고 있다. 우리나라 검찰은 헌법과 형법에 수사권을 보유하도록 명문화했다. 검사는 기소권이나 영장 청구권도 있고 경찰서 유치장 감찰권도 가지고 있다. 검찰은 경찰이 가지고 있는 10만 원 이하 경범죄 처벌권도 인권 침해소지가 있다면서 검찰권에 포함 시키려 한 적도 있다. 외국의 사법경찰제도를 보면 다음과 같은 데 먼저 영국의 잉글랜드는 경찰이 독자적인 수사권을 보유하고 있으며 미국도 경찰이 수사권을 행사하고 있다. 그러나 영국의 스코틀랜드와 북아일랜드는 검찰이 사법경찰을 지휘하도록 되어있고 경찰은 수사보조자 역할에 머물고 있다. 독일은 2000년 형사소송법의 개정으로 경찰의 독자적인 수사가 초동수사에서 벗어나 모든 분야에서 수사권 행사가 가능하도록 했다. 검사는 경찰 수사가 법적 하자 없이 이루어지는지 감독할 권한이 있다. 검사는 경찰의 수사 활동에 어느 단계에서든지 구체적 지시 감독을 하도록 하고 있다. 프랑스는 행정경찰은 경찰청장과 도지사가 하고 사법경찰은 검찰청으로부터 근무지 부여 명령을 받으며 고등검사장은 사법경찰을 징계에 회부할 수 있다 그러나 경찰의 초동수사권은 인정하고 있다. 일본은 사법경찰과 검사는 상호협력관계를 유지하고 있으며 형사소송법을 개정하여 대등한 지위에서 사법경찰을 1차적 수사권으로 하고 있다. 이와 같이 검찰이 수사를 지휘하지만 우리나라 검찰의 권한은 선진 외국보다 더 강한 권한을 가지고 있으며 정치 권력과 밀접한 관계를 가지고 있다. 과거 정치권력은 검찰을 정권 유지나 정적 제거의 사정에 이용하려 했고 검찰은 충실히 수사하여 청와대의 입맛에 맞도록 했다. 그래서 얻은 것이 인사상의 특혜를 받아왔다. 소수 정치검찰로 인하여 다수의 검사들은 불만이 가득했다. 사법정의와 인권을 보호하는 검찰로서는 정권의 향방에 검찰권이 부침하는 이런 현상에 자괴감마저 들었고 일선검사들의 검찰권 중립성 외침을 무시했다. 최근 공직자비리수사처신설이라든지 수사권지휘권의 경찰 이양 등 그동안 누렸던 검찰의 권한을 혁파하는 시스템에 토사구팽당하는 기분이 들것은 충분하다고 본다. 그러나 검찰이 그동안 권력 맛에 도취된 것은 자업자득의 결과라고 본다. 향후 검경 수사권조정은 방향은 국민들의 수사서비스와 인권 보호에 중점을 두어야 할 것이다. 먼저 경찰 수사의 질적 향상을 제고 하여 국민들의 원성을 줄여야 한다. 작년 경찰 인지수사 120 만 건 중 검찰의 무혐의 처분을 받은 것이 17 만 건이 넘는다고 한다. 선량한 시민들은 파출소 가는 것 만으로도 떨린다. 그러니 수많은 시민들이 경찰서의 소환통지를 받고 수사 받고 죄인처럼 대한다면 얼마나 억울할까 상상해 본다. 사법경찰의 자질향상을 위해 수시로 교육을 해야 하고 연수시켜야 한다. 썩은 사과처럼 인성과 가치관이 뒤떨어지는 경찰관은 수사부서에 배제 시켜야 한다. 경찰의 1차 수사권이나 영장청구권은 주되 기소권이나 종결권은 현재처럼 검찰이 유지해야 한다. 또한 사법경찰의 편파적인 수사에는 검찰이 수사 중지나 보충적으로 재수사권한을 행사하는 것이 인권 제고에 유리하다. 또한 청와대가 경찰에 국정원 정보업무도 이관하려는 마당에 적정한 경찰권한 배분도 필요하다. 행정경찰과 사법경찰의 완전한 분리나 완전한 자치경찰제 실시, 정보업무나 대통령 경호업무를 담당할 업무분장도 서둘러야 한다. 검찰과 경찰의 존재이유는 국민의 인권 보호와 치안유지라고 볼 수 있다. 권력을 나

뒤 가지려고 하는 자세에서 벗어나 진정으로 국민의 편에 서서 정의와 법치를 구현하는 시스템이 필요하다고 본다.

제 2 절 수사론

1. 검찰 수사

개정 형사소송법은 검사와 사법경찰관이 수사와 공소제기·유지에 관해 서로 협력할 의무를 담고 있다. 국가적·사회적 피해가 큰 중요한 사건 수사와 관련해 상호 의견을 제시·교환할 수 있으며, 개별 사건 수사에서 이견이 발생할 경우 갈등을 방지하기 위한 의무적 협의조항도 마련했다.

또 보완수사가 필요할 경우 대상과 범위, 방법, 절차를 구체적으로 규정했고, 시정조치 요구와 방법 등의 절차도 마련했다.

수사과정에서 인권과 적법절차를 보장하는 내용도 담겼다. 앞으로 심야조사와 장시간 조사가 제한되고, 변호인의 조력권이 보장되며 이른바 '별건 수사'가 금지된다. 내사 단계에서 소환조사나 영장청구가 제한되며, 사건과 무관한 전자정보는 삭제된다.

검찰청법 시행령 제정안에 따라 검사의 직접 수사 개시 범위가 부패, 경제, 공직자, 선거, 방위사업, 대형참사 등 6대 분야 범죄로 한정된다. 예를 들어 부패 범죄 가운데 주요공직자의 뇌물, 특정범죄가중법상 뇌물·알선수재, 정치자금, 배임수증재 등만 검찰이 직접 수사 개시할 수 있다.

뿐만 아니라 검사의 수사 개시 대상이 되는 공직자신분과 금액 등에 대한 세부 기준도 정해졌다. 구체적으로 주요공직자는 공직자윤리법상 재산등록의무자로, 뇌물범죄는 3000만원 이상(특정범죄가중법)으로, 사기·횡령·배임 범죄는 5억원 이상(특정경제범죄법)으로 기준을 뒀다. 알선수재, 배임수증재, 정치자금 범죄 5000만원 이상 등으로 검사의 수사 개시 범위를 한정했다.

법무부는 이 같은 대통령령이 시행되면 검사 직접수사 사건은 총 5만여건에서 8000여 건으로 약 84% 이상 대폭 축소(2019년 사건 기준)될 것으로 예상했다.

이밖에도 개정 형사소송법과 검찰청법 시행령 제정안을 내년 1월 1일부터 시행하는 규정도 함께 통과됐다. 다만 형사소송법 조항 중 검사 작성 '피신조서 증거능력 제한' 규정은 즉시 시행할 경우 수사·재판 실무상 절차적 혼란이나 범죄 대응역량 공백이 발생할 우려가 있어 1년 유예기간을 두고 시행일을 오는 2022년 1월 1일로 결정했다.[1]

2. 경찰수사 종결권

경찰이 '모든 수사에 관해 검사의 지휘를 받도록 한다'는 형사소송법이 65년 만에 개정됐다. 검사가 사건 송치 전에 경찰의 수사를 지휘하는 내용을 폐지한 게 핵심이다. 형소법과 함께 개정된 검찰청법은 검찰의 직접수사 범위를 제한하는 내용을 담았다. 경찰의 1차 수사권과 종결권을 보장하는 내용을 뼈대로 한 두 법안이 국회를 통과하면서, 지난했던 '검경 수사권 조정'의 여정이 마침내 결실을 보게 됐다.

2020년 1월 13일 국회 본회의를 통과한 형소법에서 눈여겨볼 대목은 검사와 경찰을 '협력 관계'로 규정한 부분이다. '사법경찰관은 모든 수사에 관해 검사의 지휘를 받는다'는 형소법(196조) 조항은 1954년 9월23일 제정된 뒤 지금껏 바뀐 적이 없었다. 이번에 두 수사기관의 관계가 지휘에서 협력으로 바뀌면서 경찰에 1차 수사권과 종결권이 주어진 것이다. 부족하다는 평가도 있지만, 경찰의 수십년 숙원이 이뤄진 셈이다.

검사가 경찰이 신청한 영장을 정당한 이유 없이 판사에게 청구하지 않으면 경찰이 각 고등검찰청에 설치된 영장심의위원회에 심의를 신청할 수 있는 내용도 포함됐다. 검사가 작성한 피의자신문조서를 피고인 또는 변호인이 동의할 때만 증거로 쓸 수 있도록 한 부분은 이번 개정안에서 가장 큰 변화를 가져올 조항으로 꼽힌다.

사법경찰관에 대한 통제장치도 마련했다. 검사가 공소제기 및 유지, 영장 청구에 필요한 경우 보완수사를 요구할 수 있도록 했고, 경찰은 '정당한 이유가 없는 한' 지체 없이 이를 이행하도록 했다. 경찰이 정당한 이유 없이 이를 따르지 않으면 검찰총장이나 각 검찰청 검사장은 해당 경찰의 직무배제나 징계를 요구할 수 있다. 다만 '정당한 이유'라는 문구가 모호해 향후 검경 갈등이나 논란이 생길 여지가 있다.

또 경찰은 피의자를 신문하기 전에 '수사 과정에서 법령 위반, 인권침해 또는 현저한 수사권 남용이 있는 경우 검사에게 구제를 신청할 수 있음을 알려줘야 한다'고 명시했다. 신고가 있으면 검사가 경찰에게 사건기록 등본의 송부를 요구할 수도 있다.

경찰의 직접수사 범위는 제한됐다. 개정 검찰청법은 검찰의 직접수사 범위를 △부패·경제·공직자·선거·방위사업·대형참사 등 대통령령으로 정하는 중요 범죄 △경찰공무원이 범한 범죄 등으로 한정했다. 이 외 일반 형사사건은 사실상 경찰이 1차 수사권과 종결권을 갖는다. 범죄 혐의가 있으면 검사에게 사건을 송치하는 건 지금과 같지만, 불송치하는 경우 검사가 그 이유를 명시한 서면과 증거물을 받더라도 90일

---

1) 조선일보, 2020년 9월 29일.

이내에 이를 사법경찰관에게 돌려줘야 한다. 검사는 사법경찰관이 사건을 송치하지 않은 게 위법·부당할 때 재수사를 요청할 수 있다.[2]

3. 경찰의 사명

경찰은 국가의 치안질서를 유지하고 지역주민의 범죄위협으로 부터 방지와 예방을 위해 그 책무를 다해야 한다. 경찰이 무너지면 나라도 무너진다. 과거 김신조 등 무장공비의 청와대 습격시 백척간두의 위기를 누가 지켰는가? 지리산 빨치산을 토벌한 것은 누구인가? 대한민국 경찰이다. 경찰의 역사는 부침과 치욕의 연속이었다. 경찰은 조선시대 포도청을 거쳐 일제강점기에 통감부가 경찰역할을 하였다. 1910년 테라우치 통감과 박제순 총리대신이 경찰권을 일본이 위탁한다는 각서에 서명함으로써 대한제국경찰권은 일제에 넘어갔다. 그 후 일본은 헌병경찰제도를 시행하고 고등계형사를 두어 독립투사를 잡아 고문하고 무고한 주민들을 위협하고 하였다. 어린아이가 울 때 일본순사가 온다면 그쳤다고 할 정도로 그 무시무시한 일본도를 차고 한국 사람을 괴롭혔다. 해방 후 한국을 점령한 미군측은 경무부를 만들어 조병옥을 수장으로 임명하였고 전국경찰을 그 휘하에 두었다. 일제의 잔재가 남아있는 경찰시스템을 영미 식으로 바꿔 새롭게 구축하려고 했지만 일제 앞잡이였던 순사들을 그대로 경찰관으로 유임함으로써 청산의 기회를 놓쳤다. 아직도 경찰문화가 권위주의적 성격을 지니게 된 원인도 여기에 있다고 본다. 미군정은 경찰업무의 축소를 하는 비경찰화 작업, 고문으로 악명높은 고등계를 폐지하고 정보과를 신설하였다. 또한 여자경찰관을 채용하여 여성과 소녀 범죄를 취급하게 하는 등 나름대로 그 역할을 다했다고 본다. 1948년 이승만 정부는 고문경찰의 잔재가 남아있는 이들을 일소하지 못하고 국립경찰지휘권을 인수하였다. 이때부터 내부무 장관소속의 2급 치안국장을 두어 그 밑에 경찰을 두게 했다. 1973년 대통령 령으로 기념일에 대한 규정을 제정하면서 10월 21일이 경찰의 날로 정했다. 1974년 치안본부와 1991년 경찰청의 창설로 경찰은 새로운 전기를 맞게 됐다.

지난 21일 경찰의 날을 맞아 경찰은 '국민의 나라 정의로운 나라'를 강조했고 '경찰활동을 국민중심'으로 거듭나겠다고 포부를 밝혔다. 그러나 우리나라 경찰은 그 역사만큼 국민들로부터 그 수난과 과오를 매몰차게 받고 있다. 먼저 경찰의 정당한 공무집행을 방해받고 있다. 거리나 파출소 경찰서 등에서 경찰관에게 폭력을 행사하고,

---

2) 서영지, "검사의 '경찰 수사 지휘권' 폐지", 한겨레 신문, 2020년 1월 13일.

침을 뱉고, 집기를 내던지고, 욕을 하는 등 경찰관을 향한 인권유린은 말로 표현하기 힘들다. "세계에서 가장 인권을 존중하는 경찰이 한국경찰이다" 라고 소문나서 외국인들도 경찰관에게 공권력행사에 불응하고 있다고 한다. 공무집행 불응죄 대가도 형편없다. 지난 1월 대전에서 술 취한 청년이 경찰관에게 뺨을 때리고 급소를 질렀는데 법원은 벌금 200만원을 부과했다. 미국에선 경찰관을 폭행하면 징역형에 가한다. 한 예로 미국캘리포니아에서 경찰관을 밝고 밀친 사람에게 징역7년을 가했다. 일본도 경찰관에게 막대기를 휘두른 40대 남성에게 징역7개월을 선고했다. 이런 원인은 어디서 비롯됐나? 아마도 경찰의 과거 중앙집권적이고 관료적인 경찰문화에 대한 비난을 희석하려는 경찰조직의 자조적인 문화도 한몫 한다. 그러나 더 큰 문제는 정치권력이 경찰을 우습게보고 인사권을 멋대로 휘둘러서 비롯됐다고 본다. 정권에 충성하기보다는 국민에 봉사하는 경찰상을 보여주어야 하는데 정치권력에 빌붙어 아첨했다고 본다. 이젠 이와 같은 적폐를 혁신해야 한다. 경찰의 수사권부여, 경찰청의 경찰부 승격(장관급), 경찰부적격자의 강한 징계, 경찰청렴교육강화, 범법자에 대한 경찰장구 적극사용 등이 요구된다. 경찰은 이제 정의로운 민주경찰로서 그 소임을 다해야 할 것이다. 경찰학자 코헨과 펠드버그는 민주경찰의 바람직한 지향점을 다음과 같이 주장했는데 첫째, 경찰은 사회전체의 필요에 의해서 생겨났기 때문에 법집행의 공정한 접근이 필요하다고 한다. 편파적인 경찰서비스나 친구나 동료에게 특혜를 제공해서는 안 된다고 한다. 둘째, 경찰은 공공의 신뢰를 확보하기 위해서 엄정한 법 집행, 공익을 위한 공권력 행사, 부패하지 않고 적법절차를 준수하고 필요한 최소한의 공권력을 행사하기를 바란다. 셋째, 국민의 생명과 재산의 안전 보호를 위해서 노력해야 하고 협력해야 한다. 대외적으로 검찰과 국회에 협력해야 한다. 검찰은 기소를 위해 수사 자료를, 국회는 법률의 제정 개폐를 위해서 상호 협력해야 한다. 넷째, 경찰은 사회의 일부분이 아닌 전체 국민을 위해 경찰업무를 수행해야 한다. 경찰관 개인의 편견, 선입견 선호, 감정적 개입, 무관심과 냉소적 태도는 모두 금지해야 한다. 경찰의 날을 맞아 경찰도 국민을 위한 경찰, 국민의 경찰기관이 되기 위해서 더 한층 쇄신해야 한다. 정부, 국회, 언론, 시민단체도 협업화하여 관심과 지원이 필요하다고 본다. 국가의 안전과 사회적 약자의 파수꾼으로서 경찰 역할을 다시 한번 기대해 본다.

참고문헌

1. 국내서적

김영종(1996), 부패학, 숭실대학교 출판부

김택(2018), 경찰학의 이해, 서울: 박영사

김택(2017), 춘추필법, 파주: 한국학술정보

김해동 외(1994), 관료부패와 통제, 서울: 집문당

백완기(1995), 행정학, 서울: 박영사

정영석(1987), 형법총론, 서울: 법문사

이은영(1997), 부정부패의 사회학, 서울: 나남출판

유종해·김택(2006), 행정의 윤리, 박영사

유종해·김택(2010), 공무원인사행정론, 파주: 한국학술정보

유종해·김택(2011), 행정조직론, 파주: 한국학술정보

유종해(1995), 현대행정학, 서울: 박영사

유종해(2005), 현대조직관리, 서울: 박영사

유재천(1988), 한국언론과 언론문화, 서울: 나남

윤덕중(1984), 범죄사회학 서울: 박영사

한상진(1988), 한국사회와 관료적 권위주의, 서울: 문학과 지성사

한국행정학회편(1988), 한국민주행정론, 서울: 고시원

2. 국내논문

김영종(1985), "개발도상국가들의 관료 부패 모형정립", 「한국행정학보」 19권 2호

김영종(1988), "한국관료 부패와 부패방지", 「계간경향」, 봄호

김영종(1988), "부패의 실체발견과 통제전략", 「민주사회의 성숙을 위한 공공행정」, 한국
    행정학회

김해동(1990), "관료부패의 유형", 「행정논총」, 제28권 제1호

김 택(1998), "한국사회의 부패유착구조", 「한국부패학보」, 제2호

김택(2015), "경찰공무원 부패의 시민인식에 관한 연구", 동국대학교 경찰학박사학위논문

김택(1997), "한국행정관료의 부패에 관한 연구", 강원대학교 행정학박사학위논문

안병영(1989), "국가 관료제 그리고 국민", 「사상」, 제1권 1호

양승목(1993), "문민시대의 한국언론, 「신한국의정책과제」
윤우곤(1988), "현대 한국관료의 의식구조", 「계간경향」, 봄호
조용효(1988), "한국 행정의 민주화 정착을 위한 모색", 「한국민주행정론」, 서울: 고시원
정헌영(1990), "행정윤리의 성립가능성 및 확립방안", 「한국행정학보」, 제24권 제2호
최봉기(1990), "행정오류의 진단과 시정에 관한 언론의 역할, 「한국행정학보」, 제24권 1호
허범(1988), "새로운 공공행정의 모색", 「한국민주행정론」, 서울: 고시원

3. 기타

경찰청(2003-2010) 경찰백서.
경찰대(1985) 치안논총 제2집.
고시연구 1994년 8월호.
부정방지대책위원회(1993,10) 공무원 부패방지를 위한 처우개선 기본방안.
서울신문, 1998년 5월 6일, 1998년 10월 22일.
조선일보, 2020년 9월 29일, 1995년 12월 1일, 1995년 10월 29일. 1998년 9월 24일, 동
    아일보, 1999년 1월 16일.
중앙일보, 1996년 1월 1일, 1998년 5월 6일, 한겨레신문, 1994년 11월 28일, 2020년 1
    월 13일.

4. 外國書籍 및 論文

Abramson, Robert, An Integrated Approach to Organization Development and
    Improvement Planning, West Hartfond: Kumarian Press, 1978.
Albrecht, K., Organization Development: A Total Systems Approach to Positive
    Change in Any Business Organization, Englewood Cliffs, New Jersey
    Prentice-Hall, Inc., 1983.
Alderfer, C. P., Existence, Relatedness and Growth: Human Needs is Organizational
    Setting, New York: The Free Press, 1972.
Aldrich, H. E., Organizations and Environments, Englewood Cliffs, New Jersey:
    Prentice-Hall, 1979.
Argyris, Chris, Integrating the Individual and the Organization, New York: John
    Wiley and Sons, Inc., 1964.
Argyris, Chris, Personality and Organization, New York: Harper, 1957.
Argyris, Chris, Understanding Organizational Behavior, Homewood, III.: Dorsey Press,
    1960.
Arrow, K. J., The Limits of Organizations, New York: Norton, 1974.
Bayley, H.D(1966), "The Effects of Corruption in a Developing Nation", Western

Political Quarterly, Vol. 19, No. 4

Becker W. Selwyn and Neuhauser, Duncan, The Efficient Organization, New York: Elsevier, 1975.

Beckhard, Richard, Organizational Development, Readings: Addison-Wesley, 1967.

Bennis, Warren G., Changing Organizations, Bombay, New Delhi: TATA, McGraw-Hill Pub.Co., 1966.

Bennis, Warren G., Organizational Development: It's Nature, Origins and Prospects, Readings: Addison-Wesley, 1969.

Bennis, Warren G., Schein, E. H. and Berlew, D. E. and Steele, F. I., Interpersonal Dynamics: Essays and Reading on Human Interaction, Homewood, III.: The Dorsey Press, 1965.

Blau, Peter M., Bureaucracy in Modern Society, New York: Random House, 1956.

Blau, Peter M., The Dynamics of Bureaucracy, Chicago: University of Chicago Press, 1963.

Blau, Peter M. and Scott, W. Richard, Formal Organizations, San Francisco: Chandler, 1962.

Bowditch, J. L. & Buono, A. F., A Primer on Organizational Behavior, New York: John Wiley & Sons, 1985.

Bradford, Leland P., Gibb, J. R. and Benne, K. D., T-Group Theory and Laboratory Method, New York: John Wiley & Sons, Inc., 1964.

Brown, Richard E., The GAO: Untapped Source of Congressional Power, Knoxville: University of Tennessee Press, 1970.

Caiden, Gerald, Administrative Reform, Chicago: Aldine Publishing Co., 1969.

Caplow, Theodore, Principles of Organization, New York: Harcourt, Brace and World, Inc., 1964.

Clegg, Stewart & Dunkerly, David, Organization, Class, Control, Thetford, Norfolk: Lowe & Brydone Printers Ltd., 1980.

Cohen, Harry, The Dynamics of Bureaucracy, Ames: Iowa University Press, 1965.

Costello, T. and Zalkind S., Psychology in Administration, Englewood Cliffs, New Jersey: Prentice-Hall, 1963.

Crozier, Mihael, The Bureaucratic Phenomenon, Chicago University of Chicago Press, 1964.

Dahl, Robert A., Pluralist Democracy in the United States, Chicago: Rand McNally, 1966.

Davis, James W., Jr., The National Executive Brancin, New York: Free Press, 1970.

Denhardt, R. B., In the Shadow of Organization, Lawrence: University of Kansas Press, 1981.

Downs, Anthony, Inside Bureaucracy, Boston: Little Brown, 1967.

Dunnete, M. D. and Kirchner, W. K., Psychology Applind to Industry, New York: Appleton-Century-Croffs, 1965.

Etzioni, Amitai, A Comparative Analysis of Complex Organizations, New York: Free Press of Glencoe, 1961.

Etzioni, A., Modern Organizations, Englewood Cliffs, New Jersey: Prentice-Hall, 1964.

Etzioni, Amitai, Complex Organization: A Sociological Reader, New York: Holt, Rinehart and Winston, 1961.

Fiedler, Fred E., A theory of Leadership Effectiveness, New York: McGraw-Hill Book Company, 1967.

Finer, Herman, The British Civil(revised ed.), London: Fabian Society, 1937.

French, W. L., The Personal Management Process, Boston: Hughton Mifflin Co., 1978.

French, W. L. and Bell, Co., Organization Development, Englewood Cliffs, New Jersey: Prentice-Hall, Inc., 1973.

Gibson, J. L., Ivancevich, J. M. & Donnelly, J. H. Jr., Organizations: Behavior, Structure, Precess, 4th ed., Plano Texas: Business Publications, Inc., 1982.

Golembiewski, Robert T., Humanizing Public Organizations, Maryland: Comond Pub. Inc., 1985.

Golembiewski, Robert T., Organizing Men and Power: Patterns of Behavior and Line-Staff Models, Chicago: Rand McNally, 1967.

Goembiewski, Robert T., Renewing Organizations, Itasca: Peacock, 1972.

Greiner, J. M., et al., Productivity and Motivation, Washington, D. C.: Urban Institute, 1981.

Guest, Robert H., Organization Change, Homewood, III.: Dorsey Press, 1962.

Hage, J., Theories of Organization, New York: John Wiley and Sons Inc., 1980.

Hall, R. H., Organizations: Structure and Process, Englewood Cliffs, New Jersey: Prentice-Hall, Inc., 1972.

Hare, A. Paul, Handbook of Small Group Research, New York: Free Press, 1962.

Heidenheimer,Ardld J.(1970), "Political Corruption :Readings in Corruptive Analysis, New Brunswick :Transaction

Henderson,Gregory(1968), Korea: The politics of the Vortex, Cambridge: Harvard

University Press

Hersey, Paul and Blanchard, Kenneth H., Management of Organizational Behavior, Englewood Cliffs, New Jersey: Prentice-Hall, Inc., 1977.

Hicks, H. G. & Gullett, C. R., Organizations: Theory and Behavior, McGraw-Hill International Book Co., 1975.

Hollander, E. P., Leadership Dynamics: A Practical Guide to Effective Relationship, New York: The Free Press, A Division of Macmillan, Inc., 1978.

Huntington, Samuel P., The Soldier and the States: The Theory and Politics of Civil-Military Relations, New York: Vintage, 1964.

Huse, E., Organization Development and Change, St. Paul, Minnesota: West Pub. Co., 1975.

Huse, E. F. & Bowditch, J. L., Behavior in Organizations, 2nd ed., Addison-Wesley Pub. Co., Inc., 1977.

Hyneman, Charles S., Bureaucracy in a Democracy, New York: Harper, 1950.

Karl, Barry, Executive Reorganization and Reform in the New Deal, Cambridge, Mass.: Harvard University Press, 1963.

Katz, Daniel and Kahn, Robert, The Social Psychology of Organization, New York: Wiley, 1966.

Kaufman, Herbert, The Limits of Organizational Change, The University of Alabama Press, 1975.

Kaufman, Gerbert, Are Government Organization Immortal?, Washington, D. C.: The Brookings Institution, 1976.

Kimberly, J. R., et al., The Organizational Life Cycle, San Francisco: Jossey-Bass, 1980.

Learned, E. F. and Sproat, A. T., Organization Theory and Policy: Note for Analysis, Homewood, Ill.: Richard D. Irwin, Inc., 1966.

Likert, R., The Human Organization: Its Management and Value, New York: MaGraw-Hill Book Company, 1967.

Litterer, J. A., The Analysis of Organizations, New York: John Wiley & Sons, 1965.

Luthans, F., Organizational Behavior: A Modern Behavioral Approach to Management, New York: McGraw-Hill Book Company, 1973.

March, J. G.(ed), Handbook of Organization, Chicago: Rand McNally, 1975.

Margulies N. and Raia A. P., Organizational Development: Values, Process and Technology, New York: McGraw-Hill Book Company, 1972.

McClelland, D. C., The Achievement Motive, Appleton-Century Crofts, 1953.

McFarland, A. S., Power and Leadership in Pluralist Systems, Stanford, California: Stanford University Press, 1969.

McGregor, D., The Human Side of Enterprise, New York: McGraw-Hill, 1960.

Millett, John D., The Process and Organization of Government Planning, New York: Columbia University Press, 1947.

Mintzberg, Henry, Power In and Around Organizations, Englewood Cliffs, New Jersey: Prentice-Hall, Inc., 1983.

Mintzberg, Henry, The Structuring of Organizations, Englewood Cliffs, New Jersey: Prentice-Hall, Inc., 1979.

Mooney, James D., The Principles of Organization, revised ed., New York: Harper, 1947.

Moshers, Frederick, Governmental Reorganization, Indianapolis: Bobbs Merrill, 1967.

Myrdal G.(1971), "Corruption : Its Cause and Effects" in G. Myral, Asian Drama. N.Y. : Pantheon Books

Naisbitt, John, Megatrends: The New Directions Transforming Our Lives, New York: Warner Books, Inc., 1984.

Natemeyer, W. E.(ed.), Classics of Organizational Behavior, Moore Pub. Co. Inc., 1978.

Nystroom, P. C. and Starbuck, W. H.(eds.) Handbook of Organizatioal Design, New York: Oxford University Press, 1981.

Parsons, T., Structure and Process in Modern Societies, New York: Free Press, 1960.

Parter, Lyman, Lawler, Edward and Hackman, J. Richard, Behavior in Organizations, New York: McGraw-Hill, 1975.

Pfifiner, J. M. and Sherwood, F. P., Administrative Organization, Englewood Cliffs, New Jersey: Prentice-Hall, 1960.

Porter, L. W., Lawler, E. E. III and Hackman, J. R., Behavior in Organization, Tokyo: McGraw-Hill, kogakusa, 1975.

Presthus, R., The Organizational Society, New York: Vintage Books, 1965.

Ramos, A. G., The New Science of Organizations, Toronto: University of Toronto Press, 1981.

Robbins, Stephen P., Organizational Theory: The Structure and Design of Organizations, Englewood Cliffs, New York: Prentice-Hall, 1983.

Rothman, Jack, Erlich L. John, Terusa G. Joseph, Promoting Innovation and Change in Organizations and Communities: A Planning Manual, New York: John Wiley & Sons, 1976.

Sanford, F. H., Authoritarianism and Leadership, Philadelphia: Institute for Research in Human Relations, 1950.

Schein, E. H., Organizational Psychology, 2nd ed., Englewood Cliffs, New Jersey: Prentice-Hall, 1970.

Schein, E. H. and Bennis, W. G., Personal and Organization Change Through Group Methods: The Laboratory Approach, New York: John Wiley & Sons, 1965.

Schumacher, B. G., Computer Dynamics in Public Administration, New York Spartan Books, 1967.

Shrode, W. A. and Voich, Dan, Jr., Organization and Management: Basic Systems Concepts, Homewood, Ill.: Richard D. Irwin, Inc., 1974.

Sichel, Werner and Gies, Thomas G., Public Utility Regulation, Lexington, Mass.: D. C. Heath and Company, 1975.

Simon, Herbert A., Administrative Behavior: A Study of Decision Making Processes in Administrative Organization, New York: Macmillan, 1945.

Smith, Bruce L. R., The Rand Corporation, Cambridge, Mass.: Harvard University Press, 1966.

Stanley, D. T., Changing Administrations, Washington, D. C.: Brookings Institution, 1965.

Stewart, D. W. & Garson, G. D., Organizational Behavior and Public Management, New York: Marcel Dekker, Inc., 1983.

Suojaned, Waino W., The Dynamic of Management, New York: Holt, Rinegart & Winston, Inc., 1966.

Szilagyi, A. D., Jr. and Wallace, M. J., Jr., Organizational Behavior and Performance, Glenview, Ill.: Scott Foresman & Co., 1983.

Tausky, Curt, Work Organizations, Major Theoretical Perspectives, Itasca, Ill.: F. E. Peacock Pub. Co., 1970.

Thompson, Victor A., Modern Organization, New York: Alfred A. Knopf, 1961.

Tompson, James D., Organization in Action, New York: McGraw-Hill, 1967.

Tosi, H. L. & Hamner, W. C., Organizational Behavior and Mangement: A Contingency Approach, 3re ed., New York: John Wiley & Sons, 1974.

Urwick, Lyndall F., Committees in Organization, London: British Institute of Management, 1950.

Verba, Sidney, Small Groups and Political Behavior: A Study of Leadership, Princeton: Princeton University Press, 1961.

Vroom, V. H., Some, Personality Determinants of the Effects of Participation,

Englewood Cliffs, New Jersey: Prentice-Hall, Inc., 1960.

Weare, K. C., Government by Committee, London: Oxford University Press, 1955.

Weber, Max[Talcott Parsons(ed.): A. M. Henderson and T. Parsons(trans.)], The Theory of Social and Economic Organization, New York: Oxford University Press, 1947.

White, Michael J., Randnor, Michael and Tansik, David A., Management and Policy Science in American Government, Lexington, Mass.: D. C. Heath and Company, 1975.

Wilensky, H. D., Organizational Intelligence: knowledge and Policy in Government and Industry, New York: Basic Books, Inc., 1967.

Woodward, Joan, Industrial Organization: Theory and Practice, New York: Oxford University Press, 1965.

Zwerman, W. L., New Perspectives on Organization Theory, Westport, Conn.: Greenwood Publishing Company, 1970.

색 인

부 록

경찰관직무집행법

제1조(목적)

① 이 법은 국민의 자유와 권리 및 모든 개인이 가지는 불가침의 기본적 인권을 보호하고 사회공공의 질서를 유지하기 위한 경찰관(경찰공무원만 해당한다. 이하 같다)의 직무 수행에 필요한 사항을 규정함을 목적으로 한다. [개정 2020.12.22, 2020.12.22

제17689호(국가경찰과 자치경찰의 조직 및 운영에 관한 법률)] [[시행일 2021.1.1.]]

② 이 법에 규정된 경찰관의 직권은 그 직무 수행에 필요한 최소한도에서 행사되어야 하며 남용되어서는 아니 된다.

제2조(직무의 범위)

경찰관은 다음 각 호의 직무를 수행한다.

1. 국민의 생명·신체 및 재산의 보호
2. 범죄의 예방·진압 및 수사

2의2. 범죄피해자 보호

3. 경비, 주요 인사(人士) 경호 및 대간첩·대테러 작전 수행
4. 공공안녕에 대한 위험의 예방과 대응을 위한 정보의 수집·작성 및 배포
5. 교통 단속과 교통 위해(危害)의 방지
6. 외국 정부기관 및 국제기구와의 국제협력
7. 그 밖에 공공의 안녕과 질서 유지

제3조(불심검문)

① 경찰관은 다음 각 호의 어느 하나에 해당하는 사람을 정지시켜 질문할 수 있다.

1. 수상한 행동이나 그 밖의 주위 사정을 합리적으로 판단하여 볼 때 어떠한 죄를 범하였거나 범하려 하고 있다고 의심할 만한 상당한 이유가 있는 사람

2. 이미 행하여진 범죄나 행하여지려고 하는 범죄행위에 관한 사실을 안다고 인정되는 사람

② 경찰관은 제1항에 따라 같은 항 각 호의 사람을 정지시킨 장소에서 질문을 하는 것이 그 사람에게 불리하거나 교통에 방해가 된다고 인정될 때에는 질문을 하기 위하여 가까운 경찰서·지구대·파출소 또는 출장소(지방해양경찰관서를 포함하며, 이하 "경찰관서"라 한다)로 동행할 것을 요구할 수 있다. 이 경우 동행을 요구받은 사람은 그 요구를 거절할 수 있다.

③ 경찰관은 제1항 각 호의 어느 하나에 해당하는 사람에게 질문을 할 때에 그 사람이 흉기를 가지고 있는지를 조사할 수 있다.

④ 경찰관은 제1항이나 제2항에 따라 질문을 하거나 동행을 요구할 경우 자신의 신분을 표시하는 증표를 제시하면서 소속과 성명을 밝히고 질문이나 동행의 목적과 이유를 설명하여야 하며, 동행을 요구하는 경우에는 동행 장소를 밝혀야 한다.

⑤ 경찰관은 제2항에 따라 동행한 사람의 가족이나 친지 등에게 동행한 경찰관의 신분, 동행 장소, 동행 목적과 이유를 알리거나 본인으로 하여금 즉시 연락할 수 있는 기회를 주어야 하며, 변호인의 도움을 받을 권리가 있음을 알려야 한다.

⑥ 경찰관은 제2항에 따라 동행한 사람을 6시간을 초과하여 경찰관서에 머물게 할 수 없다.

⑦ 제1항부터 제3항까지의 규정에 따라 질문을 받거나 동행을 요구받은 사람은 형사소송에 관한 법률에 따르지 아니하고는 신체를 구속당하지 아니하며, 그 의사에 반하여 답변을 강요당하지 아니한다.

제4조(보호조치 등)

① 경찰관은 수상한 행동이나 그 밖의 주위 사정을 합리적으로 판단해 볼 때 다음 각 호의 어느 하나에 해당하는 것이 명백하고 응급구호가 필요하다고 믿을 만한 상당한 이유가 있는 사람(이하 "구호대상자"라 한다)을 발견하였을 때에는 보건의료기관이나 공공구호기관에 긴급구호를 요청하거나 경찰관서에 보호하는 등 적절한 조치를 할 수 있다.

1. 정신착란을 일으키거나 술에 취하여 자신 또는 다른 사람의 생명·신체·재산에

위해를 끼칠 우려가 있는 사람

2. 자살을 시도하는 사람

3. 미아, 병자, 부상자 등으로서 적당한 보호자가 없으며 응급구호가 필요하다고 인정되는 사람. 다만, 본인이 구호를 거절하는 경우는 제외한다.

② 제1항에 따라 긴급구호를 요청받은 보건의료기관이나 공공구호기관은 정당한 이유 없이 긴급구호를 거절할 수 없다.

③ 경찰관은 제1항의 조치를 하는 경우에 구호대상자가 휴대하고 있는 무기·흉기 등 위험을 일으킬 수 있는 것으로 인정되는 물건을 경찰관서에 임시로 영치(領置)하여 놓을 수 있다.

④ 경찰관은 제1항의 조치를 하였을 때에는 지체 없이 구호대상자의 가족, 친지 또는 그 밖의 연고자에게 그 사실을 알려야 하며, 연고자가 발견되지 아니할 때에는 구호대상자를 적당한 공공보건의료기관이나 공공구호기관에 즉시 인계하여야 한다.

⑤ 경찰관은 제4항에 따라 구호대상자를 공공보건의료기관이나 공공구호기관에 인계하였을 때에는 즉시 그 사실을 소속 경찰서장이나 해양경찰서장에게 보고하여야 한다.

⑥ 제5항에 따라 보고를 받은 소속 경찰서장이나 해양경찰서장은 대통령령으로 정하는 바에 따라 구호대상자를 인계한 사실을 지체 없이 해당 공공보건의료기관 또는 공공구호기관의 장 및 그 감독행정청에 통보하여야 한다.

⑦ 제1항에 따라 구호대상자를 경찰관서에서 보호하는 기간은 24시간을 초과할 수 없고, 제3항에 따라 물건을 경찰관서에 임시로 영치하는 기간은 10일을 초과할 수 없다.

제5조(위험 발생의 방지 등)

① 경찰관은 사람의 생명 또는 신체에 위해를 끼치거나 재산에 중대한 손해를 끼칠 우려가 있는 천재(天災), 사변(事變), 인공구조물의 파손이나 붕괴, 교통사고, 위험물의 폭발, 위험한 동물 등의 출현, 극도의 혼잡, 그 밖의 위험한 사태가 있을 때에는 다음 각 호의 조치를 할 수 있다.

1. 그 장소에 모인 사람, 사물(事物)의 관리자, 그 밖의 관계인에게 필요한 경고를 하는 것

2. 매우 긴급한 경우에는 위해를 입을 우려가 있는 사람을 필요한 한도에서 억류하거

나 피난시키는 것

3. 그 장소에 있는 사람, 사물의 관리자, 그 밖의 관계인에게 위해를 방지하기 위하여 필요하다고 인정되는 조치를 하게 하거나 직접 그 조치를 하는 것

② 경찰관서의 장은 대간첩 작전의 수행이나 소요(騷擾) 사태의 진압을 위하여 필요하다고 인정되는 상당한 이유가 있을 때에는 대간첩 작전지역이나 경찰관서·무기고 등 국가중요시설에 대한 접근 또는 통행을 제한하거나 금지할 수 있다.

③ 경찰관은 제1항의 조치를 하였을 때에는 지체 없이 그 사실을 소속 경찰관서의 장에게 보고하여야 한다.

④ 제2항의 조치를 하거나 제3항의 보고를 받은 경찰관서의 장은 관계 기관의 협조를 구하는 등 적절한 조치를 하여야 한다.

제6조(범죄의 예방과 제지)

경찰관은 범죄행위가 목전(目前)에 행하여지려고 하고 있다고 인정될 때에는 이를 예방하기 위하여 관계인에게 필요한 경고를 하고, 그 행위로 인하여 사람의 생명·신체에 위해를 끼치거나 재산에 중대한 손해를 끼칠 우려가 있는 긴급한 경우에는 그 행위를 제지할 수 있다.

제7조(위험 방지를 위한 출입)

① 경찰관은 제5조제1항·제2항 제6조에 따른 위험한 사태가 발생하여 사람의 생명·신체 또는 재산에 대한 위해가 임박한 때에 그 위해를 방지하거나 피해자를 구조하기 위하여 부득이하다고 인정하면 합리적으로 판단하여 필요한 한도에서 다른 사람의 토지·건물·배 또는 차에 출입할 수 있다.

② 흥행장(興行場), 여관, 음식점, 역, 그 밖에 많은 사람이 출입하는 장소의 관리자나 그에 준하는 관계인은 경찰관이 범죄나 사람의 생명·신체·재산에 대한 위해를 예방하기 위하여 해당 장소의 영업시간이나 해당 장소가 일반인에게 공개된 시간에 그 장소에 출입하겠다고 요구하면 정당한 이유 없이 그 요구를 거절할 수 없다.

③ 경찰관은 대간첩 작전 수행에 필요할 때에는 작전지역에서 제2항에 따른 장소를 검색할 수 있다.

④ 경찰관은 제1항부터 제3항까지의 규정에 따라 필요한 장소에 출입할 때에는 그 신분을 표시하는 증표를 제시하여야 하며, 함부로 관계인이 하는 정당한 업무를 방해해서는 아니 된다.

제8조(사실의 확인 등)

① 경찰관서의 장은 직무 수행에 필요하다고 인정되는 상당한 이유가 있을 때에는 국가기관이나 공사(公私) 단체 등에 직무 수행에 관련된 사실을 조회할 수 있다. 다만, 긴급한 경우에는 소속 경찰관으로 하여금 현장에 나가 해당 기관 또는 단체의 장의 협조를 받아 그 사실을 확인하게 할 수 있다.

② 경찰관은 다음 각 호의 직무를 수행하기 위하여 필요하면 관계인에게 출석하여야 하는 사유·일시 및 장소를 명확히 적은 출석 요구서를 보내 경찰관서에 출석할 것을 요구할 수 있다.

1. 미아를 인수할 보호자 확인
2. 유실물을 인수할 권리자 확인
3. 사고로 인한 사상자(死傷者) 확인
4. 행정처분을 위한 교통사고 조사에 필요한 사실 확인

제8조의2(국제협력)

경찰청장 또는 해양경찰청장은 이 법에 따른 경찰관의 직무수행을 위하여 외국 정부기관, 국제기구 등과 자료 교환, 국제협력 활동 등을 할 수 있다.

제8조의2(정보의 수집 등)

① 경찰관은 범죄·재난·공공갈등 등 공공안녕에 대한 위험의 예방과 대응을 위한 정보의 수집·작성·배포와 이에 수반되는 사실의 확인을 할 수 있다.

② 제1항에 따른 정보의 구체적인 범위와 처리 기준, 정보의 수집·작성·배포에 수반되는 사실의 확인 절차와 한계는 대통령령으로 정한다.

제8조의3(국제협력)

경찰청장 또는 해양경찰청장은 이 법에 따른 경찰관의 직무수행을 위하여 외국 정부

기관, 국제기구 등과 자료 교환, 국제협력 활동 등을 할 수 있다.

제9조(유치장)

법률에서 정한 절차에 따라 체포·구속된 사람 또는 신체의 자유를 제한하는 판결이나 처분을 받은 사람을 수용하기 위하여 경찰서와 해양경찰서에 유치장을 둔다.

제10조(경찰장비의 사용 등)

① 경찰관은 직무수행 중 경찰장비를 사용할 수 있다. 다만, 사람의 생명이나 신체에 위해를 끼칠 수 있는 경찰장비(이하 이 조에서 "위해성 경찰장비"라 한다)를 사용할 때에는 필요한 안전교육과 안전검사를 받은 후 사용하여야 한다.

② 제1항 본문에서 "경찰장비"란 무기, 경찰장구(警察裝具), 최루제(催淚劑)와 그 발사장치, 살수차, 감식기구(鑑識機具), 해안 감시기구, 통신기기, 차량·선박·항공기 등 경찰이 직무를 수행할 때 필요한 장치와 기구를 말한다.

③ 경찰관은 경찰장비를 함부로 개조하거나 경찰장비에 임의의 장비를 부착하여 일반적인 사용법과 달리 사용함으로써 다른 사람의 생명·신체에 위해를 끼쳐서는 아니 된다.

④ 위해성 경찰장비는 필요한 최소한도에서 사용하여야 한다.

⑤ 경찰청장은 위해성 경찰장비를 새로 도입하려는 경우에는 대통령령으로 정하는 바에 따라 안전성 검사를 실시하여 그 안전성 검사의 결과보고서를 국회 소관 상임위원회에 제출하여야 한다. 이 경우 안전성 검사에는 외부 전문가를 참여시켜야 한다.

⑥ 위해성 경찰장비의 종류 및 그 사용기준, 안전교육·안전검사의 기준 등은 대통령령으로 정한다.

제10조의2(경찰장구의 사용)

① 경찰관은 다음 각 호의 직무를 수행하기 위하여 필요하다고 인정되는 상당한 이유가 있을 때에는 그 사태를 합리적으로 판단하여 필요한 한도에서 경찰장구를 사용할 수 있다.

1. 현행범이나 사형·무기 또는 장기 3년 이상의 징역이나 금고에 해당하는 죄를 범

한 범인의 체포 또는 도주 방지

2. 자신이나 다른 사람의 생명·신체의 방어 및 보호

3. 공무집행에 대한 항거(抗拒) 제지

② 제1항에서 "경찰장구"란 경찰관이 휴대하여 범인 검거와 범죄 진압 등의 직무 수행에 사용하는 수갑, 포승(捕繩), 경찰봉, 방패 등을 말한다.

제10조의3(분사기 등의 사용)

경찰관은 다음 각 호의 직무를 수행하기 위하여 부득이한 경우에는 현장책임자가 판단하여 필요한 최소한의 범위에서 분사기(「총포·도검·화약류 등의 안전관리에 관한 법률」에 따른 분사기를 말하며, 그에 사용하는 최루 등의 작용제를 포함한다. 이하 같다) 또는 최루탄을 사용할 수 있다. [개정 2015.1.6제12960호(총포·도검·화약류 등의 안전관리에 관한 법률)]]

1. 범인의 체포 또는 범인의 도주 방지

2. 불법집회·시위로 인한 자신이나 다른 사람의 생명·신체와 재산 및 공공시설 안전에 대한 현저한 위해의 발생 억제

제10조의4(무기의 사용)

① 경찰관은 범인의 체포, 범인의 도주 방지, 자신이나 다른 사람의 생명·신체의 방어 및 보호, 공무집행에 대한 항거의 제지를 위하여 필요하다고 인정되는 상당한 이유가 있을 때에는 그 사태를 합리적으로 판단하여 필요한 한도에서 무기를 사용할 수 있다. 다만, 다음 각 호의 어느 하나에 해당할 때를 제외하고는 사람에게 위해를 끼쳐서는 아니 된다.

1. 「형법」에 규정된 정당방위와 긴급피난에 해당할 때

2. 다음 각 목의 어느 하나에 해당하는 때에 그 행위를 방지하거나 그 행위자를 체포하기 위하여 무기를 사용하지 아니하고는 다른 수단이 없다고 인정되는 상당한 이유가 있을 때

가. 사형·무기 또는 장기 3년 이상의 징역이나 금고에 해당하는 죄를 범하거나 범하였다고 의심할 만한 충분한 이유가 있는 사람이 경찰관의 직무집행에 항거하거나 도주하려고 할 때

나. 체포·구속영장과 압수·수색영장을 집행하는 과정에서 경찰관의 직무집행에 항거하거나 도주하려고 할 때

다. 제3자가 가목 또는 나목에 해당하는 사람을 도주시키려고 경찰관에게 항거할 때

라. 범인이나 소요를 일으킨 사람이 무기·흉기 등 위험한 물건을 지니고 경찰관으로부터 3회 이상 물건을 버리라는 명령이나 항복하라는 명령을 받고도 따르지 아니하면서 계속 항거할 때

3. 대간첩 작전 수행 과정에서 무장간첩이 항복하라는 경찰관의 명령을 받고도 따르지 아니할 때

② 제1항에서 "무기"란 사람의 생명이나 신체에 위해를 끼칠 수 있도록 제작된 권총·소총·도검 등을 말한다.

③ 대간첩·대테러 작전 등 국가안전에 관련되는 작전을 수행할 때에는 개인화기(個人火器) 외에 공용화기(共用火器)를 사용할 수 있다.

제11조(사용기록의 보관)

제10조제2항에 따른 살수차, 제10조의3에 따른 분사기, 최루탄 또는 제10조의4에 따른 무기를 사용하는 경우 그 책임자는 사용 일시·장소·대상, 현장책임자, 종류, 수량 등을 기록하여 보관하여야 한다.

제11조의2(손실보상)

① 국가는 경찰관의 적법한 직무집행으로 인하여 다음 각 호의 어느 하나에 해당하는 손실을 입은 자에 대하여 정당한 보상을 하여야 한다.

1. 손실발생의 원인에 대하여 책임이 없는 자가 생명·신체 또는 재산상의 손실을 입은 경우(손실발생의 원인에 대하여 책임이 없는 자가 경찰관의 직무집행에 자발적으로 협조하거나 물건을 제공하여 생명·신체 또는 재산상의 손실을 입은 경우를 포함한다)

2. 손실발생의 원인에 대하여 책임이 있는 자가 자신의 책임에 상응하는 정도를 초과하는 생명·신체 또는 재산상의 손실을 입은 경우

② 제1항에 따른 보상을 청구할 수 있는 권리는 손실이 있음을 안 날부터 3년, 손실이 발생한 날부터 5년간 행사하지 아니하면 시효의 완성으로 소멸한다.

③ 제1항에 따른 손실보상신청 사건을 심의하기 위하여 손실보상심의위원회를 둔다.

④ 경찰청장 또는 시·도경찰청장은 제3항의 손실보상심의위원회의 심의·의결에 따라 보상금을 지급하고, 거짓 또는 부정한 방법으로 보상금을 받은 사람에 대하여는 해당 보상금을 환수하여야 한다.

제17689호(국가경찰과 자치경찰의 조직 및 운영에 관한 법률)]

⑤ 보상금이 지급된 경우 손실보상심의위원회는 대통령령으로 정하는 바에 따라 국가경찰위원회에 심사자료와 결과를 보고하여야 한다. 이 경우 국가경찰위원회는 손실보상의 적법성 및 적정성 확인을 위하여 필요한 자료의 제출을 요구할 수 있다.

제17689호(국가경찰과 자치경찰의 조직 및 운영에 관한 법률)]

⑥ 경찰청장 또는 시·도경찰청장은 제4항에 따라 보상금을 반환하여야 할 사람이 대통령령으로 정한 기한까지 그 금액을 납부하지 아니한 때에는 국세 체납처분의 예에 따라 징수할 수 있다.

제17689호(국가경찰과 자치경찰의 조직 및 운영에 관한 법률)]

⑦ 제1항에 따른 손실보상의 기준, 보상금액, 지급 절차 및 방법, 제3항에 따른 손실보상심의위원회의 구성 및 운영, 제4항 및 제6항에 따른 환수절차, 그 밖에 손실보상에 관하여 필요한 사항은 대통령령으로 정한다.

제11조의3(범인검거 등 공로자 보상)

① 경찰청장, 시·도경찰청장 또는 경찰서장은 다음 각 호의 어느 하나에 해당하는 사람에게 보상금을 지급할 수 있다.

제17689호(국가경찰과 자치경찰의 조직 및 운영에 관한 법률)]

1. 범인 또는 범인의 소재를 신고하여 검거하게 한 사람

2. 범인을 검거하여 경찰공무원에게 인도한 사람

3. 테러범죄의 예방활동에 현저한 공로가 있는 사람

4. 그 밖에 제1호부터 제3호까지의 규정에 준하는 사람으로서 대통령령으로 정하는 사람

② 경찰청장, 시·도경찰청장 및 경찰서장은 제1항에 따른 보상금 지급의 심사를 위하여 대통령령으로 정하는 바에 따라 각각 보상금심사위원회를 설치·운영하여야 한다.

제17689호(국가경찰과 자치경찰의 조직 및 운영에 관한 법률)]

③ 제2항에 따른 보상금심사위원회는 위원장 1명을 포함한 5명 이내의 위원으로 구

성한다.

④ 제2항에 따른 보상금심사위원회의 위원은 소속 경찰공무원 중에서 경찰청장, 시·도경찰청장 또는 경찰서장이 임명한다. [개정 2020.12.22 제17689호(국가경찰과 자치경찰의 조직 및 운영에 관한 법률)]

⑤ 경찰청장, 시·도경찰청장 또는 경찰서장은 제2항에 따른 보상금심사위원회의 심사·의결에 따라 보상금을 지급하고, 거짓 또는 부정한 방법으로 보상금을 받은 사람에 대하여는 해당 보상금을 환수한다. 제17689호(국가경찰과 자치경찰의 조직 및 운영에 관한 법률)]

⑥ 경찰청장, 시·도경찰청장 또는 경찰서장은 제5항에 따라 보상금을 반환하여야 할 사람이 대통령령으로 정한 기한까지 그 금액을 납부하지 아니한 때에는 국세 체납처분의 예에 따라 징수할 수 있다. 제17689호(국가경찰과 자치경찰의 조직 및 운영에 관한 법률)]

⑦ 제1항에 따른 보상 대상, 보상금의 지급 기준 및 절차, 제2항 및 제3항에 따른 보상금심사위원회의 구성 및 심사사항, 제5항 및 제6항에 따른 환수절차, 그 밖에 보상금 지급에 관하여 필요한 사항은 대통령령으로 정한다.

제12조(벌칙)

이 법에 규정된 경찰관의 의무를 위반하거나 직권을 남용하여 다른 사람에게 해를 끼친 사람은 1년 이하의 징역이나 금고에 처한다.

부칙

이 법은 공포한 날로부터 시행한다

경찰청과 그 소속 기관 직제

제1장 총칙

제1조(목적)

이 영은 경찰청과 그 소속기관의 조직과 직무범위, 그 밖에 필요한 사항을 규정함을
목적으로 한다.

제2조(소속기관)

① 경찰청장의 관장사무를 지원하기 위하여 경찰청장 소속으로 경찰대학·경찰인재개
발원·중앙경찰학교 및 경찰수사연수원을 둔다.

② 경찰청장의 관장사무를 지원하기 위하여 「책임운영기관의 설치·운영에 관한 법
률」 제4조제1항, 같은 법 시행령 제2조제1항 별표 1에 따라 경찰청장 소속의 책
임운영기관으로 경찰병원을 둔다.

③ 「국가경찰과 자치경찰의 조직 및 운영에 관한 법률」 제13조에 따라 시·도경찰청
과 경찰서를 둔다.

제2장 경찰청

제3조(직무)

경찰청은 치안에 관한 사무를 관장한다.

제4조(하부조직)

① 경찰청에 생활안전국·교통국·경비국·공공안녕정보국·외사국 및 국가수사본부
를 둔다.

② 경찰청장 밑에 대변인 및 감사관 각 1명을 두고, 경찰청 차장 밑에 기획조정관·
경무인사기획관·정보화장비정책관 및 치안상황관리관 각 1명을 둔다.

제5조(대변인)

① 대변인은 경무관으로 보한다.

② 대변인은 다음 사항에 관하여 경찰청장을 보좌한다.

1. 주요정책에 관한 대국민 홍보계획의 수립·조정 및 협의·지원

2. 언론보도 내용에 대한 확인 및 정정보도 등에 관한 사항

3. 온라인대변인 지정·운영 등 소셜 미디어 정책소통 총괄·점검 및 평가

4. 청 내 업무의 대외 정책발표사항 관리 및 브리핑 지원에 관한 사항

5. 전자브리핑 운영 및 지원에 관한 사항

제6조(감사관)

① 감사관은 고위공무원단에 속하는 일반직공무원 또는 경무관으로 보한다.

② 감사관은 다음 사항에 관하여 경찰청장을 보좌한다.

1. 경찰청과 그 소속기관 및 산하단체에 대한 감사

2. 다른 기관에 의한 경찰청과 그 소속기관 및 산하단체에 대한 감사결과의 처리

3. 사정업무

4. 경찰기관 공무원(의무경찰을 포함한다)에 대한 진정 및 비위사항의 조사·처리

5. 민원업무의 운영 및 지도

6. 경찰 직무수행 과정상의 인권보호 및 개선에 관한 사항

7. 경찰 수사 과정상의 범죄피해자 보호 및 지원에 관한 사항

8. 그 밖에 경찰청장이 감사에 관하여 지시한 사항의 처리

제7조(기획조정관)

① 기획조정관은 치안감으로 보한다.

② 기획조정관은 다음 사항에 관하여 경찰청 차장을 보좌한다.

1. 행정제도, 업무처리절차 및 조직문화의 개선 등 경찰행정 개선업무의 총괄·지원

2. 조직진단 및 평가를 통한 조직과 정원(의무경찰은 제외한다)의 관리

3. 정부혁신 관련 과제 발굴·선정, 추진상황 확인·점검 및 관리

4. 주요사업의 진행 상황 파악 및 그 결과의 심사평가

5. 주요정책 및 주요업무계획의 수립·종합 및 조정

6. 청 내 국가사무 민간위탁 현황 관리 등 총괄

7. 치안분야 과학기술진흥을 위한 시책 수립 및 연구개발사업의 총괄·조정

8. 국가경찰위원회의 간사업무에 관한 사항

9. 예산의 편성과 조정 및 결산에 관한 사항

10. 국유재산관리계획의 수립 및 집행

11. 경찰 관련 규제심사 및 규제개선에 관한 사항

12. 소관 법령안의 심사 및 법규집의 편찬·발간

13. 소관 법령 질의·회신의 총괄

14. 소관 행정심판업무와 소송사무의 총괄

15. 자치경찰제도 관련 기획 및 조정

16. 자치경찰제도 관련 법령 사무 총괄

17. 자치경찰제도 관련 예산의 편성과 조정 및 결산에 관한 사항

18. 자치경찰제도 관련 특별시·광역시·특별자치시·도·특별자치도(이하"시·도"라
   한다) 및 시·도자치경찰위원회와의 협력에 관한 사항

제8조(경무인사기획관)

① 경무인사기획관은 치안감 또는 경무관으로 보한다.

② 경무인사기획관은 다음 사항에 관하여 경찰청 차장을 보좌한다.

1. 보안 및 관인·관인대장의 관리에 관한 사항

2. 소속 공무원의 복무에 관한 사항

3. 사무관리의 처리·지도 및 제도의 연구·개선

4. 기록물의 분류·접수·발송·통제·편찬 및 기록관 운영과 관련된 기록물의 수집·
   이관·보존·평가·활용 등에 관한 사항

5. 정보공개 업무

6. 예산의 집행 및 회계 관리

7. 청사의 방호·유지·보수 및 청사관리업체의 지도·감독

8. 경찰박물관의 운영

9. 소속 공무원의 임용·상훈 및 그 밖의 인사 업무

10. 경찰청 소속 공무원단체에 관한 사항

11. 경찰공무원의 채용·승진시험과 교육훈련의 관리

12. 경찰대학, 경찰인재개발원 및 중앙경찰학교의 운영에 관한 감독

13. 소속 공무원의 복지제도 기획 및 운영에 관한 사항

14. 경찰행정 분야 양성평등 관련 정책 및 성희롱·성폭력 예방에 관한 사항 총괄

15. 경찰청과 그 소속기관·산하단체 내 양성평등 관련 정책 및 성희롱·성폭력 예방
    에 관한 사항 총괄

16. 그 밖에 청 내 다른 국 또는 담당관의 주관에 속하지 않는 사항

제9조(정보화장비정책관)

① 정보화장비정책관은 고위공무원단에 속하는 일반직공무원 또는 경무관으로 보한다.

② 정보화장비정책관은 다음 사항에 관하여 경찰청 차장을 보좌한다.

1. 정보통신업무의 계획수립 및 추진

2. 정보화업무의 종합관리 및 개발·운영

3. 정보통신시설 및 장비의 운영 및 관리

4. 정보통신보안에 관한 업무

5. 정보통신교육계획의 수립 및 시행

6. 경찰장비의 운영 및 발전에 관한 사항

7. 경찰복제에 관한 계획의 수립 및 연구

제10조(치안상황관리관)

① 치안상황관리관은 치안감 또는 경무관으로 보한다.

② 치안상황관리관은 다음 사항에 관하여 경찰청 차장을 보좌한다.

1. 치안 상황의 접수·상황판단, 전파 및 초동조치 등에 관한 사항

2. 치안상황실 운영에 관한 사항

3. 112신고제도의 기획·운영 및 112치안종합상황실 운영 총괄

4. 지구대·파출소 상황관리업무의 기획

5. 안전관리·재난상황 및 위기상황 관리기관과의 연계체계 구축·운영

제11조(생활안전국)

① 생활안전국에 국장 1명을 두고, 국장 밑에 「행정기관의 조직과 정원에 관한 통칙」 제12조에 따른 보좌기관 중 실장·국장을 보좌하는 보좌기관(이하"정책관등"이라 한다) 1명을 둔다.

② 국장은 치안감 또는 경무관으로 보하고, 정책관등 1명은 고위공무원단에 속하는 일반직공무원으로 보한다.

③ 국장은 다음 사항을 분장한다.

1. 범죄예방에 관한 기획·조정·연구 등 예방적 경찰활동 총괄

2. 경비업에 관한 연구 및 지도

3. 범죄예방진단 및 범죄예방순찰 기획·운영

4. 풍속 및 성매매(아동·청소년 대상 성매매는 제외한다) 사범에 대한 지도 및 단속

5. 총포·도검·화약류 등의 지도·단속

6. 즉결심판청구업무의 지도

7. 각종 안전사고의 예방에 관한 사항

8. 소년비행 방지에 관한 업무

9. 소년 대상 범죄의 예방에 관한 업무

10. 아동학대의 예방 및 피해자 보호에 관한 업무

11. 가출인 및 「실종아동등의 보호 및 지원에 관한 법률」 제2조제2호에 따른 실종아동등(이하"실종아동등"이라 한다)과 관련된 업무

12. 실종아동등 찾기를 위한 신고체계 운영

13. 여성 대상 범죄와 관련된 주요 정책의 총괄 수립·조정

14. 여성 대상 범죄 유관기관과의 협력 업무

15. 성폭력 및 가정폭력 예방 및 피해자 보호에 관한 업무

16. 스토킹·성매매 예방 및 피해자 보호에 관한 업무

제12조(교통국)

① 교통국에 국장 1명을 둔다.

② 국장은 치안감 또는 경무관으로 보한다.

③ 국장은 다음 사항을 분장한다.

1. 도로교통에 관련되는 종합기획 및 심사분석

2. 도로교통에 관련되는 법령의 정비 및 행정제도의 연구

3. 교통경찰공무원에 대한 교육 및 지도

4. 교통안전시설의 관리

5. 자동차운전면허의 관리

6. 도로교통사고의 예방을 위한 홍보·지도 및 단속

7. 고속도로순찰대의 운영 및 지도

제13조(경비국)

① 경비국에 국장 1명을 둔다.

② 국장은 치안감 또는 경무관으로 보한다.

③ 국장은 다음 사항을 분장한다.

1. 경비에 관한 계획의 수립 및 지도

2. 경찰부대의 운영·지도 및 감독

3. 청원경찰의 운영 및 지도

4. 민방위업무의 협조에 관한 사항

5. 경찰작전·경찰전시훈련 및 비상계획에 관한 계획의 수립·지도

6. 중요시설의 방호 및 지도

7. 예비군의 무기 및 탄약 관리의 지도

8. 대테러 예방 및 진압대책의 수립·지도

9. 의무경찰의 복무 및 교육훈련

10. 의무경찰의 인사 및 정원의 관리

11. 경호 및 주요 인사 보호 계획의 수립·지도

12. 경찰항공기의 관리·운영 및 항공요원의 교육훈련

13. 경찰업무수행과 관련된 항공지원업무

제14조(공공안녕정보국)

① 공공안녕정보국에 국장 1명을 두고, 국장 밑에 정책관등 1명을 둔다.

② 국장은 치안감 또는 경무관으로, 정책관등 1명은 경무관으로 보한다.

③ 국장은 다음 사항을 분장한다.

1. 공공안녕에 대한 위험의 예방과 대응을 위한 정보업무 기획·지도 및 조정

2. 국민안전과 국가안보를 저해하는 위험 요인에 관한 정보활동

3. 국가중요시설 및 주요 인사의 안전·보호에 관한 정보활동

4. 집회·시위 등 공공갈등과 다중운집에 따른 질서 및 안전 유지에 관한 정보활동

5. 국민의 생명·신체의 안전이나 재산의 보호 등 생활의 평온과 관련된 정책에 관한 정보활동

6. 국가기관·지방자치단체·공공기관의 장이 요청한 신원조사 및 사실확인에 관한 정보활동

7. 그 밖에 범죄·재난·공공갈등 등 공공안녕에 대한 위험의 예방과 대응을 위한 정
   보활동으로서 제2호부터 제6호까지에 준하는 정보활동

제15조(외사국)

① 외사국에 국장 1명을 둔다.

② 국장은 치안감 또는 경무관으로 보한다.

③ 국장은 다음 사항을 분장한다.

1. 외사경찰업무에 관한 기획·지도 및 조정

2. 재외국민 및 외국인에 관련된 신원조사

3. 외국경찰기관과의 교류·협력

4. 국제형사경찰기구에 관련되는 업무

5. 외사정보의 수집·분석 및 관리

6. 외사보안업무의 지도·조정

7. 국제공항 및 국제해항의 보안활동에 관한 계획 및 지도

제16조(국가수사본부)

① 국가수사본부는 경찰수사 관련 정책의 수립·총괄·조정, 경찰수사 및 수사 지
   휘·감독 기능을 수행한다.

② 국가수사본부에 수사국, 형사국, 사이버수사국 및 안보수사국을 둔다.

③ 국가수사본부장 밑에 수사기획조정관 및 과학수사관리관 각 1명을 둔다.

제17조(수사기획조정관)

① 수사기획조정관은 치안감으로 보한다.

② 수사기획조정관은 다음 사항에 관하여 국가수사본부장을 보좌한다.

1. 수사경찰행정 및 주요 수사정책에 관한 업무의 총괄·지원

2. 수사경찰 기구·인력의 진단 및 관리

3. 수사경찰의 배치·교육훈련 및 성과평가

4. 경찰수사연수원의 운영에 관한 감독

5. 형사사법정보시스템(KICS) 운영 및 관리에 관한 사항

6. 수사절차 관련 법령·제도·정책 등 연구 및 관리에 관한 사항

7. 수사기법 연구 개발 및 개선에 관한 사무 총괄

8. 수사정책 관련 대내외 협업 및 조정에 관한 사항

9. 수사에 관한 민원처리 업무 총괄·조정

10. 수사심의 관련 제도·정책의 수립 및 운영·관리

11. 수사 관련 접수 이의사건의 조사·처리

12. 수사 관련 진정 및 비위사항의 조사·처리

제18조(과학수사관리관)

① 과학수사관리관은 치안감 또는 경무관으로 보한다.

② 과학수사관리관은 다음 사항에 관하여 국가수사본부장을 보좌한다.

1. 과학수사의 기획 및 지도

2. 범죄감식 및 증거분석

3. 범죄기록 및 주민등록지문의 수집·관리

제19조(수사국)

① 수사국에 국장 1명을 둔다.

② 국장은 치안감 또는 경무관으로 보한다.

③ 국장은 다음 사항을 분장한다.

1. 부패범죄, 공공범죄, 경제범죄 및 금융범죄에 관한 수사 지휘·감독

2. 제1호의 범죄 수사에 관한 기획, 정책·수사지침 수립·연구·분석 및 수사기법 개발

3. 제1호의 범죄에 대한 통계 및 수사자료 분석

4. 국가수사본부장이 지정하는 중요 범죄에 대한 정보수집 및 수사

5. 중요 범죄정보의 수집 및 분석에 관한 사항

제20조(형사국)

① 형사국에 국장 1명을 둔다.

② 국장은 치안감 또는 경무관으로 보한다.

③ 국장은 다음 사항을 분장한다.

1. 강력범죄, 폭력범죄 및 교통사고·교통범죄에 관한 수사 지휘·감독

2. 마약류 범죄 및 조직범죄에 관한 수사 지휘·감독

3. 성폭력범죄, 아동·청소년 대상 성매매, 가정폭력, 아동학대, 학교폭력 및 실종사건에 관한 수사 지휘·감독 및 아동·청소년 대상 성매매 단속

4. 제1호부터 제3호까지의 규정에서 정한 범죄 및 외국인 관련 범죄 수사에 관한 기획, 정책·수사지침 수립·연구·분석 및 수사기법 개발

5. 제1호부터 제3호까지의 규정에서 정한 범죄 및 외국인 관련 범죄에 대한 통계 및 수사

제21조(사이버수사국)

① 사이버수사국에 국장 1명을 둔다.

② 국장은 치안감 또는 경무관으로 보한다.

③ 국장은 다음 사항을 분장한다.

1. 사이버공간에서의 범죄(이하"사이버범죄"라 한다) 정보의 수집·분석

2. 사이버범죄 신고·상담

3. 사이버범죄 수사에 관한 사항

4. 사이버범죄 예방에 관한 사항

5. 사이버수사에 관한 기법 연구

6. 사이버수사 관련 국제공조에 관한 사항

7. 디지털포렌식에 관한 사항

제22조(안보수사국)

① 안보수사국에 국장 1명을 둔다.

② 국장은 치안감 또는 경무관으로 보한다.

③ 국장은 다음 사항을 분장한다.

1. 안보수사경찰업무에 관한 기획 및 교육

2. 보안관찰 및 경호안전대책 업무에 관한 사항

3. 북한이탈주민 신변보호

4. 국가안보와 국익에 반하는 범죄에 대한 수사의 지휘·감독

5. 안보범죄정보 및 보안정보의 수집·분석 및 관리

6. 국내외 유관기관과의 안보범죄정보 협력에 관한 사항

7. 남북교류와 관련되는 안보수사경찰업무

8. 국가안보와 국익에 반하는 중요 범죄에 대한 수사

제23조(위임규정)

① 「행정기관의 조직과 정원에 관한 통칙」 제12조에 따라 경찰청에 두는 정책관등의 명칭과 그 소관업무는 행정안전부령으로 정한다.

② 「행정기관의 조직과 정원에 관한 통칙」 제12조제3항 제14조제4항에 따라 경찰청에 두는 보조기관 또는 보좌기관은 경찰청에 두는 정원의 범위에서 행정안전부령으로 정한다.

제3장 경찰대학

제24조(직무)

경찰대학(이하 이 장에서"대학"이라 한다)은 치안 부문에 종사하는 경찰간부가 될 사람에게 학술을 연마하고 심신을 단련시키기 위한 교육훈련, 치안 분야 전문인력의 양성과 치안에 관한 이론·정책 및 과학기술 연구에 관한 사무를 관장한다.

제25조(학장)

① 대학에 학장 1명을 두며, 학장은 치안정감으로 보한다.

② 학장은 경찰청장의 명을 받아 대학의 사무를 총괄하고, 소속 공무원을 지휘·감독한다.

제26조(하부조직)

① 대학에 교수부 및 학생지도부를 둔다.

② 「행정기관의 조직과 정원에 관한 통칙」 제12조제3항 제14조제4항에 따라 대학에 두는 보조기관 또는 보좌기관은 경찰청의 소속기관(경찰병원은 제외한다)에 두는 정원의 범위에서 행정안전부령으로 정한다.

제27조(교수부)

① 교수부에 부장 1명을 두며, 부장은 경무관으로 보한다.

② 부장은 다음 사항을 분장한다.

1. 교육계획의 수립과 교육의 실시
2. 학생의 모집·등록 및 입학과 교과과정의 편성
3. 학생의 학점·성적평가·학위 및 학적관리
4. 교재의 편찬과 교육용 기구 및 재료의 관리
5. 학칙 및 교육운영위원회에 관한 사항
6. 그 밖의 학사지원업무에 관한 사항

제28조(학생지도부)

① 학생지도부에 부장 1명을 두며, 부장은 경무관으로 보한다.

② 부장은 다음 사항을 분장한다.

1. 학생의 학교 내외 생활 및 훈련지도
2. 학생의 상훈 및 징계 등 신분에 관한 사항
3. 학생의 급여품 및 대여품의 검수 및 관리
4. 학생의 급식 및 세탁 등 후생업무

제29조(치안정책연구소)

① 「경찰대학 설치법」 제12조에 따라 대학에 치안정책연구소를 부설한다.

② 치안정책연구소에 소장 1명 및 연구관 2명을 두며, 소장은 고위공무원단에 속하는 일반직공무원 또는 경무관으로 보하고, 연구관 2명은 고위공무원단에 속하는 일반직공무원으로 보한다.

③ 치안정책연구소는 다음 사항을 분장한다.

1. 치안에 관한 이론 및 정책의 연구
2. 치안에 관련되는 국내외 연구기관과의 협조 및 교류
3. 치안에 관한 국내외 자료의 조사·정리 및 출판물의 간행
4. 통일과 관련한 치안분야의 연구
5. 국가안전보장과 관련된 연구
6. 「국가경찰과 자치경찰의 조직 및 운영에 관한 법률」 제33조에 따른 연구개발사업의 기획·평가·관리 및 치안과학분야의 시험·조사·분석 등 연구
7. 그 밖에 치안에 관한 교육과 관련되는 학술 및 정책의 연구

④ 소장은 연구소의 사무를 총괄하고, 소속 공무원을 지휘·감독한다.

⑤ 치안정책연구소의 하부조직, 운영, 그 밖에 필요한 사항은 학칙으로 정한다.

제30조(도서관)

① 대학에 도서관을 둔다.

② 도서관에 도서관장 1명을 두며, 도서관장은 교수·부교수·조교수 또는 5급 중에서 학장이 임명하되, 교수·부교수·조교수는 겸임하여 보할 수 있다.

③ 도서관은 국내외의 도서·기록물·시청각자료 등의 수집·보존·분류 및 열람에 관한 사항을 분장한다.

④ 도서관장은 학장의 명을 받아 시설의 설치·유지 및 관리에 관한 사무를 관장하고, 소속 공무원을 지휘·감독한다.

제4장 경찰교육훈련기관

제31조(직무)

① 경찰인재개발원은 경찰공무원에 대한 교육훈련을 관장한다.

② 중앙경찰학교는 경찰공무원(의무경찰을 포함한다)으로 임용될 사람(경찰간부후보생을 제외한다)에 대한 교육훈련을 관장한다.

③ 경찰수사연수원은 수사업무에 종사하는 경찰공무원에 대한 전문연수에 관한 사항을 관장한다.

제32조(원장 및 교장)

① 경찰인재개발원에 원장 1명을 두며, 원장은 치안감으로 보한다.

② 중앙경찰학교에 교장 1명을 두며, 교장은 치안감으로 보한다.

③ 경찰수사연수원에 원장 1명을 두며, 원장은 경무관으로 보한다.

④ 각 원장 및 교장은 경찰청장의 명을 받아 경찰인재개발원·중앙경찰학교 및 경찰수사연수원의 사무를 총괄하고, 소속 공무원을 지휘·감독한다.

제33조(하부조직)

「행정기관의 조직과 정원에 관한 통칙」 제12조제3항 제14조제4항에 따라 경찰인재개발원·중앙경찰학교 및 경찰수사연수원에 두는 보조기관 또는 보좌기관은 경찰청의 소속기관(경찰병원은 제외한다)에 두는 정원의 범위에서 행정안전부령으로 정한다.

제5장 경찰병원

제34조(직무)

경찰병원은 경찰업무를 수행하는 기관에 근무하는 공무원과 그 가족, 경찰교육기관에서 교육을 받고 있는 사람 및 의무경찰의 질병진료에 관한 사무를 관장한다.

제35조(하부조직의 설치 등)

① 경찰병원의 하부조직의 설치와 분장사무는 「책임운영기관의 설치·운영에 관한 법률」 제15조제2항에 따라 같은 법 제10조에 따른 기본운영규정으로 정한다.

② 「책임운영기관의 설치·운영에 관한 법률」 제16조제1항후단에 따라 경찰병원에 두는 공무원의 종류별·계급별 정원은 이를 종류별 정원으로 통합하여 행정안전부령으로 정하고, 직급별 정원은 같은 법 제16조제2항에 따라 같은 법 제10조에 따른 기본운영규정으로 정한다.

③ 경찰병원에 두는 고위공무원단에 속하는 공무원으로 보하는 직위의 총수는 행정안전부령으로 정한다.

제36조(일반환자의 진료)

경찰병원은 그 업무에 지장이 없는 범위에서 일반민간환자에 대한 진료를 할 수 있다.

제6장 시·도경찰관서

제1절 총칙
제37조(직무)

시·도경찰청은 시·도의 치안에 관한 사무를 수행한다.

제38조(명칭 등)

시·도경찰청의 명칭 및 위치는 별표 1과 같으며, 그 관할구역은 행정안전부령으로 정한다.

제39조(시·도경찰청장)

① 시·도경찰청에 청장 1명을 둔다.

② 시·도경찰청장은 국가경찰사무에 대해서는 경찰청장의 지휘·감독을, 자치경찰사무에 대해서는 시·도자치경찰위원회의 지휘·감독을 받아 소관사무를 총괄하고, 소속 공무원을 지휘·감독한다. 다만, 수사에 관한 사무에 대해서는 국가수사본부장의 지휘·감독을 받는다.

③ 서울특별시·부산광역시·인천광역시 및 경기도남부의 시·도경찰청장은 치안정감으로, 그 밖의 시·도경찰청장은 치안감 또는 경무관으로 보한다.

제40조(시·도경찰청 차장)

① 시·도경찰청장을 보조하기 위하여 서울특별시경찰청에 차장 3명을, 제주특별자치도경찰청에 차장 1명을 둔다.

② 서울특별시경찰청 차장은 치안감으로, 제주특별자치도경찰청 차장은 경무관으로 보한다.

제41조(직할대)

① 시·도경찰청장은 행정안전부령으로 정하는 범위에서 차장(차장을 두지 않는 경우에는 시·도경찰청장) 밑에 직할대를 둘 수 있다.

② 직할대의 장은 특정 경찰사무에 관하여 시·도경찰청장 또는 시·도경찰청 차장을 보좌한다.

제42조(경찰서)

① 시·도경찰청장의 소관사무를 분장하기 위하여 시·도경찰청장 소속으로 257개 경찰서의 범위에서 경찰서를 두며, 경찰서의 명칭은 별표 2와 같다.

② 경찰서의 하부조직, 위치 및 관할구역과 그 밖에 필요한 사항은 행정안전부령으로 정한다.

③ 「국가경찰과 자치경찰의 조직 및 운영에 관한 법률」 제30조제1항에 따라 경찰서장은 경무관, 총경 또는 경정으로 보하되, 경찰서장을 경무관으로 보하는 경찰서는 별표 3과 같다.

제43조(지구대 등)

① 시·도경찰청장은 경찰서장의 소관사무를 분장하기 위하여 행정안전부령으로 정하는 바에 따라 경찰청장의 승인을 받아 지구대 또는 파출소를 둘 수 있다.

② 시·도경찰청장은 제1항에 따른 사무분장이 임시로 필요한 경우에는 출장소를 둘 수 있다.

③ 지구대·파출소 및 출장소의 명칭·위치 및 관할구역과 그 밖에 필요한 사항은 시·도경찰청장이 정한다.

제2절 서울특별시경찰청

제44조(하부조직)

① 서울특별시경찰청에 경무부·경비부·공공안녕정보외사부·수사부·안보수사부·생활안전부 및 교통지도부를 둔다.

② 「행정기관의 조직과 정원에 관한 통칙」 제12조제3항 제14조제4항에 따라 서울특별시경찰청에 두는 보조기관 또는 보좌기관은 경찰청의 소속기관(경찰병원은 제외한다)에 두는 정원의 범위에서 행정안전부령으로 정한다.

③ 제41조에 따라 서울특별시경찰청에 두는 직할대 중 101경비단장 및 기동단장은 경무관으로 보한다.

제45조(복수차장의 운영)

① 서울특별시경찰청에 공공안전차장, 수사차장 및 자치경찰차장을 두며, 청장이 부득이한 사유로 그 직무를 수행할 수 없을 때에는 공공안전차장, 수사차장, 자치경찰차장 순으로 그 직무를 대리한다.

② 공공안전차장은 경무부·경비부 및 공공안녕정보외사부의 소관업무에 관하여 청장을 보조한다.

③ 수사차장은 수사부 및 안보수사부의 소관업무에 관하여 청장을 보조한다.

④ 자치경찰차장은 생활안전부 및 교통지도부의 소관업무에 관하여 청장을 보조한다.

제46조(경무부)

① 경무부에 부장 1명을 두며, 부장은 경무관으로 보한다.

② 부장은 다음 사항을 분장한다.

1. 보안

2. 관인 및 관인대장의 보관 및 관리

3. 기록물의 분류·접수·발송·통제·편찬 및 기록관 운영과 관련된 기록물의 수집·이관·보존·평가·활용 등에 관한 사항

4. 소속 공무원의 복무·보수·원호 및 사기진작

5. 예산의 집행·회계·결산 및 국유재산관리

6. 소속기관의 조직 및 정원(의무경찰을 제외한다)의 관리

7. 소관 법제업무

8. 경찰장비의 발전 및 운영에 관한 계획의 수립·조정

9. 경찰장비의 운영·보급 및 지도

10. 소속 공무원의 임용·교육훈련·상훈, 그 밖의 인사업무

11. 정보화시설 및 통신시설·장비의 운영

12. 행정정보화 및 사무자동화에 관한 사항

13. 통신보안에 관한 사항

14. 그 밖에 청 내 다른 부, 담당관 또는 직할대의 주관에 속하지 않는 사항

제47조(경비부)

① 경비부에 부장 1명을 두며, 부장은 경무관으로 보한다.

② 부장은 다음 사항을 분장한다.

1. 경비에 관한 계획의 수립 및 지도

2. 경찰부대의 운영에 관한 지도 및 감독

3. 민방위업무의 협조에 관한 사항

4. 청원경찰의 운영 및 지도

5. 경호·경비에 관한 사항

6. 경찰작전과 비상계획의 수립 및 집행

7. 의무경찰의 복무·교육훈련

8. 의무경찰의 인사관리 및 정원의 관리

9. 중요시설의 방호 및 지도

제48조(공공안녕정보외사부)

① 공공안녕정보외사부에 부장 1명을 두며, 부장은 경무관으로 보한다.

② 부장은 다음 사항을 분장한다.

1. 공공안녕에 대한 위험의 예방과 대응을 위한 정보업무 기획·지도 및 조정

2. 국민안전과 국가안보를 저해하는 위험 요인에 관한 정보활동

3. 국가중요시설 및 주요 인사의 안전·보호에 관한 정보활동

4. 집회·시위 등 공공갈등과 다중운집에 따른 질서 및 안전 유지에 관한 정보활동

5. 국민의 생명·신체의 안전이나 재산의 보호 등 생활의 평온과 관련된 정책에 관한 정보활동

6. 국가기관·지방자치단체·공공기관의 장이 요청한 신원조사 및 사실확인에 관한 정보활동

7. 범죄·재난·공공갈등 등 공공안녕에 대한 위험의 예방과 대응을 위한 정보활동으로서 제2호부터 제6호까지에 준하는 정보활동

8. 외사경찰업무에 관한 기획·지도 및 외국경찰기관과의 교류·협력

9. 외사정보의 수집·분석 및 외사보안업무

제49조(수사부)

① 수사부에 부장 1명을 두며, 부장은 경무관으로 보한다.

② 부장은 다음 사항을 분장한다.

1. 범죄수사의 지휘·감독

2. 수사에 관한 민원 처리 업무 총괄·조정

3. 유치장 관리의 지도 및 감독

4. 범죄수법의 조사·연구 및 공조

5. 범죄감식 및 감식자료의 수집·관리

6. 반부패·공공범죄수사대, 금융범죄수사대, 강력범죄수사대, 마약범죄수사대의 운영에 관한 사항

7. 사이버범죄의 예방

8. 사이버범죄의 수사 및 수사 지휘·감독

9. 디지털포렌식 및 분석 지도

제50조(안보수사부)

① 안보수사부에 부장 1명을 두며, 부장은 경무관으로 보한다.

② 부장은 다음 사항을 분장한다.

1. 안보수사경찰업무에 관한 기획·지도

2. 국가안보와 국익에 반하는 범죄에 대한 수사 및 그에 대한 지휘·감독

3. 안보범죄정보의 수집·분석 및 관리

제51조(생활안전부)

① 생활안전부에 부장 1명을 두며, 부장은 경무관으로 보한다.

② 부장은 다음 사항을 분장한다.

1. 범죄예방에 관한 연구 및 계획의 수립

2. 경비업에 관한 지도 및 감독

3. 범죄예방진단 및 범죄예방순찰에 관한 기획·운영

4. 풍속·성매매 사범에 관한 지도 및 단속

5. 총포·도검·화약류 등의 지도 및 단속

6. 즉결심판청구업무의 지도

7. 각종 안전사고의 예방에 관한 사항

8. 소년비행 방지에 관한 업무

9. 소년범죄의 수사 및 지도

10. 여성·소년에 대한 범죄의 예방에 관한 업무

11. 가출인 및 실종아동등과 관련된 업무의 총괄

12. 가정폭력 및 아동학대의 수사, 예방 및 피해자 보호에 관한 업무

13. 성폭력 범죄의 수사, 성폭력·성매매의 예방 및 피해자 보호에 관한 업무

제52조(교통지도부)

① 교통지도부에 부장 1명을 두며, 부장은 경무관으로 보한다.

② 부장은 다음 사항을 분장한다.

1. 도로교통안전과 소통에 관한 계획의 수립 및 지도·단속

2. 도로교통안전을 위한 민간협력조직의 운영에 관한 지도

3. 교통안전시설에 관한 계획의 수립 및 지도·단속

4. 자동차운전면허 관련 행정처분, 행정심판, 행정소송 및 자동차운전전문학원(일반학
   원을 포함한다)의 지도·감독
5. 도로교통사고 조사의 지도

제3절 경기도남부경찰청

제53조(하부조직)

① 경기도남부경찰청에 경무부·공공안전부·수사부 및 자치경찰부를 둔다.

② 「행정기관의 조직과 정원에 관한 통칙」 제12조제3항 제14조제4항에 따라 경기도
   남부경찰청에 두는 보조기관 또는 보좌기관은 경찰청의 소속기관(경찰병원은 제외
   한다)에 두는 정원의 범위에서 행정안전부령으로 정한다.

제54조(경무부)

① 경무부에 부장 1명을 두며, 부장은 경무관으로 보한다.

② 부장은 제46조제2항의 사항을 분장한다.

제55조(공공안전부)

① 공공안전부에 부장 1명을 두며, 부장은 경무관으로 보한다.

② 부장은 제47조제2항 제48조제2항의 사항을 분장한다.

제56조(수사부)

① 수사부에 부장 1명을 두며, 부장은 경무관으로 보한다.

② 부장은 제49조제2항 제50조제2항의 사항을 분장한다.

제57조(자치경찰부)

① 자치경찰부에 부장 1명을 두며, 부장은 경무관으로 보한다.

② 부장은 제51조제2항 제52조제2항의 사항을 분장한다.

제4절 부산광역시·대구광역시·인천광역시·광주광역시·대전광역시·울산광역시·경
기도북부·강원도·충청북도·충청남도·전라북도·전라남도·경상북도   및
경상남도의 시·도경찰청

제58조(하부조직)

① 부산광역시·대구광역시·인천광역시·광주광역시·대전광역시·울산광역시·경기도북부·강원도·충청북도·충청남도·전라북도·전라남도·경상북도 및 경상남도의 시·도경찰청에 공공안전부·수사부·자치경찰부를 각각 둔다.

② 「행정기관의 조직과 정원에 관한 통칙」 제12조제3항 제14조제4항에 따라 부산광역시·대구광역시·인천광역시·광주광역시·대전광역시·울산광역시·경기도북부·강원도·충청북도·충청남도·전라북도·전라남도·경상북도 및 경상남도의 시·도경찰청에 두는 보조기관 또는 보좌기관은 경찰청의 소속기관(경찰병원은 제외한다)에 두는 정원의 범위에서 행정안전부령으로 정한다.

③ 제41조에 따라 인천광역시경찰청에 두는 직할대 중 인천국제공항경찰단장은 경무관으로 보한다.

제59조(공공안전부)

① 공공안전부에 부장 1명을 두며, 부장은 경무관으로 보한다.

② 부장은 제46조제2항·제47조제2항 제48조제2항의 사항을 분장한다.

제60조(수사부)

① 수사부에 부장 1명을 두며, 부장은 경무관으로 보한다.

② 부장은 제49조제2항 제50조제2항의 사항을 분장한다.

제61조(자치경찰부)

① 자치경찰부에 부장 1명을 두며, 부장은 경무관으로 보한다.

② 부장은 제51조제2항 제52조제2항의 사항을 분장한다.

제5절 그 밖의 시·도경찰청
제62조(하부조직)

「행정기관의 조직과 정원에 관한 통칙」 제12조제3항 제14조제4항에 따라 그 밖의 시·도경찰청에 두는 보조기관 또는 보좌기관은 경찰청의 소속기관(경찰병원은 제외한다)에 두는 정원의 범위에서 행정안전부령으로 정한다.

제7장 공무원의 정원

제63조(경찰청에 두는 공무원의 정원)

① 경찰청에 두는 공무원의 정원은 별표 4와 같다. 다만, 필요한 경우에는 별표 4에 따른 총정원의 7퍼센트를 넘지 않는 범위에서 행정안전부령으로 정원을 따로 정할 수 있다.

② 경찰청에 두는 공무원의 직급별 정원은 행정안전부령으로 정한다. 이 경우 총경의 정원은 49명을, 4급 공무원의 정원은 4명을 각각 그 상한으로 하고, 4급 또는 5급 공무원 정원은 5급 공무원의 정원(4급 또는 5급 공무원 정원을 포함한다)의 3분의 1을 그 상한으로 한다.

제64조(소속기관에 두는 공무원의 정원)

① 경찰청의 소속기관(경찰병원은 제외한다. 이하 이 조에서 같다)에 두는 공무원의 정원은 별표 5와 같다. 다만, 필요한 경우에는 별표 5에 따른 총정원의 7퍼센트를 넘지 않는 범위에서 행정안전부령으로 정원을 따로 정할 수 있다.

② 경찰청의 소속기관에 두는 공무원의 직급별 정원은 행정안전부령으로 정한다. 이 경우 총경의 정원은 525명을, 4급 공무원의 정원은 14명을 각각 그 상한으로 하고, 4급 또는 5급 공무원 정원은 5급 공무원의 정원(4급 또는 5급 공무원 정원을 포함한다)의 100분의 15를 그 상한으로 한다.

③ 소속기관별 공무원의 정원은 경찰청의 소속기관에 두는 정원의 범위에서 경찰청장이 따로 정한다.

④ 제1항 및 별표 5에 따른 경찰청 소속기관의 정원 중 1명(4급 또는 총경 1명)은 과학기술정보통신부 소속 공무원으로 충원해야 한다. 이 경우 경찰청장은 충원방법 및 절차 등에 관하여 과학기술정보통신부장관과 미리 협의해야 한다.

⑤ 제3항 및 별표 5에 따라 경찰대학에 두는 공무원의 정원 중 고위공무원단에 속하는 일반직공무원 1명과 경찰인재개발원 및 중앙경찰학교에 두는 「공무원 인재개발법」 제5조제1항에 따른 교수요원의 정원 중 3분의 1의 범위에서 필요한 인원은 임기제공무원으로 임용할 수 있다.

제65조(개방형직위에 대한 특례)

행정안전부령으로 정하는 국장급 1개 개방형직위는 임기제공무원으로 보할 수 있다.

제8장 평가대상 조직 및 정원

제66조(평가대상 조직 및 정원)

① 「행정기관의 조직과 정원에 관한 통칙」 제31조제1항에 따라 경찰청과 그 소속기관에 두는 평가대상 조직 및 정원은 별표 6과 같다.

② 제1항에 따른 평가대상 조직 및 정원의 구체적인 사항은 행정안전부령으로 정한다.

부칙

① (시행일) 이 영은 공포한 날부터 시행한다.

저자 약력 ——————————————————————

▌김 택
   중원대학교 경찰행정학과 교수
   동국대학교 경찰학 박사
   미국 워싱턴 디시 American University Post Doc. 과정 수료
   독일 Speyer행정대학원 비지팅스칼러,강원대학교 행정학박사
   한국학중앙연구원 연구교수, 아메리칸대학교 국제법죄부패연구소 비지팅스칼러

▌정인환
   협성대학교 도시개발행정학과 교수
   한국도시행정학회 상임이사,도시행정업위원회 위원장,서울환경운동연합 공동의장
   델라웨어 주립대 정책학 박사

▌유종해
   연세대학교 행정학과 명예교수,연세대 행정대학원장
   미시간대학 정치학박사
   서울대학교 법과대학 졸업
   매산공공정책연구소 이사장

경찰조직론

초판인쇄 2021년 2월 25일
초판발행 2021년 2월 25일

지은이 김 택
펴낸이 채종준
펴낸곳 한국학술정보㈜
주소 경기도 파주시 회동길 230(문발동)
전화 031) 908-3181(대표)
팩스 031) 908-3189
홈페이지 http://ebook.kstudy.com
전자우편 출판사업부 publish@kstudy.com
등록 제일산-115호(2000. 6. 19)

ISBN 979-11-6603-357-5 90350